U0920462

秦汉物价史料汇释

丁邦友 魏晓明 编著

中国社会科学出版社

图书在版编目（CIP）数据

秦汉物价史料汇释/丁邦友，魏晓明编著．—北京：中国社会科学出版社，2016.8

ISBN 978-7-5161-8670-1

Ⅰ.①秦… Ⅱ.①丁…②魏… Ⅲ.①价格—史料—汇编—中国—秦汉时代 Ⅳ.①F729.32

中国版本图书馆 CIP 数据核字(2016)第 175083 号

出 版 人　赵剑英
责任编辑　孔继萍
责任校对　王　斐
责任印制　何　艳

出　　版　中国社会科学出版社
社　　址　北京鼓楼西大街甲 158 号
邮　　编　100720
网　　址　http://www.csspw.cn
发 行 部　010-84083685
门 市 部　010-84029450
经　　销　新华书店及其他书店

印刷装订　北京市兴怀印刷厂
版　　次　2016 年 8 月第 1 版
印　　次　2016 年 8 月第 1 次印刷

开　　本　710×1000　1/16
印　　张　22
插　　页　2
字　　数　360 千字
定　　价　79.00 元

凡购买中国社会科学出版社图书，如有质量问题请与本社营销中心联系调换
电话：010-84083683

前　言

物价史是经济史的重要分支，研究物价史，必须掌握充分而准确的物价史资料。秦汉时期，是我国的第一个大一统时期，这一时期，我国的商品经济得到较快发展，商品交换频繁，经济领域出现了许多新气象。对此，伟大的史学家司马迁在《史记》中作《货殖列传》专门予以阐述。20世纪以来，随着人们对经济活动越来越重视，对秦汉物价的探讨逐渐成为研究的热点之一，大凡关于秦汉经济的著作，都列有专门章节予以阐述；就某一类物品价格进行专门研究的专题论文也不断发表。但是，可供研究的秦汉物价史料却非常匮乏，既不全面，也不系统，《史记》《汉书》《后汉书》《三国志》《太平御览》《九章算术》《盐铁论》等文献中留存的本就不多的物价记录又往往记载的是非常时期的物价状况，而且存在着文学化的倾向。因而，要想更深入地推进秦汉物价研究工作，首先，必须充分挖掘相关史料，其次，是对现有的秦汉物价史料进行整理和分析。

早在20世纪二三十年代，我国一些从事秦汉史、经济史研究的学者开始将这些零碎的物价记录汇集起来，加以科学的分析。瞿兑之先生于1928年发表的《西汉物价考》一文，将文献中有关西汉一代的物价史料汇集起来，列明了土地、粮食等14大类商品的价格情况。此后不久，陈啸江、马非百、瞿宣颖三位先生又进一步对文献所载的秦汉物价进行了梳理，但这一时期的物价史料整理主要以历史文献为中心，又相对集中于西汉一代，且主要讨论粮食价格。

居延汉简的发现，大大丰富了汉代物价史的研究资料。劳干先生1934年发表的《汉简中的河西经济生活》一文，对居延汉简所涉及的西汉中晚期的物价资料进行了认真的整理和研究。20世纪50年代，陈直先生进一步将居延汉简和传世文献、碑刻、砖文、铜器铭文等结合起来，对居延地区的物价做了详尽的考察，并与内地的物价相比较。1977 年，台湾学者朱楠发表《汉简中之河西物价资料》，进一步对河西汉简中的物价资料做了整理；1981 年，徐扬杰发表《汉简中所见物价考释》，再次就汉简所记的汉代物价做了考释。此外，从 20 世纪 50 年代迄今，李剑农、钱剑夫、林甘泉、王仲荦、高维刚、宋杰、黄今言等先生都对居延汉简、居延新简中有关的物价资料作过相应的研究。

1955 年，日本学者宇都宫清吉先生，1956 年，另一日本学者宫崎市定先生分别探讨了《史记·货殖列传》所载的物价，提出了一些新的推测；1983 年，陈连庆先生又就此提出了自己的见解，但三位先生对《史记·货殖列传》所记物价的理解互有差别。

1985 年，谢桂华、周年昌先生发表了《秦汉物价资料辑录》，收录了从秦统一到东汉延康元年（公元 220 年）的物价资料，分别辑录了十大类一百多个小类的商品价格资料，是 20 世纪 80 年代最为齐备的秦汉物价资料集。

1987 年，陈连庆先生对《管子·轻重篇》中的物价资料分别进行了研究，认为《轻重诸篇》所载物价的时代为西汉时期。

1994 年，宋杰先生出版了《〈九章算术〉与秦汉社会经济》一书，该书第六部分是专门讨论物价的。作者将《九章算术》所记载的 27 种商品的 68 个物价数字分别进行了认真的考证，深入挖掘了《九章算术》物价资料的内涵。

《居延新简》出版后，罗庆康撰《〈居延新简〉所记的西汉物价研究》一文，对其中涉及的西汉物价进行了研究。

1998 年，中华书局出版了王仲荦先生的遗著《金泥玉屑丛考》（1986 年前的作品），该书卷一至卷三为战国秦汉的物价资料。该书也是秦汉物价史研究的不可或缺的资料。

2001 年，《张家山汉墓竹简（二四七号墓）》出版，张家山汉简中有一些记录涉及战国至汉初的物价，叶玉英探讨了张家山汉简《算数书》中的物价资料，认为其所载的粮食价格可能是汉初吕后时期的；温乐平、程宇昌则探讨了张家山汉简所反映的西汉初期的平贾（价）制度。

这一切，都让我们充分体会到 20 世纪以来学者们在秦汉物价史料研究工作中的持续探索和累累成果。但我们在欣慰的同时，也应看到，在这一领域，仍然有许多工作需要我们进一步大力推进。

首先，自王仲荦先生《金泥玉屑丛考》之后，关于秦汉物价史料的系统整理工作在最近30年来没有明显的进展，而这30年恰恰是秦汉考古学成果辈出的时期，特别是张家山汉简、尹湾汉简、悬泉置汉简、里耶秦简、额济纳汉简、肩水金关汉简等的相继发现和逐渐公布，使我们有幸看到大量前人未见的有关秦汉物价史资料，也使我们在新时期有更好的条件重新将秦汉物价史资料进行全面系统的整理，从而为秦汉物价研究奠定更坚实的基础，提供更便利的条件。

其次，以往对秦汉物价资料的系统整理，以谢桂华、周年昌先生《秦汉物价资料辑录》、王仲荦先生《金泥玉屑丛考》的成就最大，但这两部著作除了受时代局限，无法将新问世的简牍、碑刻资料收入外，还存在主要是汇集资料，缺少对史料的辨析、注解等不足，对利用这些史料开展秦汉物价研究的人来说，仍有诸多的不便。

再次，对《管子·轻重篇》《史记·货殖列传》等有关物价的记载，学术界还存在着重视不够，理解不同的问题。究竟应该如何看待和利用这类物价史料，是秦汉物价史料整理中的一个重要课题，妥善地处理好这一问题，秦汉物价史料的整理才能更进一步。

最后，前人在整理秦汉物价史料工作中，还存在着一些不可避免的误读、误释以及编排等问题，也需要在重新整理的过程中予以改进。

正是基于这样的考虑，本篇《秦汉物价史料汇释》力求在前贤的基础上，在深入发掘传世文献中的秦汉物价史资料的同时，及时吸纳、研究新出土简牍中的秦汉物价史料，在新的历史条件下，对秦汉物价史料再次进行科学的搜集、整理与分析、注释，目的无非进一步澄清以往人们对秦汉物价史料的一些模糊认识，为秦汉物价史、秦汉经济社会史的研究提供系统、可靠的依据。

本篇《秦汉物价史料汇释》全面搜罗了《史记》《汉书》《后汉书》《三国志》《管子·轻重篇》《盐铁论》《西京杂记》《论衡》《东观汉纪》《风俗通义》《太平御览》《齐民要术》《说苑》等传世文献，《睡虎地秦墓竹简》《里耶秦简（壹）》《居延汉简甲乙编》《居延汉简释文合校》《居延新简——甲渠候官》《居延汉简补编》《敦煌汉简》《敦煌悬泉置汉简》《肩水金关汉简》（壹、贰、叁）《额济纳汉简》《张家山汉墓竹简（二四七号墓）》《江陵凤凰山西汉简牍》《武威汉简》等简牍文献，以及汉代碑刻、地券、砖文、陶文、铜器铭文中有关秦汉物价的资料，将其分为奴隶价格、田宅价格、五谷价格、草料价格、器用价格、六畜价格、饮食价格、布帛服装价格、珍宝价格、雇佣价格、爵位价格、《史记·货殖列传》所载物价、类别不明者价格等共13大类171小类，总计200余种。本篇主要工作表现在如下几方面：一是在前人的基础上，全面搜罗传世文献和碑刻、简牍等资料中有关秦汉物价的记录，将其汇集于一编，将最近30年来出土的碑刻、简牍资料中有关秦汉物价的新史料全面补充进去，以方便学术界进一步开展秦汉物价史的研究；二是全面汇集迄今为止学者们对上述物价史料的各种解读和诠释，以及由此产生的不同的学术观点，分门别类列于相关史料之后，以备研究者参考；三是将学术界争议较大的《史记·货殖列传》所载物价资料、《管子·轻重篇》所载物价资料史料系统罗列，并将诸家不同意见列在相关史料之下，以备学者研究时参考利用；四是将前人整理秦汉物价史料工作中的误读、误释等问题，予以改正。

诚然，因个人视野及水平有限，本篇必然存在不足甚至错讹，敬请方家指正。

凡　例

一、所引《史记》《汉书》等正史资料均据中华书局标点本，不一一标明页码。

二、所引史料正文以仿宋字标示，笔者的按语以宋体字标示，按语中引用他人对同一史料（主要是简牍资料）的不同释文，以楷体字标示；所引文献及论著，在首次引用时标明作者、出版单位、出版时间，再次引用时，则略去。

三、按语中引用他人著作/论文等，均在页下注明出处。

四、所引简牍资料除《睡虎地秦墓竹简》等整理小组已经标点之外，其他整理小组未标点者，引用时概不加标点；原简中的符号如表示重文的“=”以及“●”、“ㄗ”等标记符号均保留。

五、引用文献页码时，统一将原来用汉字标示的页码改为阿拉伯数字。

六、对一条史料可以反映多种商品的物价，例如对记载有重量和价格的铜器铭文，则在铜器价格和铜价中分别征引。

七、所有史料均按年代顺序排列，年代不明的简牍碑刻类史料按照出土或公布先后顺序排列。

目　录

一　奴隶价格

（1）里耶秦简 8—1287：

卅一年十月乙酉朔＝日贰春乡守☑

大奴一人直钱四千三百

小奴一人直钱二千五百

●凡直钱六千八百

湖南省文物考古研究所编著：《里耶秦简（壹）》，文物出版社 2012 年版，释文第 66 页。

按：秦始皇三十一年十月，里耶地区大奴一人值 4300 钱，小奴一人值 2500 钱。

（2）里耶秦简 8—1546：

南里小女子苗　卅五年徙为阳里户人大女子户婴隶

☑□钱万二千五百五十二

《里耶秦简（壹）》，释文第 76 页。

按：此简第一行记“南里小女子苗，卅五年徙为阳里户人大女子户婴隶”，第二行记“☑□钱万二千五百五十二”，因第二行前面有断缺，故无法确定第二行所记是否就是小女子苗的身价，不过，“万二千五百五十二”的钱数与秦汉时期一名奴隶的价格基本相仿。

（3）《史记·扁鹊仓公列传》：

济北王召臣意诊脉诸女子侍者，至女子竖，竖无病。臣意告永巷长曰："竖伤脾，不可劳，法当春呕血死。"臣意言王曰："才人女子竖何能？"王曰："是好为方，多伎能，为所是案法新，往年市之民所，四百七十万，曹偶四人。"

按：这是"多伎能"的倡优，非一般从事劳动或杂役的奴隶，故价格特贵，每人117.5万钱。

（4）《汉书·地理志》：

乐浪朝鲜民犯禁八条：相杀以当时偿杀。相伤以谷偿。相盗者男没入为其家奴，女子为婢，欲自赎者，人五十万。

按：这是奴婢欲自赎的价格，价格为50万钱。

（5）居延汉简37·35云：

……小奴二人直三万　大婢一人二万……

中国社会科学院考古研究所编：《居延汉简甲乙编》，北京，中华书局1980年版，释文第25页。

按：本简所记，汉代居延地区小奴一人值15000钱，大婢一人值20000钱。

（6）居延汉简补编139.15：

直卅六万奴一人直九万

摘自邢义田《地不爱宝：汉代的简牍》，北京，中华书局2011年版，第466页。

按：本简所记，居延的奴价很高，一人值90000钱。

（7）王褒《僮约》：

神爵三年正月十五日，资中男子王子渊从成都安志里女子杨惠买夫时户下髯奴便了，决贾万五千。

（明）张溥辑：《汉魏六朝百三名家集》第一册，江苏古籍出版社2002年版，第169页。

按：此《僮约》虽为戏谑之文，但所记奴一人价值15000钱，与汉代其他奴价记录也相当。

（8）肩水金关汉简73EJT24：275：

▨□冀阴利里长广君大婢财贾钱万二千钱毕已節有固疾不当卖而卖逐贾钱　（A）

▨□券约沽酒旁二斗　（B）

甘肃简牍保护研究中心、甘肃省文物考古研究所等编：《肩水金关汉简（贰）》下册，上海，中西书局2012年版，第157页。

按：此简记大婢一人价值12000钱。

（9）四川郫县犀浦出土的东汉永建三年簿书残碑：

……下君迁故……五人，直廿万；牛一头，直万五千；……奴□、□□、□生、婢小、奴生，并五人，直廿万；……奴立、奴□、奴鼠，并五人，直廿万，牛一头，万五千……

高文：《汉碑集释》，河南大学出版社1997年版，第265—266页。

按：此碑所记为东汉顺帝永建三年（公元128年）四川郫县的奴价，奴的单价为40000钱。

（10）张家山汉简《奏谳书》：

〔汉高祖〕十一年八月甲申朔丙午，江陵丞骜敢谳之。三月己巳大夫禒辤（辞）曰：六年二月中买婢媚士五（伍）典所，贾（价）钱万六千。

张家山汉墓竹简整理小组：《张家山汉墓竹简（二四七号墓）》，北京，文物出版社2011年版，第214页。

按：这是汉高祖十一年（公元前196年）八月江陵丞骜上报的法律文书，文书记载：在汉高祖六年（公元前201年）二月中旬，大夫　从士伍典那里买来奴婢媚，价钱16000钱。

(11)《风俗通义·佚文》：

> 河南平阴庞俭，本魏郡邺人，遭仓卒之际，卒失其父，时俭三岁，弟才襁抱耳，流传客居，庐里中凿井，得钱千余万，遂温富。俭作府吏，躬亲家事，行求老苍头谨信属任者，年六十余，直二万钱，使主牛马耕种。

（东汉）应劭著，吴树平校释：《风俗通义校释》，天津人民出版社1980年版，第424—425页。

按：此条记年纪60余岁、谨信属任、主牛马耕种的老奴，一人价值20000钱。

(12)《三国志·魏志·王昶传》裴注引《别传》：

> （任）嘏，乐安博昌人。世为著姓，……汉末，黄巾贼起，天下饥荒，人民相食。……又与人共买生口，各雇八匹。后生口家来赎，时价直六十匹。共买者欲随时价取赎，嘏自取本价八匹。共买者惭，亦还取本价。

按：生口即奴隶。在东汉末，一人价值绢或布8—60匹。

(13)《后汉书·朱晖传》注引《东观记》：

> （朱）晖为督邮，（南阳太守阮）况当归女，欲买晖婢，晖不敢与。后况卒，晖送其家金三斤。

按：此记东汉时期一名女婢价值金3斤。

（14）《汉旧仪》：

奴婢欲自赎，钱（千）［十］万，免为庶人。

（清）孙星衍等辑，周天游点校：《汉官六种》，北京，中华书局 1990 年版，第 79 页。

按：此条也是记奴婢欲自赎的价格，每人 10 万钱。

（15）《后汉书·东夷列传》：

〔安帝永初六年〕诏曰："遂成等桀逆无状，当斩断葅醢，以示百姓，幸会赦令，乞罪请降。鲜卑、濊貊连年寇钞，驱略小民，动以千数，而裁送数十百人，非向化之心也，自今已后，不与县官战斗而自以亲附送生口者，皆与赎直，缣人四十匹，小口半之。"

按：此记赎一名大奴，需缣 40 匹；赎一名小奴，需缣 20 匹。

（16）《太平御览》卷四百一十一引刘向《孝子图》：

前汉董永，千乘人，少失母，独养父；父亡，无以葬，乃从人贷钱一万。永谓钱主曰："后若无钱还君，当以身作奴"。

按：此条为借贷时以自身为奴做抵押的价格，一人 10000 钱，当属低估其值。

二　田宅价格

（一）田地价

(1)《汉书·东方朔传》：

〔汉武帝建元三年，东方朔〕进谏曰："……夫南山，天下之阻也，南有江淮，北有河渭，其地从汧陇以东，商雒以西，厥壤肥饶。汉兴，去三河之地，止霸产以西，都泾渭之南，此所谓天下陆海之地，秦之所以虏西戎兼山东者也。……又有秔稻梨栗桑麻竹箭之饶，土宜姜芋，水多䵷鱼，贫者得以人给家足，无饥寒之忧。故丰镐之间号为土膏，其价亩一金。"

按：丰、镐之间，一亩土地值 10000 钱。

(2)《汉书·李广传》：

〔汉武帝元狩五年〕李蔡以丞相坐诏赐冢地阳陵当得二十亩，蔡盗取三顷，颇卖得四十余万，又盗取神道外壖地一亩葬其中，当下狱，自杀。

按：王仲荦说：三顷四十余万，一顷十四五万，十亩一万四五千，一亩一千四五百钱[1]。

(3)《汉书·扬雄传》：

汉元鼎间避仇复溯江上，处岷山之阳曰郫，有田一壥，有宅一区，晋晋灼曰："《周礼》，上地夫一壥，一百亩也。"世世以农桑为业。……家产不过十金，乏无儋石之储，晏如也。

按：汉代一金值一万钱。田一壥为100亩，则一亩仅1000钱。

(4) 杨量买山刻石：

〔宣帝〕地节二年八月，巴州民杨量买山，直钱千百，作业□子孙，永保其无替。

陆增祥：《八琼室金石补正》卷二。

按：刻石所记为买山，云直钱千百，具体价格不详。

(5)《汉书·元后传》：

〔成帝阳朔二年〕自是公卿见凤，侧目而视，郡国守相刺史皆出其门。又以侍中太仆音为御史大夫，列于三公。而五侯群弟，争为奢侈，赂遗珍宝，四面而至；后庭姬妾，各数十人，僮奴以千百数，罗钟磬，舞郑女，作倡优，狗马驰逐……百姓歌之曰："五侯初起，曲阳最怒，坏决高都，连竟外杜，孟康曰：'杜、鄠二县之间田亩一金。言其境自长安至杜陵也。'土山渐台西白虎。"其奢僭如此。

按：按孟康所云，则杜、鄠二县之间地一亩值一金。

(6)《汉书·孙宝传》：

〔成帝鸿嘉中〕时帝舅红阳侯立使客因南郡太守李尚占垦草田数百顷，颇有民所假少府陂泽，略皆开发，上书愿以入县官。有诏郡平田予直，钱有贵一万万以上。宝闻之，遣丞相史按验，发其奸，劾奏

① 王仲荦遗著：《金泥玉屑丛考》，北京，中华书局1998年版，第36页。

立、尚怀奸罔上，狡猾不道。尚下狱死。

按：草田数百顷，高出平价一亿钱以上，每亩仅高出部分就至少为1000钱。

（7）《汉书·贡禹传》：

（贡禹）上书曰："臣禹年老贫穷，家訾不满万钱，妻子穅豆不赡，裋褐不完。有田百三十亩，陛下过意征臣，臣卖田百亩以供车马。"

按：依贡禹所说，有田百三十亩，家訾尚不满万钱，则一亩所值不足百钱。

（8）居延汉简 24·1B：

……田五十亩直五千……

《居延汉简甲乙编》，释文第 14 页。

按：一亩值 100 钱。

（9）居延汉简 37·35：

……田五顷五万……

《居延汉简甲乙编》，释文第 25 页。

按：一亩值 100 钱。

（10）居延汉简 557·4：

☑置长乐里乐奴田卅五彶贾钱九百钱毕已受田即乐正计彶数环钱旁人淳于次孺王充郑少卿古酒旁二升皆饮之

《居延汉简甲乙编》释文第 280 页。

按：此简所记田的单位是"彶"，但不知"彶"究竟是多少亩，简文云：田卅五彶贾钱九百，则一彶所值不足 30 钱。又，李振宏、孙英民

《居延汉简人名编年》将此简系于西汉元帝建昭年间[1]。

（11）居延新简 EPT50·33A：

> □□□田三顷庐舍直百五☐
> 长陵卖中溉田廿顷庐舍直四百☐
> 溉中田卅顷庐舍直二百万☐

甘肃省文物考古研究所等编：《居延新简——甲渠候官》，北京，中华书局 1994 年版，释文第 65 页。

按：罗庆康认为："根据第三简有量词'万'，一、二简理应加上，才符合简意"[2]。刘金华也认为：本简记载的是"田产与庐舍价值总计，从第三则记录看前二则最末所缺字或系单位'万'字，具体分别价值多少目前还难以推测"[3]。但罗庆康认为：本简所载"每顷田价，第三简是 9 万，二简是 20 万，一简是 34 万。与礼忠'田五顷五万'及徐宗'田五十亩直五千'的 1 万 1 顷比较，高出 9 倍、20 倍、34 倍"。[4] 何以这里的田价如此之高？罗庆康认为，这一是因田舍位于长陵，地在今咸阳市北，属膏腴之地，二是由于是"溉田"，比旱田价贵。[5]

（12）肩水金关汉简 73EJT30：115：

> ☐　顷八十亩直钱四万八千　　顷一十六亩直钱万一千六百□
> □□□□□□□

甘肃简牍博物馆、甘肃省文物考古研究所等：《肩水金关汉简（叁）》下册，上海，中西书局 2013 年版，第 113 页。

按：本简第一句"顷八十亩直钱四万八千"，则一亩值 266.66 钱；第二句"顷一十六亩直钱万一千六百"，则一亩值钱 100。

① 李振宏、孙英民：《居延汉简人名编年》，中国社会科学出版社 1997 年版，第 152、157 页。

② 罗庆康：《〈居延新简〉所记的西汉物价研究》，载《安徽史学》1994 年第 2 期。

③ 刘金华：《汉代物价考（二）——以汉简为中心》，载《文物》2008 年第 2 期。

④ 罗庆康：《〈居延新简〉所记的西汉物价研究》，载《安徽史学》1994 年第 2 期。

⑤ 同上。

(13)《九章算术·盈不足》:

今有善田一亩，价三百；恶田七亩，价五百。今并买一顷，价钱一万。问善田、恶田各几何。答曰：善田一十二亩半，恶田八十七亩半。

按：善田一亩值300钱，恶田一亩值71钱余。

(14)《后汉书·杜笃传》:

〔东汉光武帝建武年间〕笃以关中表里山河，先帝旧京，不宜改营洛邑，乃上奏《论都赋》曰：……夫雍州本帝皇所以育业，霸王所以衍功，战士角难之场也。《禹贡》所载，厥田惟上。沃野千里，原隰弥望。保殖五谷，桑麻条畅。滨据南山，带以泾、渭，号曰陆海，蠢生万类。楩楠檀柘，蔬果成实。畎渎润淤，水泉灌溉，渐泽成川，粳稻陶遂。厥土之膏，亩价一金……

按：此云关中地区亩价一金。

(15) 王符《潜夫论·实边篇》:

中州内郡，规地拓镜，不能半边，而户口百万，田亩一金。

按："田亩一金"，彭铎《潜夫论笺校正》作"田亩一全"。[①] 汪继培云："一"盖"不"字之坏。《管子·禁藏篇》云："户籍田结者，所以知贫富之不赀也。故善者必先知其田，乃知其人。田备然后民可足也。""不全"即"不备"之谓。彭铎云："汪说近是。"[②]

(16) 东汉侍廷里父老僤约束石券:

……乃以永平十五年六月中造起僤，敛钱共有六万一千五百，买

① (汉) 王符著，(清) 汪继培笺，彭铎校正：《潜夫论笺校正》，中华书局1985年版，第285页。

② (汉) 王符著，(清) 汪继培笺，彭铎校正：《潜夫论笺校正》，中华书局1985年版，第286页注［一四］。

田八十二亩……

《汉碑集释》，第12页。

按：61500钱买地82亩，每亩值750钱。

（17）会稽摩崖冢地刻石：

大吉昆弟六人共买山地建初元年造此冢地直三万钱

陆耀遹：《金石续编》卷一。

按：此刻石只记东汉章帝建初元年（公元76年）冢地总价三万钱，但未记冢地亩数，故每亩单价不得而知。

（18）犀浦东汉“簿书”残碑：

田八亩，质四千。上君迁、王岑鞫田……」舍六区，直卌四万三千。属叔长……」田卅亩，质六万。下君迁故……」五人，直廿万；牛一头，直万五千；田□顷……」五亩，贾□十五万。康眇楼舍，质五千。王奉坚楼舍……」王岑田□□，直□□万五千；奴田、婢□、奴多、奴白、奴鼠、并五人……」田顷五十亩，直卅万。何广周田八十亩，质……」五千；奴□、□□、□生、婢小、奴生、并五人，直廿万；牛一头，万五千。」元始田八□□，质八万。故王汶田，顷九十亩，贾卅一万故杨汉……」奴立、奴□、奴鼠，并五人，直廿万，牛一头，万五千；田二顷六十……田顷三十亩，□□□万；中亭后楼，贾四万。苏伯翔谒舍，贾十七万。故……张王田卅□亩，质三万；奴俾、婢意、婢最、奴宜、婢营、奴调、婢利，并……

《汉碑集释》，第265—266页。

按：此碑残缺较多，虽有多条关于田价的记录，但不少残损不清，如“五亩，贾□十五万”“王岑田□□，直□□万五千”“何广周田八十亩，质……”“元始田八□□，质八万”“田顷三十亩，□□□万”“张王田卅□亩，质三万”等。但也有部分内容清晰者，如“田八亩，质四千”，每亩质500钱；“田卅亩，质六万”，每亩质2000钱；“田顷五十亩，直卅万”，每亩值2000钱；“故王汶田，顷九十亩，贾卅一万”，每亩价值1631.58钱。高文先生认为，每亩1631、每亩2000钱，均为上等之田。[1]

（19）堂邑令费凤碑：

惟熹平六年，……堂邑令费君寝疾卒，呜呼哀哉！于是夫人元弟故□□□守卜㣻追而诔之，其辞曰：“……祖业良田，亩直一金。推予弟息，辞位让财，行义高邵，卓不可及。”

洪适：《隶释》卷九。

按：此碑所记，良田亩值一金。

（20）金广延母徐氏纪产碑：

……故文进升地一町直五万五千家乃赜收责地……

《隶释》卷十五。

按：此碑所记，地一町值55000钱。温乐平云：“三町为100亩，则一町为33.3亩。”[2] 若此，则此碑所记地价为每亩1650钱。

（21）王朗《上求赈贷民表》：

昔在西京有鄠杜膏腴之饶，池田谷口之利，泾渭二川之水，郑国白渠之溉。云雨年成，粪与灌并。亩价一金，号为“陆海”。

《太平御览》卷八百二十一引王朗《上求赈贷民表》。

按：此文所记地价为亩价一金。

（22）西汉建元元年（公元前140年）王兴圭买地铅券：

建元元年夏五月朔廿二日乙巳，武阳太守大邑荣阳邑朱忠，有田在黑石滩，田二百町，卖与本邑王兴圭为有。众人李文信，贾钱二万

① 高文：《汉碑集释》第266页注［八］、［九］。

② 温乐平：《秦汉物价研究》附《秦汉物价表》，硕士学位论文，江西师范大学，2002年，第20页。

五千五百，其当日交评（毕）。东比王东交，西比朱文忠，北比王之祥，南比大道，亦后无各言。其田王兴圭业，田内有男死者为奴，有女死者为妣。其日同共人沽酒各半。

原件藏日本中村氏书道博物馆，转引自仁井田陞《汉魏六朝の土地买卖文书》，载《东方学报》（东京）1938 年第 8 册。

按：关于此券，日本学者仁井田陞认为是现有最早的西汉土地买卖文书，吴天颖在《汉代买地券考》[①] 一文中对此提出异议，指出该券是伪造赝品。按此券所记，田 200 町，值钱 25500。若按温乐平所说，三町为 100 亩，则 200 町合计有 6666.67 亩，每亩仅 3.825 钱。

（23）黄龙元年（公元前 49 年）诸葛敬买地券：

黄龙元年壬申五月丙子朔八日乙亥，诸葛敬从南阳男子马吉庆卖所名有青栾年部罗佰田一町，直钱二万一千，钱即日毕。田东比贺方，南比沈大义，西尽大道，北比郑江生。根生土着毛物，皆属诸葛敬。田中若有尸死，男即当为奴，女即当为婢，皆当为诸葛敬趋走给使。田东西南北，以大石为界。时旁人丁阳、郭平皆知券约，沽酒各半。

刘体智：《小校经阁金文拓本》卷十三。

按：此券真伪，学术界存不同看法，不少人认为是真品，也有学者考证其为古董商伪造之赝品。按 1 町为 33.33 亩计算，本券所记田价为每亩 630 钱。

（24）东汉中元元年（公元 56 年）徐胜买地铅券：

建武中元元年（56 年）丙辰四月甲午朔廿八日乙酉，广阳太守官大奴徐胜，从武邑男子高纪成，卖所名有黑石滩部罗佰田一町，贾钱二万五千，钱即日毕。田东比皇甫忠，南比孙忠信，西比张淮，北比大道。根生土着毛物，皆属徐胜。田中若有尸死，男即为奴，女即为婢，皆当徐胜给使。时旁人姜同、许义皆知券约，沽酒各半。

---

① 载《考古学报》1982 年第 1 期。

原件藏山东省博物馆，转引自鲁波《汉代徐胜买地铅券简介》，载《文物》1972年第5期。

按：此券真伪，学术界也存不同看法，不少人认为是真品，也有学者考证其为古董商伪造之赝品。按1町为33.33亩计算，本券所记田价为每亩750钱。

（25）建初六年（公元81年）武孟子男靡婴买地田玉券：

> 建初六年十一月十六日乙酉，武孟子男靡婴买马熙宜、朱大弟少卿冢田。南广九十四步，西长六十八步，北广六十五，东长七十九步，为田二十三亩奇百六十四步，直钱十万二千。东陈田比介，北、西、南朱少比介。时知券约赵满、何非，沽酒各二斗。

罗振玉：《地券征存》。

按：王仲荦先生云：约四千四百三十四文一亩。[①]

（26）延光四年（公元125年）李德买地铅券：

> 延光四年乙丑朔三日庚午，东郡太守李德迁葬渑池县，买地一亩余，价值钱万二千。东部李校尉，西部黄家后里，南部路北和睦里。如地中伏有尸骸者，男为奴，女为婢。同第三子迁葬于此，皆执券约。时年五十有六。

原件藏上海博物馆，转引自朱江《四件没有发表过的地券》，载《文物》1964年第12期。

按：此券真伪，学术界也存不同看法。据上海博物馆鉴定说："我馆所藏延光四年铅买地券，铅质没有任何氧化，土锈是伪造的，所刻的字是新刻，书体不合时代特点。经鉴定，系赝品。"（转引自吴天颖《汉代买地券考》，载《考古学报》1982年第1期。）此券所记，冢地一亩余，值钱12000。

---

① 王仲荦遗著：《金泥玉屑丛考》，第37页。

(27) 延熹四年(公元161年)钟仲游妻买地铅券:

延熹四年九月丙辰朔卅日乙酉直闭,黄帝告丘丞墓伯,地下二千石,墓左墓右主墓狱史,墓门亭长,莫不皆在。今平阴偃人乡苌富里钟仲游妻薄命蚤死,今来下葬,自买万世冢田,贾直九万九千,钱即日毕。四角立封,中央明堂皆有尺六桃券、钱布、铟人。时证知者□□曾□□□□□□□□□。自今以后,不得干□□人。

有天帝教如律令。

罗振玉:《贞松堂集古遗文》卷十五《铅券》。

按:此券所记,安葬钟仲游妻之冢田价值99000钱,但不知冢田的具体亩数,故无法明了每亩冢田之价格。

(28) 延熹五年(公元162年)真道冢地碑:

此冢政乎

欲负冢土勿取冢地中法取东吉利慎勿取西北土也

延熹五年七月中旬真道字直中以钱八千从有亲真敖字政直直弟政升升二从弟汉宗市冢地连随地(阙)等冢□□吕(阙)连渎海江广廿二丈内人北行(阙)渎广皆如前钱付毕政等得可中弟(阙)子孙道□□□□治政等冢左是冢西中等冢左东北祠舍地中等子孙□□□子孙但得宿山居留不得争舍地争讼天帝诛疾勉从孝道先人之约读如□□□顺此书位(阙)所坚次比(阙)人□相爱必□□□不得违犯(阙)诸存子孙(阙)益中(阙)钱酒饭子孙吉不益有所取出即不利后冢东行广五丈北行不得作冢可示后世冢前也后世作冢从此冢后并坟北行门出西(阙)地也

洪适:《隶续》卷十九

洪适云:"延熹七年,真道以钱八千,从真敖兄弟市此地广二十二丈,其文戒约后世作冢取土方隅,但得宿山居留,不得争讼舍地,怖之以天帝诛疾,劝之以勉从孝道,戒之以不得违先人之约,字扎紊碎,不能尽通”。[①] 此券所记，冢地价值 8000 钱，但不知广 22 丈的冢地有多少亩，故无法明了每亩冢地之价格。

（29）建宁元年（公元 168 年）二月五凤里番延寿墓莂：

元年九人从山公买山一丘于五凤里，葬父马卫将，直钱六十万，即日交毕。分置券臺（壹），合莂大吉，立右。

建宁元年二月朔，有私约者当律令。

原件藏日本中村氏书道博物馆，转引自仁井田陞《汉魏六朝の土地卖买文书》，载《东方学报》（东京）1938 年第 8 册。

按：此券所记，买山一丘，值 60 万钱，但不知所买山的具体亩数，故无法明了每亩之价格。

（30）建宁二年（公元 169 年）王未卿买地铅券：

建宁二年八月庚午朔二十五日甲午，河内怀男子王未卿，从河南河南街邮部男子袁叔威买睾门亭部什三邵西袁田三亩，亩贾钱三千一百，并直九千三百，钱即日毕。时约者袁叔威，沽酒半，即日丹书铁券为约。

《贞松堂集古遗文》卷十五《铅券》。

按：此券所记，地价为一亩 3100 钱。

（31）建宁四年（公元 171 年）孙成买地铅券：

建宁四年九月戊午朔廿八日乙酉，左骏厩官大奴孙成，从雒阳男子张伯始卖所名有广德亭部罗陌田一町，贾钱万五千，钱即日毕。田东比张长卿，南比许仲异，西尽大道，北比张伯始。根生土著毛物，皆属孙成。田中若有尸死，男即当为奴，女即当为婢，皆当为孙成趋走给使。田东、西、南、北以大石为界。时旁人樊永、张义、孙龙，异姓樊元祖皆知张约，沽酒各半。

① 《隶续》卷十九。

《地券征存》。

按：谢桂华、周年昌《秦汉物价资料辑录》曰：“异姓樊元祖皆知张约”中之“张约”应为“券约”。[①] 当是。按一町约为 33.3 亩计，此券所记，每亩田价值 450 钱。

（32）熹平五年（公元 176 年）刘元台买地砖券：

熹平五年七月庚寅朔十四日癸卯，广□乡乐成里刘元台，从同县刘文平妻买得代夷里冢地一处，贾钱二万，即日钱毕。南至官道，西尽坟渎，东与房亲，北比刘景□，为冢时临知者刘元泥、枕安居者共为券书，平斩不当卖而卖，辛为左右所禁𠙵，平□为是正。如律令。

蒋华：《扬州甘泉山出土东汉刘元台买地砖券》，载《文物》1980 年第 6 期。

按：此券只记买代夷里冢地一处，价钱 20000，但不知具体亩数，故无法判断其单价。

（33）光和元年（公元 178 年）曹仲成买地铅券：

光和元年十二月丙午朔十五日，平阴都乡市南里曹仲成，从同县男子陈胡奴买长谷亭部马领陌北冢田六亩，亩千五百，并直九千，钱即日毕。田东比胡奴，北比胡奴，西比胡奴，南尽松道。四比之内，根生伏财物一钱以上，皆属仲成。田中有伏尸，既□男当作奴，女当作婢，皆当为仲成给使。时旁人贾、刘皆知券约，他如天帝律令。

原件藏日本中村氏书道博物馆，转引自仁井田陞《汉魏六朝の土地卖买文书》，载《东方学报》（东京）1938 年第 8 册。

按：此券记买冢田 6 亩，每亩值 1500 钱。

（34）光和二年（公元 179 年）王当买地铅券：

光和二年十月辛未朔三日癸酉……王当弟伎偷及父元兴等，从河

① 参见中国社会科学院历史研究所编《中国古代社会经济史资料》第一辑，福建人民出版社 1985 年版，第 15 页。

南□□□□□子孙等买谷郏亭部三陌西袁田十亩以为宅，贾直钱万，钱即日毕。田有丈尺，券书明白。故立四角封界，界至九天上，九地下……无得劳苦苛蓦，勿繇使，无责生人父母兄弟妻子家室，生人无责，各令死者无适负，即欲有所为，待焦大豆生，铅券华荣，鸡子之鸣，乃与□神相听。何以为真？铅券尺六为真。千秋万岁，后无死者。如律令！券成。田本曹奉祖田，卖与左仲敬等；仲敬转卖与王当弟伎偷父元兴。约文□□，时知黄唯、留登胜。

洛阳博物馆：《洛阳东汉光和二年王当墓发掘简报》，载《文物》1980年第6期。

按：本券记买田10亩，价值万钱，则每亩值1000钱。

（35）光和五年（公元182年）买地砖券：

□和五年二月□□□廿八日乙卯□□□帝神□敢亜墓上墓下……土□主上墓□永□地下二十石墓主墓皇墓旨东阡西阡南佰北佰丘丞墓佰东……南成北□魂□□□□□□中游徼佰门卒史□太原太守中山蒲阴助所博成里刘公……早死今日合墓□□□□上至仓天下至黄泉青骨死人刘公则自以家田三梁□……东佰南田廿八亩南北长七十步东西广九十六步中有丈尺券书明白故立四角封界□……大□士谨为刘氏之家解除咎殃五残□女□□猾七十二不□夭□□光八尸九□或有……□□不□生死异路不得相妨死人归蒿里戊己地上地下不碍□□他□不……无适有富利生人子孙□□□无敢劳苦无呼鸡□无得苛中无责……今死人无道□即□□得侍鸟大豆生菜毁鸡上雏□□券□□……诸神□□□□为□尺六桃□□□□则绝□上绝天文下绝地理□墓葬□□适除解千秋万…复死者世世富贵永宜子孙……

河北省文化局文物工作队编：《望都二号汉墓》，北京，文物出版社1959年版。

按：据谢桂华、周年昌先生考证，此券年代为东汉灵帝光和五年（公元182年）。从砖券内容中可见“东佰南田廿八亩南北长七十步东西广九十六步中有丈尺券书明白故立四角封界”等文字，但不清楚田地的总价或单价。又，“地下二十石”当为“地下二千石”。

(36) 光和七年（公元184年）樊利家买地铅券：

光和七年九月癸酉朔六日戊寅，平阴男子樊利家，从雒阳男子杜謌子子弟□买石梁亭部桓千东比是佰北田五亩，亩三千，并直万五千，钱即日异。田中根土著，上至天，下至黄，皆□□行。田南尽佰，北，东自比謌子，西比羽林孟□若一旦田为吏民秦胡所名有，謌子自当解之。时旁人杜子陵、李季盛，沽酒各半。钱千无五十。

《贞松堂集古遗文》卷十五《铅券》。

按：谢桂华、周年昌《秦汉物价资料辑录》曰："钱即日异"之"异"应为"毕"①。又，王仲荦云：五亩万五千，亩三千文。②

(37) 中平五年（公元188年）房桃枝买地铅券：

中平五年三月壬午朔七日戊午，雒阳大女房桃枝，从同县大女赵敬买广德亭部罗西造步兵道东冢下余地一亩，直钱三千，钱即毕。田中有伏尸，男为奴，女为婢。田东、西、南比旧□，北比樊汉昌。时旁人樊汉昌、王阿顺皆知券约，沽酒各半。钱千无五十。

《贞松堂集古遗文》卷十五《铅券》。

按：王仲荦云：一亩，三千钱。③

(38) 汉□平□年孟叔买地铅券：

汉□平□年十月□□□□□辛亥，河南男子□孟叔，从雒阳男子王孟山，山子男元显、显子男富年买所名有……田□亩，贾钱万，即日毕。□钱□孟山、元显、富年□田西比□□□□贾…田□□从孟叔便□□□□□，上至苍天，下至□□亻……丸□□樊□皆知券约，沽酒各半。

① 参见中国社会科学院历史研究所编《中国古代社会经济史资料》第一辑，福建人民出版社1985年版，第17页。

② 王仲荦遗著：《金泥玉屑丛考》，第38页。

③ 同上。

罗振玉：《芒洛冢墓遗文四编补遗》。

按：谢桂华、周年昌《秦汉物价资料辑录》曰：汉代年号第二字为"平"者，西汉有元平、建平；东汉有永平、熹平、中平、初平、兴平等。最早的元平元年为公元前74年，最晚兴平二年为公元195年。此券绝对年代尚难判断。[①] 此券所记"田□亩，贾钱万"，恰在田亩数字处漫漶无法辨识，故无法了解田地的亩价。

（39）建安三年（公元198年）崔坊买地铅券：

建安三年三月八日，祭主崔坊伏缘先考奄逝以来，葬地未卜延日者，择此高原来世朝近地世袭吉日时洋钱，于皇天后土处买到龙子冈阴地一区，始移分葬，永为阴宅。千侯百岁，永无殃咎。若有干犯，将军、亭长缚送致罪。先有居者各相安好。分付工匠脩安厝已后，示保全吉。立券孝子崔坊。

《小校经阁金文拓本》卷十三。

按：此券未载所买冢地的面积和价钱。

（二）房宅价

（1）居延汉简24·1B：

三𤈦燧长居延西道里公乘徐宗年五十
徐宗年五十
妻妻　子男一人　男同产二人　女同产二人
宅一区　直三千　……

《居延汉简甲乙编》，释文第14页。

按：宅一区，值3000钱。

① 参见中国社会科学院历史研究所编《中国古代社会经济史资料》第一辑，福建人民出版社1985年版，第18页注①。

（2）居延汉简 37・35：

候长觻得广昌里公乘礼忠年卅
小奴二人直三万　大婢一人二万　轺车二乘直万
用马五匹直二万　牛车二两直四千　服牛二六千
宅一区万　田五顷五万・凡赀直十五万

《居延汉简甲乙编》，释文第 25 页。

按：宅一区，值 10000 钱。

（3）居延新简 EPT50・33：

□□□田三顷庐舍直百五☐
长陵卖中溉田廿顷庐舍直四百☐
溉中田卅顷庐舍直二百万☐

《居延新简——甲渠候官》，释文第 65 页。

按：罗庆康、刘金华均认为，本简第一栏"百五"、第二栏"四百"后均应有一"万"字。但罗庆康说，按礼忠家訾简推测，此简所记庐舍价当在 1 处 1 万钱以上；而刘金华则认为，本简第一栏所记田三顷庐舍值 105 万钱，第二栏所记田廿顷庐舍值 400 万钱，第三栏溉中田 30 顷庐舍值 200 万钱。但由于本简将田、庐舍价值合计，所以，无法了解庐舍具体的价格①。

（4）敦煌汉简 776：

捐之道丈人前所卖宅耿孝所贾钱千六百今取孝终一匹六百卌酒一石八斗直二百七十复卖

甘肃省文物考古研究所编：《敦煌汉简》，北京，中华书局 1991 年版，释文第 249 页。

按：此简所载，1 座宅值 1600 钱。

① 参见前揭罗、刘二人文章。

（5）（永元六年）汉蚕崔石刻：

故此省三处间，直钱万二千，永元六年□□石。

叶奕苞：《金石录补》卷一。

按：间一处值4000钱。

（6）四川郫县犀浦东汉永建三年簿书残碑：

……舍六区，直卌四万三千。……康眇楼舍，质（直）五千。王奉坚楼舍……

中亭后楼，贾四万。苏伯翔谒舍，贾十七万。

《汉碑集释》，第265—266页。

按：“舍六区，直卌四万三千”，平均每区值57166钱；“康眇楼舍，质（直）五千”，每区质5000钱；“中亭后楼，贾四万”，楼价40000钱；“苏伯翔谒舍，贾十七万”，谒舍一座，值170000钱。

（7）永和二年（公元137年）买房碑记：

永和二年三月，买房一处，直钱一万，后子孙大吉。

黄县丁氏藏拓本，转引自陈直《两汉经济史料论丛》，陕西人民出版社1958年版，第288页。

按：房一处，值10000钱。

（8）熹平四年（公元175年）郑子真宅舍残碑：

□所居宅舍一区直百万，故郑子真地中起舍一区作钱（下缺）故郑子真舍（地）中起舍一区七万，故潘盖楼舍并二区十一（下缺）故吕子近楼一区五万，故像楼舍一区二万五千（缺）扶母舍一区万二千，□□凤楼一区三万□□，车舍一区万□□，奉楼一区二万□□，子信舍一区万。

熹平四年（缺）月丁酉朔……

《隶释》卷十五。

按：本碑所记，宅舍价差别悬殊，分别有：宅舍一区值100万钱、起舍一区值7万钱、舍一区值1.2万钱、舍一区1万钱、车舍一区1万钱（或1万余钱）；所记楼价相差较小，分别有：楼一区5万钱、楼舍一区2.5万钱、楼一区3万钱、楼一区2万钱。

（9）光和元年（公元178年）金广延母徐氏纪产碑：

光和元年五月中旬，金广延母自伤纪考妣徐氏元初产，永寿元年出门托躯金掾季本……及归故主，三分屋一才得廿一万六百。……

《隶释》卷十五。

按：此碑记，三分屋一才得廿一万六百，则屋一座值631800钱。

（三）楼价

（1）汉蜀郡属国都尉王君神道碑：

蜀郡太守王子雅，南阳西鄂人，有三女无男，而家累千金。父没当葬，三女各出钱五百万，一女筑墓，二女建楼。

赵明诚：《金石录》卷十九。

按：此碑记1500万钱用来筑墓和建楼，其中500万筑墓，1000万建楼。

（2）熹平四年（公元175年）郑子真宅舍残碑：

……故吕子近楼一区五万，故像楼舍一区二万五千（缺）扶母舍一区万二千，□□凤楼一区三万□□，车舍一区万□□，奉楼一区二万□□，子信舍一区万。

熹平四年（缺）月丁酉朔……

《隶释》卷十五。

按：本碑所记楼价分别为：楼一区5万钱、楼舍一区2.5万钱、楼一区3万钱、楼一区2万钱。

(3) 四川郫县犀浦永建三年簿书残碑：

……康眇楼舍，质（直）五千。王奉坚楼舍……中亭后楼，贾四万……

《汉碑集释》，第265—266页。

按：碑中记“康眇楼舍，质（直）五千”，则每区楼舍质5000钱；“中亭后楼，贾四万”，则楼价40000钱。

（四）石碑价

汉郫县碑：

建平五年六月，郫五官掾范功平、史石、工敷、徒要本，长廿五丈，价二万五千。

叶奕苞：《金石录补》卷二，又见《隶续》卷三。

按：此石碑价值25000钱。另，周岩壁认为，东汉中后期，立一通墓碑，大概需要两万钱。[①] 洪适认为碑文中云“长二十五丈，必是凿崖治道”[②]，若此，则碑文所记“二万五千”就不是碑价了。但谢桂华、周年昌认为此“二万五千”为碑价。[③]

（五）石阙价

(1) 建和元年（公元147年）武氏石阙铭：

建和元年，太岁在丁亥，三月庚戌朔四日癸丑，孝子武始公弟绥

① 参见周岩壁《汉碑的价格》，载《寻根》2013年第6期。

② 洪适：《隶续》卷三，北京，中华书局1986年版，第306页。

③ 参见中国社会科学院历史所编《中国古代社会经济史资料》第一辑，福建人民出版社1981年版，第20页。

宗、景兴，开明，使石公孟季，季弟卯造此阙，直钱十五万。孙宗作狮子，直四万……

《隶释》卷二十四。

按：石阙价值15万钱；石狮子价值40000钱。

（2）东汉章帝元和二年（公元85年）石阙价：

元和二年正月六日孙仲阳□升父物故行□□礼□作石阙价值万五千。

刘心健、张鸣雪：《山东莒南发现汉代石阙》，载《文物》1965年第5期。

按：石阙价值15000钱。

（六）祠堂价

（1）山东嘉祥宋山汉画像石：

〔东汉永寿三年（公元157年）评安国祠堂〕价钱二万七千。

《山东嘉祥宋山1980年出土的汉画像石》，载《文物》1982年第5期。

按：祠堂价值27000钱。

（2）芗他君石祠堂题字：

〔东汉桓帝永兴二年（154年）芗无患与芗奉宗兄弟二人为父母建石祠堂〕价钱二万五千。

罗福颐：《芗他君石祠堂题字解释》，载《故宫博物院院刊》总二号，1960年。

按：石祠堂价值25000钱。

（七）露台价

《汉书·文帝纪》

赞曰：孝文皇帝即位二十三年，宫室苑圃车骑服御无所增益。有不便，辄弛以利民。尝欲作露台，召匠计之，直百金。上曰："百金，中人十家之产也。师古曰：中谓不富不贫。吾奉先帝宫室，常恐羞之，何以台为！"

按：露台价值100金，按汉代一金值钱10000计，则露台价值100万钱。又，《史记》卷十《孝文本纪》云：（孝文帝后六年）"尝欲作露台，召匠计之，直百金。"与《汉书·文帝纪》所记相同。

（八）公廨价

《太平广记》卷三百一十六引《水经注》：

后汉光武二年，西河鲜于冀为清河太守，作公廨未就而亡。后守赵高，计工用二百万，黄秉功曹刘适言四百万钱。

按：公廨造价200万钱。

附一：盐井价

《华阳国志》卷十《汉中士女》：

张寿，字伯禧，涪人也。少给县丞杨放为佐，放为梁贼所得，寿求之，积六年，始知其生存；乃卖家盐井，得三十万，市马五匹，往赎放。

按：任乃强先生认为，所谓"梁贼"虏张寿所事之涪县县臣杨放一事，“盖指安帝时陇西割据之羌进寇益州者，掳涪县臣杨放去，用而不杀，故‘积六年’犹得生存。时羌酋滇零称天子，传两世，阅十余年乃平”。[①]

附二：就（僦）舍价

居延汉简 3·4：

三携燧长徐宗自言故霸胡亭长宁就舍钱二千三百卅四责不可得

《居延汉简甲乙编》，释文第 1 页。

按：谢桂华、周年昌说：“四责不可得”之“四”应释作“数”。[②]

① 参见任乃强校注《华阳国志校补图注》，上海古籍出版社 1987 年版，第 615 页注⑥。

② 参见《秦汉物价资料辑录》，载《中国古代社会经济史资料》第一辑，福建人民出版社 1985 年版，第 20 页。

三　五谷价格

（一）米价

（1）里耶秦简 8—2015：

〼嘉出庸贾三百受米一石臧直百卌得成吏亡嘉死审〼（正）
□敦狐诣讯般刍等辤各如前〼（背）

《里耶秦简（壹）》下册，释文第 92 页。

按：此简文意不太清晰，但从“受米一石臧直百卌”来看，米价当为 140 钱一石。

（2）《史记·秦始皇本纪》：

〔秦始皇三十一年〕米石千六百。

按：秦始皇三十一年（前 216 年），米一石达到 1600 钱。

（3）《史记·货殖列传》：

秦之败也，豪杰皆争取金玉，而任氏独窖仓粟。楚汉相距荥阳也，民不得耕种，米石至万，而豪杰金玉尽归任氏，任氏以此起富。

按：楚汉相争时，米一石达到 10000 钱。

(4)《汉书·高帝纪》：

〔高帝二年六月〕关中大饥，米斛万钱，人相食。令民就食蜀汉。

按：汉高祖二年（公元前205年），关中地区米一斛10000钱。

(5)《史记·平准书》：

汉兴，接秦之弊……齐民无藏盖。于是为秦钱重难用，更令民铸钱，一黄金一斤，约法省禁。而不轨逐利之民，蓄积余业以稽市物，物踊腾粜，米至石万钱，马一匹则百金。

按：汉初，米一石达到10000钱。

(6)《汉书·食货志》：

汉兴，接秦之敝，诸侯并起，民失作业，而大饥馑，凡米石五千，《汉书补注》：周寿昌曰：沈彤云，前石五十者，周景王大钱也，重半两。此石五千者，荚钱也，视李悝时米价，已十六七倍。寿昌按：《志》明云，汉兴，以为秦钱重难用，更令民铸荚钱。此是接秦之敝，恐尚用秦钱，未铸荚钱也。人相食，死者过半。

按：汉初，米一石5000钱，人相食，死者过半。

(7)《汉书·食货志》：

汉兴，以秦钱重难用，更令民铸荚钱，而不轨逐利之民，畜积余赢，以稽市物……米至石万钱，马至匹百金。

按：汉初，米一石达到10000钱。又，此条与《史记·平准书》所记米价相同。

(8)《张家山汉简·算数书》“米出钱”题：

粝（粺）米二斗三钱，粺（粝）米三斗二钱，今有粝、粺十斗，卖得十三钱，问粝、粺各几何。曰粺七斗五分【斗】三，粝二斗五分【斗】二……

米斗一钱三分钱二，黍斗一钱半钱。今以十六钱买米、黍凡十斗，问各几何，用钱亦各几何。得曰：米六斗、黍四斗，米钱十、黍【钱】六。

《张家山汉墓竹简（二四七号墓）》，第266页。

按：这道算题记载了两组粮价：第一组：粺米1斗1.5钱，粝米1斗0.67钱；第二组：米1斗1.67钱，黍1斗1.5钱。

（9）《张家山汉简·奏谳书》：

〔汉高祖〕七年八月己未江陵丞言醴阳令恢盗县官米二百六十三石八斗恢秩六百石爵左庶长□□□□从史石盗醴阳己乡县官米二百六十三石八斗令舍人士五（伍）兴义与石卖得金六斤三两钱万五千五十罪它如书

《张家山汉墓竹简（二四七号墓）》，第219页。

这是说醴阳县一位名叫石的六百石官吏与一位名叫石的从史合伙偷盗了官府263石8斗米，让舍人兴、义私下变卖，共卖得金6斤3两和钱15050。按照有关文献记载的汉代黄金的最高价格金1斤值钱10000计算，15050钱折合黄金约1斤8两强，这263石8斗米共值金约7斤11两，每两黄金约值2.15石米。

（10）《汉书·王莽传》：

〔王莽地皇二年〕莽以玺书令（田）况领青、徐二州牧事。况上言："盗贼始发，其原甚微……因饥馑易动，旬日之间更十余万人，此盗贼所以多之故也。今洛阳以东，米石二千。"

按：王莽地皇二年为公元21年，因战乱与饥馑，洛阳以东，米一石2000钱。

（11）《汉书·食货志》：

〔王莽〕末年，盗贼群起，发军击之，将吏放纵于外。北边及青徐地人相食，洛阳以东米石二千。

按：此条所载与上条《汉书·王莽传》所载相同。

（12）〔王莽〕地皇三年《劳边使者过界中费》册：

……

梁米八斗　　直百六十□□73EJT21：3

即米三石　　直四百五十　　73EJT21：4

……

《肩水金关汉简（贰）》下册，第10页。

按：此简册所记，粱米一石200钱，即米一石150钱。

（13）居延新简EPT51·223：

受甲渠君钱千……出百六十八糴米七斗……

《居延新简——甲渠候官》，释文第81页。

按：此简所记，米一石240钱。

（14）居延新简EPT52·242B：

☐出钱十八米二斗长

☐出钱三百长□

《居延新简——甲渠候官》，释文第129页。

按：此简所记，米一石90钱。

（15）敦煌汉简2453A：

□□□□□　　□□直五十

粱米五升直百　　杯六直百廿

葱一石直百　　　酨一直五十

凡来所用直二千以入二百廿□多一千□百□

《敦煌汉简》，释文第 316 页。

按：粱米 5 升值 100 钱，则 1 石粱米值 2000 钱。

（16）《后汉书·第五伦传》：

〔第五伦〕京兆长陵人也。……王莽末，盗贼起，宗族闾里争往附之。李贤注引《东观记》曰时米石万钱，人相食，伦独收养孤兄子、外孙，分粮共食，死生相守，乡里以此贤之。

按：王莽末年，米一石 10000 钱。

（17）《后汉纪》：

〔明帝永平十八年〕世祖谓第五伦曰："闻卿不过从兄饭，宁有之耶？"伦对曰："臣遭饥馑，米石万钱，不敢妄过人饭。"

按：此条所记与上条李贤注引《东观纪》当为同一事，米一石 10000 钱。

（18）王鸣盛：《十七史商榷》卷十二，"《汉书》六《米价》"：

《食货志》：魏文侯臣李悝言，一夫治田百亩，岁收亩一石半，石钱三十。沈彤谓一石当今二斗；又谓此钱乃景王大钱，其重半两，当今制钱二枚，俱未详是否。汉初，米石五千。沈谓此荚钱也，视李悝时价十六七倍。此志下卷又云，汉兴，米至石万钱。宣帝时，谷石五钱，农人少利。沈云，五下当有十字。若石止五钱，则不得但云少利矣。元帝二年，齐地饥，谷石三百余。王莽时，谷价翔贵，洛阳以东，米石二千。六国至莽，米价略具此。但钱之制随时而变，量又古今不同，且秦汉时以百二十斤为石，乃权之名，非量之名，未可据以考今日之价。《秦始皇本纪》：三十一年，米石千六百，存参。今以十升为一斗，五斗为一斛，二斛为一石。每升重一斤四两，每斗十二斤八两，每斛六十二斤八两，每石一百二十五斤。

（19）《后汉书·天文志上》：

〔东汉光武帝建武十二年〕是时西北讨公孙述，北征卢芳。匈奴助芳侵边，汉遣将军马武、骑都尉刘纳、阎兴军下曲阳、临平、呼沱，以备胡。匈奴入河东，中国未安，米谷荒贵，民或流散。

按：此记东汉建武十二年（公元36年）因战事未息，米谷荒贵，但未载具体价格。

（20）《东观汉记》卷十八《秦彭传》：

〔章帝建初元年，秦彭为山阳太守,〕时山阳新遭地动，后饥旱谷贵，米石七八万，百姓穷困。

按：章帝建初元年为公元76年，是年山阳地区因遭遇地震、旱灾，米一石七八万钱。

（21）《后汉书·朱晖传》：

〔章帝〕建初中，南阳大饥，米石千余。

按：章帝建初中约为公元79年或公元80年，其时南阳大饥，米一石1000余钱。

（22）《后汉书·安帝纪》：

〔安帝永初〕二年春正月，廪河南、下邳、东莱、河内贫民。李贤注引《古今注》曰：时州郡大饥，米石二千，人相食，老弱相弃道路。

按：安帝永初二年为公元108年，其时州郡大饥荒，米一石2000钱。

（23）《后汉书·马融传》：

〔安帝永初二年〕（马融）客于凉州武都、汉阳界中。会羌虏飙起，边方扰乱，米谷踊贵，自关以西，道殣相望。

按：此也记安帝永初二年（公元108年）事，只不过说的是边郡情况，凉州的武都、汉阳等地，因羌族反汉，以致米谷踊贵。但此处未记当地具体的米谷价格。

（24）《后汉书·虞诩传》：

〔安帝时，虞诩为武都太守〕诩始到郡，户裁盈万。及绥集荒余，招还流散，二三年间，遂增至四万余户。盐米丰贱，十倍于前。李贤注引《续汉书》曰：诩始到，谷石千，盐石八千，见户万三千。视事三岁，米石八十，盐石四百，流人还归，郡户数万，人足家给，一郡无事。

按：苏诚鉴先生《后汉食货志长编》曰"《太平御览》卷八百六十五引《续汉书》曰：'虞诩为武都太守，始到郡，谷石千五百，盐石八千，视事三岁，谷石八千，盐百，'李贤注引《续汉志》与此引《续汉书》当属一书，惟文句相异，《御览》引文末云：'谷石八千，'千当为十之误"①。

（25）《后汉书·西南夷传》：

〔灵帝熹平五年后，益州郡〕夷人复叛，以广汉景毅为太守，讨定之。毅初到郡，米斛万钱，渐以仁恩，少年间，米至数十云。

按：熹平五年是公元176年，此时，益州郡（今云南省境内）米价高时达一斛10000钱，低者只有一斛数十钱。

（26）《华阳国志·南中志》：

〔灵帝熹平中（公元172—177年）〕梓潼景毅为益州太守，……承丧乱后，民夷困饥，米一斗千钱，民皆离散。毅至，安集后，米一斗八钱。

---

① 苏诚鉴：《后汉食货志长编》，商务印书馆1947年版，第95页。

按：此条所记，与上条《后汉书·西南夷传》所记当为同一事。这里记景毅初到益州郡“米一斗千钱”，则一斛为一万钱，与上条相同；景毅经过一段时间的安集后，“米一斗八钱”，则一斛80钱，而上条只云“米至数十”。

（27）王粲：《英雄记》：

〔献帝〕建安七年，邺中大饥，米一斛二万钱。

按：建安七年为公元202年，因战事，邺中出现大饥荒，米一石20000钱。又，苏诚鉴先生《后汉食货志长编》云：“《太平御览》卷三十五引作‘芋一亩二万钱’。”①

（28）肩水金关汉简73EJT6：186：

▨　　二百六十米二石丿
　　　二百□□入酒丿　▨（削衣）

甘肃简牍保护研究中心等编：《肩水金关汉简（壹）》下册，上海，中西书局2011年版，第76页。

按：此简所记，米一石值130钱。

（29）肩水金关汉简73EJT23：299：

出泉三百六十糴黄米一石麴三石贾人任子□　□月三日买　……

《肩水金关汉简（贰）》下册，第78页。

按：此简所记，出钱360，买黄米一石、麴三石，但未载黄米和麴的具体价格，但从360钱的总价来看，黄米的价格应不会很高，在每石百钱左右。

（30）肩水金关汉简73EJT23：993A：

……□□直十八　米四斗直六十六　……

① 苏诚鉴：《后汉食货志长编》，商务印书馆1947年版，第95页。

《肩水金关汉简（贰）》下册，第128页。

按：米一石值165钱。

（31）肩水金关汉简73EJT29：13A：

☐ 叶中倩米一石百 薛孝妇米一石百 □丘子□□一石□ 余□少君粱一石 凡直九百卌 ☐

《肩水金关汉简（叁）》下册，第92页。

按：米一石值钱100。

（32）肩水金关汉简73EJT30：32：

……出六十八黍米二斗……

《肩水金关汉简（叁）》下册，第107页。

按：黍米1斗价值34钱，一石值钱340。

（33）肩水金关汉简73E JH1：74：

出十五米五斗 卩 出十□
出廿四牛肉

甘肃简牍博物馆等编：《肩水金关汉简（肆）》下册，上海，中西书局2015年版，第130页。

按：本简记出15钱得米5斗，则1石米值30钱。

（二）谷价

（1）《管子·国蓄》：

岁适美，则市粜无予而狗彘食人食。岁适凶，则市籴釜十繦而道有饿民。

马非百：《管子轻重篇新诠》上册，中华书局 1979 年版，第 233 页。

按：《太平御览》卷 823 引文，“繈”写作“镪”。清代学者王鸣盛认为“一繈”为百钱。马非百先生认为王氏所说无本，难以取信，马先生认为一繈应为千钱。① 按马先生的意见，则凶岁谷一釜值 10000 钱。又，王仲荦说：“六斗四升为釜”②。

（2）《管子·国蓄》：

凡五谷者，万物之主也。谷贵则万物必贱，谷贱则万物必贵。……中岁之谷，糶石十钱。……凶岁谷贵，糶石三十钱。

《管子轻重篇新诠》上册，第 241 页。

按：王仲荦先生说，“古之石，准宋之三斗三升三合”③。此条记中岁之谷，一石 10 钱；凶年谷贵，一石 30 钱。

（3）《管子·山权数》：

民之能明于农事者，置之黄金一斤，直食八石。民之能蕃育六畜者，置之黄金一斤，直食八石。民之能树艺者，置之黄金一斤，直食八石。民之能树瓜瓠荤菜百果使蕃衮者，置之黄金一斤，直食八石。民之能已民疾病者，置之黄金一斤，直食八石。……

《管子轻重篇新诠》上册，第 325 页。

按：马非百先生认为，这是国家赏赐给能“明于农事”“蕃育六畜”者黄金一斤或等值的粮食 8 石。④《管子·轻重篇》所载的黄金价格低者为一斤（16 两）4000 钱，高者为一斤（16 两）10000 钱。按此计算，本条材料所载粮价为每石 500—1250 钱。

---

① 马非百：《管子轻重篇新诠》上册，中华书局 1979 年版，第 238—239 页注［五］。

② 王仲荦遗著：《金泥玉屑丛考》，中华书局 1998 年版，第 1 页。

③ 同上书。

④ 马非百：《管子·轻重篇新诠》上册，第 326 页注［二］。

（4）《管子·轻重戊》：

鲁梁之人籴十百，齐粜十钱。

《管子轻重篇新诠》下册，第 696 页。

按：此条所记粮价，低者 10 钱，高者 1000 钱。但此条所记粮价的计量单位是什么呢？学者们意见不一。尹桐阳《管子新释》云："籴十百，谷斗千钱。粜十钱，谷斗十钱。"① 郭沫若等先生说："正文有误。'籴十百'当为'籴石百'如此方近情理。"② 马非百先生说："尹注（指上引尹桐阳书）二'斗'字当作'石'字……郭说非。"③

（5）《管子·轻重戊》：

莱、莒之籴三百七十，齐粜十钱。

《管子轻重篇新诠》下册，第 707 页。

按：郭沫若等认为："'三百七十'当是'石百七十'之误"④；马非百先生不同意这种意见，说："籴三百七十，言每石籴价三百七十钱也。"⑤

（6）《管子·轻重戊》：

因令人闭关，不与楚通使。楚王果自得而修谷。谷不可三月而得也，楚籴四百。

《管子轻重篇新诠》下册，第 710 页。

按：此条记楚籴 400，但此条未记具体的粮食计量单位。

---

① 引自马非百《管子轻重篇新诠》下册，第 701 页注［一六］。

② 郭沫若：《管子集校》，载《郭沫若全集·历史编》第八卷，人民出版社 1985 年版，第 413 页。

③ 马非百：《管子轻重篇新诠》下册，第 701 页注［一六］。

④ 郭沫若：《管子集校》，载《郭沫若全集·历史编》第八卷，第 421 页。

⑤ 马非百：《管子轻重篇新诠》下册，第 708—709 页注［六］。

（7）《管子·山至数》：

彼诸侯之谷十，使吾国谷二十，则诸侯谷归吾国矣；诸侯谷二十，吾国谷十，则吾国谷归于诸侯矣。

《管子轻重篇新诠》上册，第364页。

按：此条记谷价低者10钱，高者20钱。但不记谷的计量单位。

（8）云梦睡虎地秦简之《秦律十八种》：

毄（繫）城旦舂，公食当责者，石三十钱。

云梦秦简整理小组：《云梦睡虎地秦墓竹简》，文物出版社1990年版，释文第53页。

按：本简记载的是官府定的粮价，为1石30钱。

（9）云梦睡虎地秦简之《秦律十八种》：

有罪以赀赎及有责（债）于公，以其令日问之，其弗能入及赏（偿），以令日居之，日居八钱；公食者，日居六钱。

《云梦睡虎地秦墓竹简》，释文第51页。

按：以服劳役的方式赎罪或偿还公款，每人每天折算8钱，如果由官府供给伙食的，每人每天只能折算6钱。也就是说，官府给服劳役者的伙食标准是每人每天2钱。每人一个月的伙食费是60钱，合2石粮食。

（10）里耶秦简8—63：

廿六年三月壬午朔癸卯左公田丁敢言之佐州里烦故为公田吏徙属事荅不备分┘」负各十五石少半斗直钱三百一十四烦冗佐署迁陵┘今上责校券二谒告迁陵┘令官计者定以钱三百一十四受旬阳左公田钱计问可计付署计年为报敢言之

《里耶秦简（壹）》，释文第13页。

按：此简记十五石少半斗值三百一十四钱，则每石约值20.5钱。又，陈伟《里耶秦简牍校释》云："廿六年，秦始皇纪年，当公元前221年"①。

(11) 刘勰《灭惑论》：

京索之时（楚汉相持荥阳），石谷十万，景武之时，积粟红腐。

按：楚汉战争时，一石谷值10万钱。

(12)《太平御览》卷三十五引桓谭《新论》：

汉文帝躬俭约，修道德，以先天下，天下化之。……谷至石数十钱，上下饶羡。

按：汉文帝时期，谷价低至一石数十钱。

(13)《汉书·昭帝纪》：

〔汉昭帝元凤六年夏〕诏曰："夫谷贱伤农，今三辅、太常谷减贱，其令以叔粟当今年赋。"

按：昭帝元凤六年（公元前75年），三辅等地谷价低贱，但不知具体价格。

(14)《汉书·食货志》引李悝的话说：

今一夫挟五口，治田百亩，岁收亩一石半……余有四十五石，石三十，为钱千三百五十。

按：本条记谷的常价为一石30钱。

(15)《汉书·食货志》：

宣帝即位，用吏多选贤良，百姓安土，岁数丰穰，谷至石五钱，农人少利。

① 陈伟主编：《里耶秦简牍校释》，武汉大学出版社2012年版，第49页。

按：谷一石5钱。王鸣盛：《十七史商榷》卷十二，“《汉书》六《米价》”云：“宣帝时，谷石五钱，农人少利。沈云，五下当有十字。若石止五钱，则不得但云少利矣。”

(16)《汉书·宣帝纪》：

〔宣帝元康四年〕比年丰，谷石五钱。

按：王仲荦先生说，本条及上条所记西汉宣帝时期的粮价谷“石五钱”，“当作石五十钱，《十七史商榷》引沈彤云，五下当有‘十’字。”①

(17)《汉书·赵充国传》：

〔宣帝神爵元年，先零羌复叛〕充国叹曰：“……本用吾言，羌虏得至是邪？往者……金城、湟中谷斛八钱，《补注》：周寿昌曰：《食货志》谷至石五钱，是中土地；此每斛八钱此边地也，皆当宣帝时丰穰屡岁。吾谓耿中丞，籴二百万斛谷，羌人不敢动矣。耿中丞请籴百万斛，乃得四十万斛耳……”

按：宣帝时，金城、湟中谷一斛8钱。

(18)《汉书·食货志》：

元帝即位，天下大水，关东郡十一尤甚。二年，齐地饥，谷石三百余，民多饿死，琅邪郡人相食。

按：元帝初元二年（公元前47年），齐地饥荒，谷一石300余钱。

(19)《汉书·冯奉世传》：

〔元帝永光二年秋，陇西羌彡姐旁种反〕是时，岁比不登，京师

① 王仲荦遗著：《金泥玉屑丛考》，第20页。

谷石二百余，边郡四百，关东五百。《汉书补注》：周寿昌曰：此元帝永平二年[①]事。《食货志》云，元帝初元二年，齐地饥，谷石三百余，视宣帝时京师谷石五钱，边郡谷斛八钱，丰歉大不侔矣。四方饥馑，朝廷方以为忧，而遭羌变。

按：元帝永光二年为公元前42年，该年京师谷一石200余钱，边郡一石400钱，关东一石500钱。

（20）居延汉简19·26、90·45、90·64、192·27、192·39：

朱千秋入谷六十石六斗六升大直二千一百廿三●出钱千二百●凡钱三千三百廿三

《居延汉简甲乙编》，释文第13页。

按：谷一石约值35钱。

（21）居延汉简173·8A、198·11A：

□钱三百七十五　　肉十斤直卅

●凡四百五　　除䅌程钱二百四

取以当□买谷直百

《居延汉简甲乙编》，释文第116页。

按：此简记䅌程钱204，但不知䅌程的具体数量；又云买谷直百，也未记谷的数量。故无法知晓具体谷价或䅌程价。

（22）居延汉简269·6：

入钱六百　燧长□□□月乙酉佐叔卖茭二束魏郡侯国令史马谷所直

《居延汉简甲乙编》，释文第193页。

① 谢桂华、周年昌先生认为应为永光二年，参见《秦汉物价资料辑录》，载《中国古代社会经济史资料》第一辑，福建人民出版社1985年版，第24—25页。

按：谢桂华、周年昌先生认为简文中的“叔”应释为“博”①。此简文意不甚明了。

(23) 居延汉简 303·3：

董次入谷六十六石直钱二千三百一十　●入钱二千一百八十七　●凡钱四千四百九十七

《居延汉简甲乙编》，释文第 211 页。

按：此简所记谷价为一石值 35 钱。

(24) 肩水金关汉简 73EJT21：350A：

☐糴＝之石百卅□□□　　□□　☐

《肩水金关汉简（贰）》下册，第 36 页。

按：此简所记为谷一石 130 钱。

(25) 悬泉置汉简Ⅱ90DXT0115②：91：

入钱五十九，其廿再食平，卅九糴三斗。建平五年十一月壬戌，悬泉置啬夫谭受主簿晏。

摘自甘肃省文物考古研究所等编《简牍学研究》第四辑，甘肃人民出版社 2004 年版，第 58 页。

按：此简所记“卅九糴三斗”，则一石 130 钱。

(26) 肩水金关汉简 73EJT30：256：

☐谷百石直八千　□□□□　☐

《肩水金关汉简（叁）》下册，第 124 页。

按：本简所记，每石谷值 80 钱。

---

① 谢桂华、周年昌：《秦汉物价资料辑录》，载《中国古代社会经济史资料》第一辑，福建人民出版社 1985 年版，第 25 页。

(27)《后汉书·范升传》:

王莽大司空王邑辟(范)升为议曹史。时莽频发兵役,征赋繁兴,升乃奏记邑曰:"……方春岁首,而动发远役,藜藿不充,田荒不耕,谷价腾跃,斛至数千,吏人陷于汤火之中,非国家之人也。如此,则胡貊守关,青、徐之寇在于帷帐矣……"

按:王莽时,每斛谷值钱数千。

(28)《汉书·食货志》:

〔王莽地皇中〕常苦枯旱,亡有平岁,谷价翔贵。

按:此条记王莽地皇中(约在公元21—22年),谷价昂贵,但未记具体价格。

(29)居延新简EPF22·13(建武三年候粟君所责寇恩事册):

……又到北部为业卖肉十斤直谷一石〻三千……

《居延新简——甲渠候官》,释文第210页。

按:此简册所记为建武三年(公元27年)居延之谷价,一石值3000钱。

(30)居延新简EPF22·14—17(建武三年候粟君所责寇恩事册):

……又恩子男钦以去年十二月廿日为粟君捕鱼尽今正月闰月二月积作三月十日不得贾直时市庸平贾大男日二斗为谷廿石恩居觻得付业钱时市谷决市四千以钦作贾谷十三石八斗五升直觻得钱五万五千四凡为钱八万用偿所负钱……

《居延新简——甲渠候官》,释文第210页。

按:此与上条同属一简册,所记也为建武三年(公元27年)居延之谷价,一石值4000钱。

（31）居延新简 EPT65・99：

肉廿斤直谷三石　　次吞时尚见□□……

《居延新简——甲渠候官》，释文第 187 页。

按：此为以谷兑换肉的记录，一石谷值肉 6.66 斤。

（32）居延新简 EPT65・33：

一石凡四斗并负掾鱼卅头直谷三斗又证廿三候长政得谷四斗又证掾妻

《居延新简——甲渠候官》，释文第 185 页。

按：此以谷兑换鱼的记录，鱼 30 头可兑换谷 3 斗，则一头鱼可兑换一升谷。

（33）居延新简 EPT65・330A：

受阁帛一匹
临木隧卒程当
甲渠尉取直谷卅三石

（以上为第一栏）

出谷十六石五斗五升布买绛；
出谷三石三斗买□三斤庄缥
出谷三石五斗买履一两
●凡出谷廿三石三斗五升当已给
今余谷九石六斗五升主

（以上为第二栏）

《居延新简——甲渠候官》，释文第 194 页。

按：此为以谷购买布帛、服装等的记录，记有其他如以谷 3.3 石买三斤庄缥，以谷 3.5 石买履一两；唯“十六石五斗五升布买绛”不易解，或许释文有误。

（34）居延新简 EPT65 · 231A：

☐王立负张殷缣十丈直谷六石立见在县仓曹舍

《居延新简——甲渠候官》，释文第 191 页。

按：此简记缣 10 丈值谷 6 石，则缣一匹值谷 2.4 石。

（35）居延新简 EPT65 · 229：

［次吞燧卒李业 甲渠尉取直谷卅亖石 出谷十五石买□绔一今毋余☐

《居延新简——甲渠候官》，释文第 191 页。

按：此简所记，1 件绔值 15 石谷。又，简中的李业，李振宏、孙英民系其于王莽时期[①]。

（36）敦煌汉简 309：

……肉亖十斤直二石亖斗八升……

《敦煌汉简》，释文第 231 页。

按：此简"四"写作"亖"，当为王莽时期的记录。《敦煌汉简编年考证》系此简于王莽新始建国末至天凤初年[②]。本简所记 1 斤肉值 6.2 升粮食。

（37）敦煌汉简 310：

……肉二十斤直一石二斗亖升……凡二石亖斗九升

《敦煌汉简》，释文第 231 页。

按：此简与上 309 简同属于王莽时期。饶宗颐、李均明《敦煌汉简

① 参见李振宏、孙英民《居延汉简人名编年》，第 315 页。

② 《饶宗颐二十世纪学术文集》第五册 · 简帛学，台北新文丰出版股份有限公司 2003 年版，第 593 页。

编年考证》也系此简于王莽新始建国末至天凤初年。本简所记肉价也是1斤肉值6.2升粮食。

（38）敦煌汉简1046：

贾□□

一日　二日　三日　四日　五日　六日　七日

一斗一　一斗一　一斗一　一斗一　一斗一　一斗一　一斗一

八日　九日　十日

一斗一　一斗一　一斗一

出钱五百八十直石八升毕

《敦煌汉简》，释文第259页。

按：从简文内容看，当是“贾□□”某月初一至初十的廪食账目，按照每日“一斗一”的食量来看，当为小石，并且很可能是粟、麦等皮粮，而不是米。如此，则此简所记粮价为1小石值537钱。

（39）敦煌汉简1464：

□厭郭成买布三尺五寸直一石四斗

所卖布踈　始乐尹虎买布三尺五寸直一石四斗　索卿以☐

（A）

万贳范融买□一丈二尺直四石二斗

长生赵伯二石

●凡九斛前付卿为人　（B）

《敦煌汉简》，释文第275页。

按：本简所记，1尺布值4斗（1匹值16石）；1尺布值3.5斗（1匹值14石）。

（40）敦煌汉简1847：

从□一狗直石五斗……

《敦煌汉简》，释文第291页。

按：狗一条值谷 1.5 石。

（41）居延新简 EPT43·33A、B：

周君之十斤直☑

亖斛 兒君健十直 ☑

杜巨君三十直☑ （A）

田子柳十斤直二斛 ☑

翟大伯十斤直二斛 ☑

☑ ●凡百斤直二十斛 ☑

杨子任取豆脯直五斛 ☑

杨子仲取胃直亖斛 ☑ （B）

《居延新简——甲渠候官》，释文第 42 页。

按：此也为王莽时期简，1 斤（肉）值 2 斗谷，豆脯值 5 斛谷，胃值 4 斛谷。

（42）居延新简 EPT43·37A：

殷合□二十斤直亖 ☑

苏君房十斤直二斛 ☑

☑

上官子任牛□□十三☑

□君阳十斤直二斛 ☑

甘肃省文物考古研究所等编《居延新简——甲渠候官》，释文第 42 页。

按：此简“四”写作“亖”，也属于王莽时期，简文所记肉价为 1 斤（肉）值 2 斗谷。

（43）居延新简 EPT56·35、36、37：

大司农臣延奏罪人得入钱赎品

赎完城旦舂六百石　　直钱四万

髡钳城旦舂九百石　　直钱六万

《居延新简——甲渠候官》，释文第 135 页。

按：这是大司农延奏请皇帝允许罪犯入钱赎罪简册的部分内容，按照简册所记，六百石值钱四万、九百石值钱六万，则一石值 66.67 钱。

（44）居延新简 EPF22·457A：

☑肉五十斤直七石五斗
☑酒二石三斗直四石六斗
☑凡直十二石一斗

《居延新简——甲渠候官》，释文第 224 页。

按：1 斤肉值 1.5 斗粮食，1 升酒值 2 升谷。另，饶宗颐、李均明先生《居延汉简编年——居延编》系此简于东汉光武帝时期[①]。

（45）居延新简 EPF22·4—5：

……商即出牛一头黄特齿八岁平贾直六十石……育出牛一头黑特齿五岁平贾直六十石……

《居延新简——甲渠候官》，释文第 209—210 页。

按：此为《建武三年候粟君所责寇恩事册》，所记为公元 27 年事，一头牛的平价是值谷 60 石。

（46）《后汉书·光武帝纪》：

〔光武帝建武六年春正月〕辛酉，诏曰："往岁水旱蝗虫为灾，谷价腾跃，人用困乏。朕惟百姓无以自赡，恻然愍之。"

按：本条仅记建武六年（公元 30 年）"谷价腾跃"，但未记具体谷价。

（47）《后汉书·章帝纪》：

〔章帝建初元年春正月〕丙寅，诏曰："比年牛多疾疫，垦田减

① 饶宗颐主编，李均明著：《居延汉简编年·居延编》，台北新文丰出版公司 2004 年版，第 273 页。

少，谷价颇贵，人以流亡……”

按：此也与上条相同，只记“谷价颇贵”，但未记具谷价。

(48)《后汉书·鲍永传附昱传》：

〔章帝〕建初元年，大旱，谷贵。

按：此条与上条同，只记章帝建初元年（公元76年）“大旱，谷贵”，未记具体谷价。

(49)《后汉书·杨终传》：

〔章帝〕建初元年，大旱谷贵。

按：本条所记，与上条当为同一事，也未载明具体谷价。

(50)《后汉书·明德马皇后纪》：

〔章帝建初二年，帝复重请封诸舅〕太后报曰：“……今数遭变异，谷价数倍，忧惶昼夜，不安坐卧，而欲先营外封，违慈母之拳拳乎！……”

按：东汉章帝建初二年为公元77年，本条记“谷价数倍”，但未具体载明谷价。

(51)《后汉书·朱晖传》：

〔章帝元和中〕是谷贵，县官经用不足，朝廷忧之。尚书张林上言：“谷所以贵，由钱贱故也。可尽封钱，一取布帛为租，以通天下之用……”

按：章帝元和中当是公元85年左右，本条记“是时谷贵”，但也未记具体谷价。

(52)《后汉书·马援传附马棱传》:

〔章帝〕章和元年,(马棱)迁广陵太守。时谷贵民饥,奏罢盐官,以利百姓,赈贫羸,薄赋税,兴复陂湖,溉田二万余顷,吏民刻石颂之。

按:章帝章和元年为公元87年,其时谷贵,但不明具体价格。

(53)《后汉书·曹褒传》:

〔和帝永元〕七年,(曹褒)出为河内太守。时春夏大旱,粮谷踊贵。

按:和帝永元七年为公元95年,本条记其时"粮谷踊贵",但未记具体谷价。

(54)《后汉书·鲁恭传》:

〔安帝永初元年〕初,肃宗时,断狱皆以冬至之前,自后论者互多駮异。邓太后诏公卿以下会议,恭议奏曰:"……夫王者之作,因时为法。孝章皇帝深惟古人之道,助三正之微,定律著令,冀承天心,顺物性命,以致时雍。然从变改以来,年岁不熟,谷价常贵,人不安宁……"

按:此条记安帝时"谷价常贵",但未记具体谷价。

(55)《后汉书·庞参传》:

〔安帝永初〕四年,羌寇转盛,兵费日广,且连年不登,谷石万余。

按:安帝永初四年为公元110年,谷一石万余钱。

(56)《后汉书·樊宏传附樊准传》:

〔安帝永初中〕拜巨鹿太守。时饥荒之余,人庶流迸,家户且尽，准课督农桑，广施方略，期年间，谷粟丰贱数十倍。

按：此记安帝时，樊准任巨鹿太守，发展生产，谷粟价格比以前降低数十倍，但未记具体价格。

(57) 祀三公山碑：

元初四年，常山相陇西冯君到官。……神熹其位，甘雨屡降。报如景响，国界大丰。谷什三钱。

《汉碑集释》，第32—33页。

按：此碑所记为东汉安帝元初四年（公元117年）。高文先生曰“什”是“斗”字。①

(58)《后汉书·第五访传》：

〔顺帝时，第五访〕迁张掖太守。岁饥，粟石数千，访乃开仓赈给以救其敝。吏惧谴，争欲上言。访曰：“若上须报，是弃民也。太守乐以一身救百姓！”遂出谷赋人。顺帝玺书嘉之。由是一郡得全。岁余，官民并丰，惠栋《后汉书补注》引袁宏《纪》曰：访从骑循行田亩，劝民耕农，其年谷石百钱。界无奸盗。

按：顺帝（公元126—144年在位）时，第五访初任张掖太守，谷价昂贵，一石数千钱。一年多后，谷一石百钱。

(59)《后汉书·刘虞传》：

〔灵帝时，刘虞为幽州牧。献帝〕初平元年，复征代袁隗为太傅。道路隔塞，王命竟不得达。旧幽部应接荒外，资费甚广，岁常割青、冀赋调二亿有余，以给足之。时处处断绝，委输不至，而虞务存宽政，劝督农植，开上谷胡市之利，通鱼阳盐铁之饶，民悦年登，谷石三十。

① 高文：《汉碑集释》，河南大学出版社1997年版，第36页注［二一］。

按：汉献帝初平元年为公元190年，其时，刘虞经营的幽州，谷一石30钱。

（60）《后汉书·董卓传》：

〔献帝初平元年，董卓〕又坏五铢钱，更铸小钱，悉取洛阳及长安铜人、钟虡、飞廉、铜马之属，以充铸焉。故货贱物贵，谷石数万。

按：汉献帝初平元年为公元190年。因遭董卓之乱，谷一石数万钱。

（61）《三国志·董卓传》：

〔献帝初平元年，董卓〕悉椎破铜人、钟虡，及坏五铢钱。更铸为小钱，大五分，无文章，肉好无轮郭，不磨鑢。于是货轻而物贵。谷一斛至数十万。

按：本条所记与上条《后汉书·董卓传》所记应为同一事，但所记谷价却高出10倍，为一斛数十万钱。

（62）《后汉纪》：

〔献帝初平元年〕董卓坏洛阳城中钟虡，铸以为钱，皆不成文。更铸五铢钱，文章轮郭，不可把持。于是货轻而物贵。谷一斛至数百万。

按：本条所记，与上述《后汉书·董卓传》《三国志·董卓传》所记为同一事，但所记谷价又比《三国志·董卓传》所记涨了10倍，为一斛数百万钱。

（63）《后汉书·献帝纪》：

〔献帝兴平元年，秋七月〕三辅大旱，自四月至于是月。……是时谷一斛五十万，豆麦一斛二十万，人相食啖，白骨委积。

按：献帝兴平元年为公元194年，其时三辅地区谷一石50万钱，豆麦一斛20万钱。

(64)《后汉书·董卓传》:

〔献帝兴平元年〕时长安中盗贼不禁,白日虏掠,傕、汜、稠乃参分城内,各备其界。犹不能制,而其子弟纵横,侵暴百姓。是时谷一斛五十万,豆麦二十万,人相食啖,白骨委积,臭秽满路。

按:此条所记与上一条《后汉书·献帝纪》所载为同一事,谷价一斛50万钱,豆麦一石20万钱。

(65)《晋书·食货志》:

及董卓诛死,李傕、郭汜自相攻伐,于长安中以为战地。是时谷一斛五十万,豆麦二十万。

按:此条所记与上引《后汉书·献帝纪》《后汉书·董卓传》所记同为献帝兴平元年(公元194年),因李傕、郭汜据长安,互相攻伐,战乱不止,导致民不聊生,谷价达到一斛50万钱,豆麦一斛20万钱。

(66)《后汉纪》:

〔献帝兴平元年〕自四月不雨至七月,于是谷贵,大豆一斛至二十万,长安城中饿死者甚众。

按:此条所记与上引《后汉书·献帝纪》《后汉书·董卓传》《晋书·食货志》一样,同为汉献帝兴平元年(公元194年),长安附近地区因李傕、郭汜混战,导致谷价腾贵,大豆一斛达到20万钱的高价。

(67)《太平御览》卷九十二引《献帝春秋》:

〔献帝〕兴平元年,蝗虫起,百姓饥,谷一斛五六万钱。帝敕主者尽卖厩马二百余匹,及御府杂缯二万匹,赐公卿以下及贫民。车骑将军李傕不听,尽取以置其邸。

按:此条也是记汉献帝兴平元年(公元194年)李傕、郭汜混战时的谷价,但所记谷一斛五六万钱的价格比前面所引几条谷一石50万钱的价格要低大约10倍。

(68)《三国志·魏志·武帝纪》：

〔献帝兴平元年〕冬十月，太祖至东阿。是岁谷一斛五十余万钱，人相食，乃罢吏兵新募者。

按：此条记汉献帝兴平元年（公元194年）十月，东阿地区谷一斛50余万钱。

(69)《艺文类聚》卷一百引《吴书》：

〔献帝建安二年〕袁术在寿春，谷石百余万，载金钱之市求籴，市无米而弃钱去，百姓饥穷，以桑椹蝗虫为干饭。

按：公元197年，袁术统治的寿春，谷一石百余万钱。

(70) 蔡邕：《上封事陈政要七事》：

顷者以来，连年饥荒，谷价一斛至六七百。

（清）严可均校辑：《全上古三代秦汉三国六朝文》卷七十一，中华书局1958年版，第865页。

按：此记东汉末年，谷价一斛六七百钱。

(71)《太平御览》卷三十五引《英雄记》：

幽州岁岁不登，人相食；有蝗旱之灾，民人始知采稆，以枣椹为粮，谷一石十万钱。

按：此记汉献帝建安初年（建安元年为公元196年），幽州在公孙瓒统治下，年年歉收，谷价一石10万钱。

王仲荦说，两汉米价，“当天下动荡之时，米价或贵至万钱一石，然大较贵不过二千，贱或至数钱。若就其通常市价而言之，则西汉米价应为百余，谷价应为七八十钱，东汉米价应为二百，谷价应为百钱。故虞诩视事三岁，米价八十，盖粮价之较廉者，至如宣帝时谷至斛十余钱，则伤农矣。至如《赵充国传》称张掖以东，粟石百余，《冯奉世传》称京师谷石二百余，皆当时谷价之稍高者”①。

（三）粟价

（1）《管子·轻重甲》：

粟贾平四十，则金贾四千。粟价釜四十，则钟四百也，十钟四千也……故善者重粟之贾，釜四百。

《管子轻重篇新诠》下册，第552页。

按：豬饲彦博、马非百均认为：“粟价平四十”应为“粟价釜四十”。② 这里所载，粟价为一釜40钱，如果统治者重粟之价，则应该让粟价达到一釜400钱。王仲荦说：“六斗四升为釜。六斗四升之粟价为四百，则粟石价应为六百二十五，此高价也。”③ 足见，粟价达每石（釜）300—400钱时，即被视为平常不易达到的高价。

（2）《管子·轻重乙》：

昔狄诸侯，亩钟之国也，故粟十钟而锱金。程诸侯，山诸侯之国也，故粟五釜而锱金。

《管子轻重篇新诠》下册，第583页。

按：这条材料说狄诸侯之国“粟十钟而锱金”，程诸侯之国“粟五釜而锱金。”这里的“锱”是重量单位，有四种解释：一说六铢为一锱，见《说文·金部》④；一说十二铢为一锱，见于《风俗通义·佚文》⑤；一说

① 王仲荦遗著：《金泥玉屑丛考》，第24页。

② 马非百：《管子轻重篇新诠》下册，中华书局1979年版，第554页注［四］。

③ 王仲荦遗著：《金泥玉屑丛考》，第1页。

④ （东汉）许慎：《说文解字》第十四上，金部，中国书店1989年影印本。

⑤ 吴树平校释：《风俗通义校释》，天津人民出版社1980年版，第413页；又（唐）释慧琳《一切经音义》卷一百：“铢六则锤，二锤则锱，二锱则两。”《一切经音义》第三册，上海古籍出版社1986年，第3728页。

六两为一锱，见于《淮南子·诠言篇》许慎注[①]；一说八两为一锱，见于《礼记·儒行》郑玄注及《荀子·富国篇》杨倞注[②]。

这四种解释，究竟何者为是，目前尚难断定。陈连庆先生认为“八两说或许接近实际，六铢说是绝对讲不通的”[③]，但笔者认为，就《管子·轻重篇》来说，一锱为六两的说法比较可信[④]。

按1锱为6两计算，如果黄金1斤值10000钱，则1锱黄金值钱3750钱，狄诸侯之国“粟十钟而锱金”，每钟粟价值375钱，每釜粟37.5钱；程诸侯之国“粟五釜而锱金”，每釜价值750钱。如果黄金1斤值4000钱，则1锱黄金值1500钱，按“粟十钟而锱金”，则狄诸侯之国每钟粟150钱，每釜粟值15钱；程诸侯之国“粟五釜而锱金”，则每釜粟价值300钱。

（3）《管子·轻重乙》：

> 滕鲁之粟釜百，则使吾国之粟釜千，滕鲁之粟四流而归我，若下深谷者。
>
> 《管子轻重篇新诠》下册，第611页。

按：从此条可见，粟价一釜100钱属于日常价格，但政府为了某种目的，可以将其提高到每釜1000钱。

（4）《管子·轻重乙》：

> 故杀正商贾之利而益农夫之事，则请重粟之贾，金三百。
>
> 《管子轻重篇新诠》下册，第611页。

---

① 张双棣：《淮南子校释》下册，北京大学出版社1997年版，第1493页注［二九］。

② （汉）郑玄注，（唐）孔颖达疏：《礼记正义》下册，卷59，上海古籍出版社影印《十三经注疏》本，1990年版，第977页；（战国）荀况著，（清）王先谦集解，沈啸寰、王星贤点校：《荀子集解》上册，中华书局1988年版，第199页。

③ 陈连庆：《〈轻重〉等篇所见的物价及其年代》，载《管子学刊》1987年第2期。

④ 参见拙文《从〈管子轻重篇〉所载的粮价看“锱”的释义》，见《广东社会科学》2006年第3期。

按：诸家注《管子》均以为“金三百”，误，应为“釜三百”[1]。

(5)《管子·轻重丁》：

今齐西之粟釜百泉，则鏂二十也。齐东之粟釜十泉，则鏂二泉也。

《管子轻重篇新诠》下册，第646页。

按：王念孙、马非百认为一鏂为二斗[2]。此条记齐西粟价一釜100泉，齐东粟价一釜10泉。

(6)《管子·轻重戊》：

赵粜十五，隰朋取之石五十。天下闻之，载粟而之齐。

《管子轻重篇新诠》下册，第721页。

按：粟价低者一石（釜）15钱，高者一石（釜）50钱。王仲荦先生认为：“三家分晋，始有赵国，此云赵国，盖战国时事。”[3]

(7)《商君书》：

金生而粟死，粟死而金生。……金一两生于竟内，粟十二石死于竟外；粟十二石生于竟内，金一两死于竟外。

蒋礼鸿：《商君书锥指》，中华书局1986年版，第32—33页。

这是说如果有黄金一两输入国内，就有十二石粮食输出国外，反之亦然。从这里我们可以得知当时粟与黄金的比价是12石粟兑换1两黄金。《管子·轻重篇》载有战国秦汉时期的黄金价格：一为金1斤（1斤为16两）值4000钱（见马非百《管子轻重篇新诠》下册，第552页），一为金1斤值10000钱（见马非百《管子轻重篇新诠》下册，第461页），其他文献记载的金价均不出这个范围，如《张家山汉简·算数书》云：“金

① 参见马非百《管子轻重篇新诠》下册，中华书局1979年版，第613页注［三］。

② 同上书，第647页注［三］。

③ 王仲荦遗著：《金泥玉屑丛考》，第2页。

贾两三百一十五钱”（1斤值5040钱）；《九章算术·均输章》记载为金1斤值6250钱，《九章算术·盈不足章》记载为金1斤值9800钱；《汉书·食货志》云：“黄金重一斤，直钱万。”若按照金1斤值4000钱的比价，则1两黄金值250钱，每石粟价值20.83钱；若按照金1斤值10000钱计算，则1两黄金值625钱，每石粟值52.08钱。

（8）张家山汉简《奏谳书》“异时鲁法”：

佐丁盗粟一斗，直（值）三钱，柳下季为鲁君治之，论完丁为倡。奏鲁君。君曰：“盗一钱到廿钱罚金一两，今佐丁盗一斗粟，直（值）三钱，完为倡，不已重虖（乎）？”

《张家山汉墓竹简（二四七号墓）》，第226页。

按：这里记录的是“异时鲁法”，一斗粟值3钱的粮价当是春秋或战国时期鲁国的情况。

（9）《九章算术·均输》：

甲县粟一斛二十钱，乙县粟一斛十钱，丙县粟一斛十二钱，丁县粟一斛十七钱，戊县粟一斛十三钱。

甲县粟一斛二十，乙县粟一斛十八，丙县粟一斛十六，丁县粟一斛十四，戊县粟一斛十二，己县粟一斛一十。

按：《九章算术》记载的两组粮价均在每斛10—20钱。

（10）《史记·律书》：

历至孝文即位……故百姓无内外之繇，得息肩于田亩，天下殷富，粟至十余钱，鸣鸡吠狗，烟火万里，可谓和乐者乎！

按：此条记汉文帝时期，社会安定，生产发展，粮价大跌，粟一石仅值10余钱。

（11）王利器：《风俗通义校注》卷二《正失》：

孝成皇帝……常见中垒校尉刘向，以世俗多传道：孝文皇帝，……治天下，致升平，断狱三百人，粟升一钱。“有此事不?”向对曰：“皆不然。”

谨按：……是时，大发兴材官骑士十余万军长安，帝遣丞相灌婴击匈奴，文帝自劳兵至太原、代郡，由是北边置屯待战，设备备胡，兵连不解，转输骆驿，费损虚耗，因以年岁谷不登，百姓饥乏，谷籴常至石五百，时不升一钱。

按：此条记文帝因发兵击匈奴，加之年岁不登，谷一石常至500钱。

(12)《汉书·赵充国传》：

〔宣帝神爵元年，汉发兵击羌，帝〕以书敕让充国曰：“……将军计欲至正月乃击罕羌，羌人当获麦，已远其妻子，精兵万人欲为酒泉、敦煌寇。边兵少，民守保不得田作。今张掖以东粟石百余，刍稿束数十。师古曰：皆谓直钱之数，言其贵。转输并起，百姓烦扰。将军将万余之众，不早及秋共水草之利争其畜食……宁有利哉？……”

按：汉宣帝神爵元年为公元前61年，其时，张掖以东粟一石100余钱。

(13) 封龙山颂：

延熹七年，岁贞执徐，月纪豖韦。……黍稷既馨，牺牲博硕。神歆感谢，三灵合化，品物流形。农寔嘉谷，粟至三钱，天应玉烛。

《汉碑集释》，第243—244页。

按：延熹七年为公元164年，其时，粟低至3钱，但不知是一石之价，还是一斗之价。

(14) 西峡颂：

年谷屡登，仓庾惟忆，百姓有蓄，粟麦五钱。

《汉碑集释》，第356页。

按：此摩崖立于东汉灵帝建宁四年（公元171年）六月，此记粟、麦五钱，与上条一样，不知是一石之价，还是一斗之价。

（15）白石神君碑：

光和四年，三公守民盖高等，始为无极山诣大常求法食。相县以白石神君道德灼然……用能光远宣朗。显融昭明。年谷岁熟，百姓丰盈。粟升五钱，国界安宁。

《汉碑集释》，第458页。

按：光和四年为公元181年。高文先生认为“粟升五钱”之“升”即“斗”字①。如此，本碑文所记，粟一石值50钱。

（16）居延汉简158·4：

〔元帝〕建昭二年六月中弘寄眇钱六百□眇所眇以籴粟☑

《居延汉简甲乙编》，释文第110页。

按：此简记以钱六百籴粟，但简末断折，故无法了解其详。

（17）《后汉书·光武帝纪》：

初，王莽末，天下旱蝗，黄金一斤易粟一斛；至是野谷旅生，麻菽尤盛，野蚕成茧，被于山阜，人收其利焉。

按：王莽末年，黄金一斤易粟一斛，若按黄金一斤值一万钱计算，则一斛粟值10000钱。

（18）《后汉纪》：

〔光武帝建武三年〕自王莽末，天下旱蝗，稼谷不成。至建武之初，一石粟直黄金一斤。

按：东汉建武之初，仍然是谷价昂贵，一石粟黄金一斤。

① 高文：《汉碑集释》，河南大学出版社1997年版，第465页注〔三〇〕。

（19）额济纳汉简 99ES16SF2：3：

安乐里郭遂成口一　已得☐

田一顷八十七亩　癸巳入　已得☐

入糴粟小石廿六石直千五　已得☐

魏坚主编：《额济纳汉简》，广西师范大学出版社 2005 年版，第 94 页。

按：汉简所记小石一石等于大石六斗。此简所记粟价为粟一石值 38.65 钱。

（20）额济纳汉简 99ES16SF2：1：

关都里张齐十三亩　已得茭钱三百六十

今糴粟小石六石直三百六十　丙申入　丙申自取

《额济纳汉简》，第 93 页。

按：此简所记粟价为粟一小石值 60 钱。又，额济纳汉简研读班《额济纳汉简释文校正》认为：第一栏第一行"关都里张齐"后漏释一"田"字；第一栏第二行之"今"应释为"入"①。

（21）居延汉简 26・9A：

弘胜之皆谢贤曰会坐文事致论用自给请今具偿责弘未得责胜之已得粟

二石直三百九十穈三石直三百六十它钱三百五十凡已得千一百少二千四百今☐

《居延汉简甲乙编》，释文第 16 页。

按：谢桂华、周年昌先生认为"二石"疑应释作"三石"②，如此，

① 参见孙家洲主编《额济纳汉简释文校本》，文物出版社 2007 年版，第 12 页。

② 参见《秦汉物价资料辑录》，载《中国古代社会经济史资料》第一辑，福建人民出版社 1985 年版，第 30 页注①。

则本简所记粟价为粟一石值130钱。

（22）居延汉简167·2：

粟一石直百一十

《居延汉简甲乙编》，释文第114页。

按：粟一石值110钱。

（23）居延汉简214·4：

□杜狂受钱六百
出钱二百廿糴粱粟二石＝百一十
出钱二百一十糴黍粟二石＝百五
出钱百一十糴大麦一石＝百一十
……

《居延汉简甲乙编》，释文第142页。

按：粱粟一石值110钱，黍粟一石值105钱。

（24）居延汉简276·15：

出钱四千三百卅五　糴得粟五十一石＝八十五

《居延汉简甲乙编》，释文第199页。

按：粟一石值85钱。

（25）居延汉简479·15：

□□三百　糴粱粟五石☑

《居延汉简甲乙编》，释文第246页。

按：谢桂华、周年昌先生认为“□□”应释为“出泉”①，如此，则

① 参见《秦汉物价资料辑录》，载《中国古代社会经济史资料》第一辑，福建人民出版社1985年版，第31页注①。

本简所记粱粟价为：粱粟一石约值60钱（考虑简末断折，可能断折处尚有关于粱粟数量的数字）。

（26）居延汉简495·7，495·5：

☐曹史王卿钱四百　糴粱若白粟十石

《居延汉简甲乙编》，释文第254页。

按：本简所记，粱或白粟每石40钱。

（27）居延汉简20·8：

国安糴粟四千石请告入县官贵市平贾石六钱得利二万四千又使从吏高等持书请安₌听入马七匹贵九□□□□□□□三万三千安又听广德姊夫弘请为入马一匹贵千钱贾故贵登故

《居延汉简甲乙编》，释文第14页。

按：谢桂华、周年昌先生认为“九”字下的第一个“□”应释为“千”①。本简记载，国安粜粟4000石，每石贵于平价6钱，从而获利24000钱，但未记粟的具体价格。

（28）居延汉简271·15A：

卒居署贳卖官物簿

卅井付粟直三千一百九十七其六百卌三石□□□□未得

《居延汉简甲乙编》，释文第194页。

按：谢桂华、周年昌先生认为“六”似应释作“五”②。本简所记，卅井燧付粟值3197钱，后又记六百卌三石，如果3197钱是643石粟的总值，则粟价仅每石不足5钱；即使按照谢桂华、周年昌先生所释，“六百卌三石”为“五百卌三石”，每石也不足6钱，似不可信。由于本简所记

① 参见《秦汉物价资料辑录》，载《中国古代社会经济史资料》第一辑，福建人民出版社1985年版，第31页注②。

② 同上书，第31页注③。

粟价不完整，所以，无法深究其详。

（29）居延汉简 32・1A：

☐□使糴粟米

☐□直百卅粟以寄关

☐补大城出因再拜

《居延汉简甲乙编》，释文第 19 页。

按：谢桂华、周年昌先生认为“关”应释作“阁”，“出”疑应释作“士”[①]。本简记“直百卅粟以寄关（阁）”，但由于简上端断折，因而尚不能断定此简所载粟价就是一石 130 钱。

（30）居延汉简 55・3，55・15：

余□四斗　糴粱粟二石　多余安在

《居延汉简甲乙编》，释文第 39 页。

按：此简只记粜粱粟二石，但未记具体粟价。

（31）居延汉简 110・35：

出泉百廿　糴米粟三☐

《居延汉简甲乙编》，释文第 76 页。

按：此简下端断折，“三”后文字不存。如果出 120 泉，所粜米粟为三石，则一石值 40 泉；如果所粜米粟为三斗，则一石值 400 泉。又，本简记“钱”为“泉”，当为王莽时期之物。

（32）居延汉简 286・4：

出钱千二百　　余四石　　积黍粟十石　　多余□□□

① 参见《秦汉物价资料辑录》，载《中国古代社会经济史资料》第一辑，福建人民出版社 1985 年版，第 31 页注④、注⑤。

《居延汉简甲乙编》释文第205页。

按：谢桂华、周年昌先生认为“积”应释作“粢”，且“出钱千二百，积黍粟十石”是用恭谨的隶体书写的；“余四石”和“多余□□□”字迹潦草，显然是另一个人的笔迹，而且是事后补写的。“多余□□□”因笔迹漫漶不清，释文可能有误。此简属于出钱购买黍粟的簿录，“出钱千二百，积黍粟十石”。折合每石黍粟价一百二十钱[①]。若此，则一石黍粟值120钱。

(33) 居延新简EPT5·87：

▨……直钱二百八十

▨出粟一石五斗直钱百卅　戍卒二月▨

▨王□□出粟二石七斗直钱二百八十

《居延新简——甲渠候官》，释文第10页。

按：本简所记粟价分别是每石值86.66钱、103.7钱。

(34) 居延新简EPT5·134：

▨□□出粟二石二斗直钱百七十▨

▨□□□出粟二石四斗直钱百九十▨

《居延新简——甲渠候官》释文第11页。

按：本简所记粟价为，每石分别值79.166钱和77.27钱。

(35) 居延新简EPT40·152：

掾寻前付建二笥＝付尉史官卖□□箧二直三斛二斗凡少六升粟

部置移步

教卩

《居延新简——甲渠候官》，释文第39页。

① 参见《秦汉物价资料辑录》，载《中国古代社会经济史资料》第一辑，福建人民出版社1985年版，第35页。

按：此简因文字漫漶，文意大致为售笥、篋的记录，但笥、篋的价格是以谷价计量。简文中云“直三斛二斗”，但不知这是“篋二”（即二件篋）的价格，还是二件篋与二件笥的总价。

（36）居延新简 EPT51·5：

从史弘受钱千二百　出钱七百廿糴粟六石

今余钱四百八十

《居延新简——甲渠候官》，释文第 73 页。

按：本简所记一石粟值 120 钱。

（37）居延新简 EPT51·71：

出钱百一十桼粟一石　第九吏孙卿糴　今五斗直五十五　卩

《居延新简——甲渠候官》，释文第 75 页。

按：本简所记一石桼粟值 110 钱。

（38）居延新简 EPT51·105：

粱粟二石　　直二百

《居延新简——甲渠候官》，释文第 77 页。

按：一石粱粟值 100 钱。

（39）居延新简 EPT52·327：

出钱百卌　　□□糴粟一石

《居延新简——甲渠候官》，释文第 107 页。

按：一石粟值 140 钱。

（40）居延新简 EPT56·104：

粱粟二石　　直二百廿

《居延新简——甲渠候官》，释文第 137 页。

按：一石粱粟值 110 钱。

（41）肩水金关汉简 73EJT10：69：

出粟小石二石　为御史张卿置豚二鸡一隻南北食

《肩水金关汉简（壹）》下册，第 133 页。

按：粟小石 2 石，买得豚 2 头，鸡 1 只。

（42）肩水金关汉简 73EJT10：70：

出粟小石三石　为廷史田卿买豚二鸡一隻南北食

《肩水金关汉简（壹）》下册，第 133 页。

按：粟小石 3 石，买得豚 2 头，鸡 1 只。

（43）肩水金关汉简 73EJT23：893：

出粟五石直六百　元始六年二月乙酉啬夫□□□□□隧……

《肩水金关汉简（贰）》下册，第 119 页。

按：元始六年为公元前 81 年，时西汉昭帝在位。其时，肩水金关的粟价为一石值 120 钱。

（44）肩水金关汉简 73EJT23：1012：

出粟六石直七百廿　元始六年二月厨啬夫□☐

《肩水金关汉简（贰）》下册，第 130 页。

按：与上简相同，此简也记昭帝元始六年粟 1 石值 120 钱。

（45）肩水金关汉简 73EJT24：3：

出钱二万七千八十四以糴粟成人　其四百八石＝卌八

百五十石＝五十　……

《肩水金关汉简（贰）》下册，第136页。

按：本简所记，粟价分别为粟一石值48钱、50钱。

（46）肩水金关汉简73EJT24：16：

安陵寿陵里张闳字子威　粟一石　直四百　在□□□□里□西二舍北入（竹简）。

《肩水金关汉简（贰）》下册，第137页。

按：此竹简记粟一石值400钱。

（47）肩水金关汉简73EJT24：58B：

☑酒今以五斗粟直卅□☑

《肩水金关汉简（贰）》下册，第141页。

按：粟五斗直卅，则一石值60钱。

（48）肩水金关汉简73EJT30：24B：

麦一石粟二石直三百　□□□□□□□　凡子惠负千廿钱

《肩水金关汉简（叁）》下册，第105页。

按：本简所记麦一石、粟二石共值300钱，则麦、粟每石平均值100钱。

（49）肩水金关汉简73EJT37：915：

□　　出钱五十粟五斗骊靬
　　　出钱五十粟五斗显美

《肩水金关汉简（肆）》下册，第78页。

按：本简记粟1石值100钱。

（50）敦煌汉简361：

亭长王寿卿　入粟三石三斗直泉二百六十四偿奉长

《敦煌汉简》，释文第 233 页。

按：本简所记：一石粟值 80 钱。饶宗颐、李均明先生《敦煌汉简编年考证》系此二简于王莽始建国末年至天凤初[①]。

(51)《太平御览》卷八百四十引任昉《述异记》：

〔东汉〕光武兴，洛阳斗粟万钱，人死者相枕。

按：东汉初，洛阳一斗粟值 10000 钱，则一斛粟值 10 万钱。

(52)《太平御览》卷八百四十引《应翊像赞序》：

赤眉贼攻其所居城，应翊尽以私谷数十万赈城中，于时粟斗数万，不称其仁。

按：粟斗数万，则一斛数十万。又，苏诚鉴《后汉食货志长编》云："惠栋《后汉书补注》卷十二，作'于时粟斛钱数万，无不称其仁'。"[②]

(53)《东观汉记》卷一《世祖光武皇帝纪》：

〔建武四年〕自王莽末天下旱霜连年，百谷不成，元年之初，耕作者少，民饥馑，黄金一斤，易粟一石，至二年秋，天下野谷旅生，麻菽尤盛，或生蓏菜果实，野蚕成茧被山，民收为絮，采获谷果，以为蓄积，至是岁野谷生者稀少，而南亩益辟矣。

按：建武四年（公元 28 年），黄金一斤，易粟一石。若按金一斤值 10000 钱计，则粟价一石 10000 钱。

(54)《晋书》卷二十六《食货志》：

显宗即位，天下安宁，民无横徭，岁比登稔。永平五年作常满仓，立粟市于城东，粟斛直钱二十。

① 参见《饶宗颐二十世纪学术文集》第五册·简帛学，第 595 页。

② 苏诚鉴：《后汉食货志长编》，商务印书馆 1947 年版，第 2 页。

按：东汉明帝永平五年为公元62年，其年粟价一斛20钱。

（55）《东观汉记》卷二《显宗孝明皇帝纪》：

〔明帝永平十年〕是时天下安平，人无徭役，岁比登稔，百姓殷富，粟斛钱三十，牛羊被野。

按：明帝永平十年（公元67年），粟一斛30钱。

（56）《后汉书》卷二《明帝纪》：

〔明帝永平十二年〕是岁，天下安平，人无徭役，岁比登稔，百姓殷富，粟斛三十，牛羊被野。

按：此条记明帝永平十二年（公元69年），粟一斛30钱。但文字与上一条《东观汉记》记永平十年之粟价完全一致，所记当为同一事。

（57）沈铭彝：《后汉书注又补》：

十斗曰斛，一斛三十钱，是一斗仅三钱也，与元初四年三公山碑中所云，国界大丰，谷斗三钱之语正合。《光武纪》王莽末，天下旱蝗，黄金一斤易粟一斛。《献帝纪》兴平元年，谷一斛五十万，豆麦一斛二十万，治世乱世，丰歉相悬如此。

（58）《后汉书》卷八十七《西羌传》：

〔安帝永初年间〕湟中诸县粟石万钱，百姓死亡不可胜数。

按：安帝永初年间为公元107—113年，其时，湟中地区因羌族反汉，粟价达到一石10000钱。

（59）《后汉书》卷七十六《循吏·第五访传》：

〔顺帝时，第五访〕迁张掖太守。岁饥，粟石数千，访乃开仓赈给以救其敝。吏惧谴，争欲上言。访曰：“若上须报，是弃民也。

太守乐以一身救百姓!”遂出谷赋人。顺帝玺书嘉之。由是一郡得全。

按：东汉顺帝（公元126—144年在位）时，第五访初任张掖太守时，张掖粟价达到一石数千钱。

(60)《太平御览》卷八百四十引任昉《述异记》：

汉末大饥，江淮间童谣云：“大兵如市，人死如林，持金易粟，粟贵于金。”洛中谣云：“虽有千黄金，无如我斗粟，斗粟自可饱，千金何所直。”袁绍在冀州时，满市黄金，而无斗粟，饿者相食，人为之语，虎豹之口，不如饥人。刘备在荆州，粟与金同价。

按：东汉末，天下大饥荒，江淮间“粟贵于金”，刘备所在的荆州，粟与金同价。

(四) 麦价

(1) 居延汉简214·4：

……出钱百一十耀大麦一石₌百一十……

《居延汉简甲乙编》，释文第142页。

按：大麦一石值110钱。

(2) 居延汉简260·25：

☑糶小麦十二石₌九十☑

《居延汉简甲乙编》，释文第185页。

按：小麦一石值90钱。

(3) 居延汉简332·11：

☑麦五斗凡直百九十二　今车已毕

《居延汉简甲乙编》，释文第222页。

按：谢桂华、周年昌先生认为“今车”应释作“入二百七”[①]。本简所记“☐麦五斗凡直百九十二”，因简前端断折，不知这192钱是其他商品与5斗麦的价钱合计，还是只是5斗麦的价钱。

（4）居延汉简335·39，336·25：

百七十四　穬麦六十四石☐

《居延汉简甲乙编》，释文第224页。

按：此简《秦汉物价资料辑录》收录，但从简文内容看，尚无法判定所记174即为穬麦64石之价。

（5）《九章算术》卷八《方程》：

今有麻九斗、麦七斗、菽三斗、荅二斗、黍五斗，直钱一百四十；麻七斗、麦六斗、菽四斗、荅五斗、黍三斗，直钱一百二十八；麻三斗、麦五斗、菽七斗、荅六斗、黍四斗，直钱一百一十六；麻二斗、麦五斗、菽三斗、荅九斗、黍四斗，直钱一百一十二；麻一斗、麦三斗、菽二斗、荅八斗、黍五斗，直钱九十五。问一斗直几何。答曰：麻一斗七钱，麦一斗四钱，菽一斗三钱，荅一斗五钱，黍一斗六钱。

按：麦一斗4钱，一石40钱。

（6）居延新简EPT55·1（竹简）：

☐麦一斗十四

《居延新简——甲渠候官》，释文第133页。

按：一石麦值140钱。

① 参见《秦汉物价资料辑录》，载《中国古代社会经济史资料》第一辑，福建人民出版社1985年版，第33页注①。

（7）居延新简 EPF22 · 325A：

●范君上月廿一日过当曲言窦昭公到高平还道不通●天子将兵在天水闻羌胡欲击河以西

今张掖发兵屯诸山谷麦孰石千二百帛万二千牛有贾马如故七月中恐急忽＝吏民未安

《居延新简——甲渠候官》，释文第 220 页。

按：本简为东汉光武帝建武初年《军情简》，记载的是建武初的张掖物价情况，时一石麦 1200 钱，一匹帛 12000 钱；帛与麦的比价为 10∶1。

（8）敦煌汉简 362：

候史宋君长　入麦二石九斗直泉二百卅偿奉长

《敦煌汉简》，释文第 233 页。

按：据上简所记：一石麦值 79.3 泉。饶宗颐、李均明先生《敦煌汉简编年考证》系此二简于王莽始建国末年至天凤初[①]。

（9）敦煌汉简 239：

……今且寄廣麦一石王子春家车欲益之主不肯到完取之兼度二十余日可至亭耳市谷大贵□□□□□□□□□□□□□□□

麦百三十余西未甫时贱□□□

……

《敦煌汉简》，释文第 228 页。

按：麦一石 130 余钱。

（10）敦煌汉简 1449A：

元平元年七月庚子禽冠卒冯时卖橐络六枚杨卿所约至八月十日与时小麦七石六斗过月十五日以日斗计盖卿任

① 参见《饶宗颐二十世纪学术文集》第五册 · 简帛学，第 595 页。

《敦煌汉简》，释文第274页。

按：小麦7.6石值橐络6枚。又，元平元年为公元前74年。

（11）居延新简EPF22·12—13（建武三年候粟君所责寇恩事册）：

……（寇恩）与业俱来还到第三置恩糴大麦二石付业直六千……

《居延新简——甲渠候官》，释文第210页。

按：建武三年（公元27年），居延地区大麦一石值3000钱。

（12）《后汉书》卷九《献帝纪》：

〔献帝兴平元年，秋七月〕三辅大旱，自四月至于是月。……是时谷一斛五十万，豆麦一斛二十万，人相食啖，白骨委积。

按：汉献帝兴平元年为公元194年，其时长安附近的三辅地区豆麦一斛值20万钱。

（13）《后汉书》卷七十二《董卓传》：

〔献帝兴平元年〕时长安中盗贼不禁，白日虏掠，傕、汜、稠乃参分城内，各备其界。犹不能制，而其子弟纵横，侵暴百姓。是时谷一斛五十万，豆麦二十万，人相食啖，白骨委积，臭秽满路。

按：此条所记与上一条相同，均记载的是汉献帝兴平元年长安附近的粮价，豆麦一斛值20万钱。

（14）肩水金关汉简73EJT1：110：

☐长☐言 出钱九十糴麦二石 = 卌五☐

《肩水金关汉简（壹）》下册，第8页。

按：此简所载麦一石值45钱。

（15）肩水金关汉简 73EJT23：374：

☐领直五十五又贷幼麦二石六斗直二百六十贯卖幼百布绔一两布袍一领

《肩水金关汉简（贰）》下册，第 85 页。

按：麦一石值 100 钱。

（16）肩水金关汉简 73EJT2：27A：

☐□□子□计 ……麦五斗直卌五……

《肩水金关汉简（壹）》下册，第 23 页。

按：麦一石值 90 钱。

（17）肩水金关汉简 73EJT10：66：

夏侯初卿取麦一石直钱百

《肩水金关汉简（壹）》下册，第 133 页。

按：麦一石值 100 钱。

（18）肩水金关汉简 73EJT10：111：

史少君取麦一石五斗直钱百五六十

《肩水金关汉简（壹）》下册，第 135 页。

按：麦一石值 100 钱或 106 钱余。

（19）肩水金关汉简 73EJT21：73B：

便予钱息幸甚息伏地言关大麦石七十不□☐

《肩水金关汉简（贰）》下册，第 16 页。

按：大麦一石 70 钱。

（20）肩水金关汉简 73EJT30：24B：

麦一石粟二石直三百　□□□□□□□□　凡子惠负千廿钱

《肩水金关汉简（叁）》下册，第105页。

按：本简记麦一石、粟二石共值300钱，则麦、粟每石平均值100钱。

（21）肩水金关汉简 73EJT30：32：

禽冠驿北十二月奉千二百　……　出二百小麦二石　……

《肩水金关汉简（叁）》下册，第107页。

按：本简所记，麦一石值100钱。

（22）肩水金关汉简 73EJT30：208A：

☐……十一月中取麦三石₌百一十　又闰月中取麦二石₌百为□酒……

《肩水金关汉简（叁）》下册，第120页。

按：此简所记，麦一石分别值110钱、100钱。

（五）黍价

（1）张家山汉简《算数书·米出钱》：

米斗一钱三分钱二，黍斗一钱半钱，今以十六钱买米、黍凡十斗，问各几何，用钱也各几何。

《张家山汉墓竹简（二四七号墓）》，第266页。

按：黍一石值15钱。

（2）居延汉简 36·7：

黍米二斗　直钱卅

《居延汉简甲乙编》，释文第 23 页。

按：黍米一石值 150 钱。

（3）居延汉简 214·4：

……出钱二百一十糴黍粟二石₌百五……

《居延汉简甲乙编》，释文第 142 页。

按：黍粟一石 105 钱。

（4）居延汉简 286·4：

出钱千二百　余四石　积黍粟十石　多余□□□

《居延汉简甲乙编》，释文第 205 页。

按：谢桂华、周年昌先生认为“积”应释作“籴”，且“出钱千二百，积黍粟十石”是用恭谨的隶体书写的；“余四石”和“多余□□□”字迹潦草，显然是另一个人的笔迹，而且是事后补写的。“多余□□□”因笔迹漫漶不清，释文可能有误。此简属于出钱购买黍粟的簿录，“出钱千二百，积黍粟十石”。折合每石黍粟价一百二十钱①。

（5）敦煌汉简 418：

☑辈一万五千黍余二斛直千日转四千期至□☑

《敦煌汉简》，释文第 235 页。

按：一石黍值 500 钱。

（6）《九章算术》卷八《方程》：

……黍一斗六钱。

① 谢桂华、周年昌：《秦汉物价资料辑录》，载《中国古代社会经济史资料》第一辑，福建人民出版社 1985 年版，第 35 页。

按：黍一石值60钱。

（7）居延新简EPT40·76

宜农辟取肉名

尚子春十斤直二斛　郑昭十斤直二斛
萧子少十斤直二斛　胡羿十斤直二斛清黍
郑子任十斤直二斛　田子柳十斤直二斛清黍
孟子房十斤直二斛　翟大伯十斤直二斛清☑
陈伯十斤直二斛　杨子任二十斤直亖☑
许子敃十斤直二斛

●凡肉百二十斤直二十亖斛
●凡付夫人粟二十黍斛
十二斛黍斗其三

（A）

□□任头直五斛　軨幼光取宽直二斛黍
杨子仲取脾直亖斛　陈子房取边将迹直二斛清黍☑
李子产取肠直三斛五斗黍　唐子春取项直一斛清黍
陈伟君取脯直三斛　孙任君取应胷于朗直二斛清黍
陈伯取肝直二斛……

凡肠☑
□大凡直粟亖十九斛

（B）

《居延新简——甲渠候官》，释文第37页。

按：据饶宗颐、李均明先生考证，此为王莽时期简①。此简所记为以粮食计量肉、杂碎的情况。按简文记载，10斤肉可兑换2斛清黍，则一斤肉兑换2斗清黍。简文还记载了以粮食兑换牲畜的头、肝、肠、应胷于朗、项等杂碎的情形，但我们无法判断兑换的头、肝、宽（髋）、肠等属于何种牲畜。另外，按本简所记，头值5斛，脾值4斛，肠值3.5斛黍，脯值3斛，宽（髋）值2斛黍，边将迹值2斛清黍，项值1斛清黍，应胷

① 饶宗颐主编，李均明著：《居延汉简编年——居延编》，第172—173页。

于朐直二斛清黍，肝值2斛。然而，遗憾的是我们无法知晓这里5斛黍换来的头，4斛黍换来的脾，3.5斛黍兑换的肠以及用1—2斛清黍兑换的项、肝、边将迹等是一件还是多件。

（六）稻价

《里耶秦简》：

在秦始皇三十年（前217年）前后，里耶地区稻一石值二十至二十一钱。

湖南省文物考古研究所：《里耶发掘报告》，岳麓书社2006年版，第216页。

（七）糜价

（1）居延汉简26·9A：

……糜三石直三百六十……

《居延汉简甲乙编》，释文第16页。

按：糜一石值120钱。

（2）居延新简57·69A：

……夫人付奉世眉一石直百五十……

《居延新简——甲渠候官》，释文第150页。

按：眉，疑即糜子，一石值150钱。

（3）敦煌汉简1407：

……出钱二百一十糴糜……

《敦煌汉简》，释文第 272 页。

按：本简记出 210 钱买糜，但未记糜的数量多少。所以，尚不能准确断定本简所记糜的具体单价。

（八）秫价

居延汉简 6·6：

广又从福　糴秫四斗□五十四□从　眙寇隧长史未央

《居延汉简甲乙编》，释文第 4 页。

按：谢桂华、周年昌先生认为此简第一个“□”当释为“直”，第二个“□”应补释为“福为广”三字[①]。若此，则秫一石值 135 钱。

（九）穬程价

（1）居延汉简 38·33：

☐钱千八百穬程十八石五斗石百

《居延汉简甲乙编》，释文第 26 页。

按：穬程一石值 100 钱。

（2）居延汉简 173·8A，198·11A：

……除穬程钱二百四……

《居延汉简甲乙编》，释文第 116 页。

按：本简记穬程钱 204，但未记穬程的数量，故无法明了其具体价格。

① 参见《秦汉物价资料辑录》，载《中国古代社会经济史资料》第一辑，福建人民出版社 1985 年版，第 35 页注②、③。

(十) 豆价

(1) 居延汉简 43·17A:

□□□□ 出钱☑
出钱三百五十四□
出钱五□一

《居延汉简甲乙编》,释文第 30 页。

按:谢桂华、周年昌先生认为此简中的"五十"应释作"豆";"四"下一"□"应补释作"石";"五"下一"□",应补释作"盆"。若此,则此简应释作:

□□□□ 出钱☑
出钱三百 豆四石
出钱五盆一①

若按谢桂华、周年昌两先生所释,则本简所记豆价为:一石 75 钱。

(2) 居延汉简 312·10A:

……

至觻得
出钱百廿一买茭三百□□□●从居延至觻得……

《居延汉简甲乙编》,释文第 217 页。

按:谢桂华、周年昌先生认为:"茭三百"应释作"豆三石"②。若此,则豆价为一石 40.33 钱。

① 参见《秦汉物价资料辑录》,载《中国古代社会经济史资料》第一辑,福建人民出版社 1985 年版,第 36 页注②。

② 同上书,第 36 页注⑥。

(3)《九章算术》卷八《方程》:

……菽一斗三钱,荅一斗五钱……

按:"菽"即是豆,一斗三钱,则一石30钱。

(4)《后汉书》卷十七《冯异传》:

(建武三年)时百姓饥饿,人相食,黄金一斤易豆五升。道路断隔,委输不至,军士悉以果实为粮。

按:此条记建武三年(公元27年)黄金一斤易豆五升,豆一石值黄金20斤。

(5)《东观汉记》卷八《邓禹传》:

赤眉还入长安,禹与战,败走至高陵,军士饥饿,皆食枣菜,上乃征禹还,敕曰:"赤眉无谷,自当来降,吾折捶笞之,非诸将忧也。"禹与赤眉战,赤眉佯败,弃辎重走,皆载赤豆覆其上,兵士饥,争取之,赤眉引还击之,军溃乱,时百姓饥,人相食,黄金一斤,易豆五升,道路断闭,委输不至,军士悉以果实为粮。

按:此条也记黄金一斤易豆五升,豆一石值黄金20斤。又,苏诚鉴先生《后汉食货志长编》云:"按'时百姓饥,人相食……'以下诸语,亦见《后汉书》卷四十七《冯异传》,时在建武三年,唯《后汉纪》卷四作'黄金一斤,五斗谷数'。《东观汉记》卷二十三《赤眉载记》又云:'赤眉平后,百姓饥饿,人相食,黄金一斤,易豆五斗。'《太平御览》卷八百三十七引袁宏《汉记》则作:'黄金一斤,易五升谷。'"①

(6)《太平御览》卷八百四十一引《古今注》:

光武建武三年春,缣一匹易一斗豆,夏野生旅豆,民收取之。

① 苏诚鉴:《后汉食货志长编》,商务印书馆1947年版,第3页。

按：建武三年（公元27年）春，豆一斗值缣一匹。

(7)《后汉纪》卷二十七：

〔献帝兴平元年，自四月不雨至于七月〕于是谷贵，大豆一斛至二十万，长安中人相食，饿死甚众。

按：此条记汉献帝兴平元年（公元194年），大豆一斛值20万钱。

(8)《后汉书·献帝纪》：

〔献帝兴平元年，自四月至秋七月，三辅大旱〕是时谷一斛五十万，豆麦一斛二十万，人相食啖，白骨委积。

按：此条所记与上一条《后汉纪》卷二十七所载均为献帝兴平元年事，豆、麦一斛值20万钱。

（十一）麻价

《九章算术·方程》：

麻一斗七钱，麦一斗四钱，菽一斗三钱，荅一斗五钱，黍一斗六钱。

按：麻一斗值7钱，则一斛值70钱。又，王仲荦先生认为此记载反映的是汉宣帝时期的粮价[①]。

① 王仲荦遗著：《金泥玉屑丛考》，第20页。

四　草料价格

（一）茭价

（1）居延汉简 140·18B：

出钱卅买茭廿束

《居延汉简甲乙编》，释文第 99 页。

按：茭为居延地区马牛食用的草料。本简所记，茭一束值钱 1.5。

（2）居延汉简 269·2：

入钱六三月丁巳佐何卖茭一束河东卒史武贺取

《居延汉简甲乙编》，释文第 193 页。

按：茭一束值钱 6。又，《居延汉简释文合校》释“何”为“博”，释“取”为“所”①。

（3）居延汉简 312·10A：

至觻得出钱五十九买茭廿七束□□□　●从居延至觻得□食用二

① 谢桂华、李均明、朱国炤：《居延汉简释文合校》上册，文物出版社 1987 年版，第 452 页。

□□□□出钱六茭二束

至觻得出钱百廿一买茭三百□□□●从居延至觻得，□食□□□

□□□出□□茭四束

□□□□□十五束

《居延汉简甲乙编》，释文第217页。

按：谢桂华、周年昌先生认为：第一行“●”前的“□□”应补释作“觻得”，“食”上一“□”，应补释作“马”，“二”下一“□”，似应补释作“束”；第三行“茭三百”应释作“豆三石”，“食”前一“□”，应补释作“人”；第四行“出”后的“□□”，似应补作“钱八”[①]。按此释文，则本简所记茭价分别为：茭一束值2.185钱、值3钱、值2钱。

（4）居延汉简3·6：

隧长徐宗　自言责故三泉亭长石延寿茭钱少二百八十数责不可得

《居延汉简甲乙编》，释文第1页。

按：此简记茭钱少280钱，但未记具体茭价。

（5）居延汉简261·13B，261·27B：

茭钱六百一十九　●凡千卌九

筆钱二百

死卒钱二百卅

《居延汉简甲乙编》，释文第185页。

按：本简记茭钱619钱，也未记具体茭价。又，谢桂华、周年昌先生认为，“筆”应释为“莱”，“莱”即“槥”的简体，小棺也[②]。

---

① 谢桂华、周年昌：《秦汉物价资料辑录》，载《中国古代社会经济史资料》第一辑，福建人民出版社1985年版，第36页。

② 同上书，第39页。

（6）居延汉简 269·6：

入钱六百　燧长□□□月乙酉佐叔卖茭二束魏郡侯国令史马谷所直

《居延汉简甲乙编》，释文第 193 页。

按：此简开头记“入钱六百”，后又云“卖茭二束”，若一束茭价值 300 钱，则一定是非常时期之价格。又，谢桂华、周年昌二先生释“叔”为“博”①。

（7）居延汉简 586·2：

六月甲辰佐博卖茭一束☑

《居延汉简甲乙编》，释文第 286 页。

按：此简记卖茭一束，惜简下端断折，以致价格不明。

（8）居延新简 EPT51·91：

第十七部茭万束 十所

出茭三千束候长取直九百入六百●

出茭二千束候史判取直六百已入三百●

余见五千束令千束为一积留积之令可案行属直所数行视

《居延新简——甲渠候官》，释文第 76 页。

按：本简所记茭价为一束值 0.3 钱。

（9）居延新简 EPT52·149A：

驷望燧茭千五百束直百八十

平虏燧茭千五百束直百八十

① 谢桂华、周年昌：《秦汉物价资料辑录》，载《中国古代社会经济史资料》第一辑，福建人民出版社 1985 年版，第 39 页。

惊虏燧茭千五百束直百八十
●凡四千五百束直五百卌尉卿取当还卅六☑

《居延新简——甲渠候官》，释文第 102 页。

按：茭价为一束 0.12 钱。

（10）额济纳汉简 2000ES7SF1：3：

出茭百七十束直钱百七十
惊虏燧长王宣二月己未买愿以三月禄偿

《额济纳汉简》，第 139 页。

按：本简所记茭价为一束值 1 钱。

（11）居延新简 EPT52·79：

千束直三百强即☑

《居延新简——甲渠候官》释文第 99 页。

按：本简也当是茭价的记录，按简文所记，一束茭值 0.3 钱。

（12）肩水金关汉简 73EJT2：38B：

☑ □十七□□　　茭三束直□☑

《肩水金关汉简（壹）》下册，第 23 页。

按：本简也因断折，致使茭价不明。

（13）肩水金关汉简 73EJT10：219A：

李子威稍用计　……出钱卅茭一乘

《肩水金关汉简（壹）》下册，第 143 页。

按：此简载茭一乘值 30 钱。

（14）肩水金关汉简 73EJT25：79A：

……出钱廿四茭卅束　□□□□□□□　出□□☐

《肩水金关汉简（叁）》下册，第 36 页。

按：本简所记，茭一束值 0.8 钱。

（15）肩水金关汉简 73EJT37：100：

□仓张君所因宿　　出十五茭十束　　廿五日己卯发宿贫民渠口

《肩水金关汉简（肆）》下册，第 21 页。

按：此简所记，茭 1 束 1.5 钱。

（二）苜蓿价

敦煌汉简 239A：

□□□□□益□欲急去恐牛不可用今致卖目宿养之目宿大贵束三泉留久恐舍食尽……

《敦煌汉简》，释文第 228 页。

按：此简所记，苜蓿一束价格 3 钱，属于大贵的价格。又，简中“钱”写作“泉”，当属王莽时代。

（三）苇价

居延汉简 84·5：

☐皁四尺矢七十七又筆一枚矢廿三☐

《居延汉简甲乙编》，释文第 62 页。

按：此简《居延汉简释文合校》释为：

〼皁四尺钱七十七又苐一枚钱廿三〼[①]

按此释文，则苐一枚值23钱。

（四）刍藁价

（1）张家山汉简《二年律令·田律》：

入顷刍、稾，顷入刍三石；上郡地恶，顷入二石；稾皆二石。令各入其岁所有，毋入陈，不从令者罚黄金四两。收入刍稾，县各度一岁用刍稾，足其县用，其余令顷入五十五钱以当刍稾。刍一石当十五钱，稾一石当五钱。刍稾節贵于律，以入刍稾时平贾（价）入钱。

《张家山汉墓竹简（二四七号墓）》，第165—166页。

按：这条律文的意思是，官府按照土地面积征收刍、稾税，每顷土地征收刍3石，稾2石；上郡由于土地贫瘠，每顷征收2石刍，2石稾。农户应该向官府缴纳当年新出产的刍、稾，不得缴纳往年积留的陈刍、稾。违反者，罚黄金四两。县官征收的刍、稾如果已经足够本县一年使用，则向尚未缴纳刍、稾的农民征收铜钱，征收的标准是刍1石15钱，稾1石5钱。但律文又规定，如果市场上刍、稾价格比官府规定的价格贵，则以缴纳刍、稾时的平贾（价）缴纳。

（2）肩水金关汉简73EJT10：219A：

李子威稍用计……出钱百稾二乘……

《肩水金关汉简（壹）》下册，第143页。

按：本简所记，稾一乘值50钱。关于刍、藁价格，以往的文献有关于以钱代替刍、稾的记录。如1973年湖北江陵凤凰山10号汉墓出土的第5、第6号木牍上就有"刍二石为钱"和"平里户刍廿七石，田刍四石三

① 谢桂华、李均明、朱国炤：《居延汉简释文合校》上册，文物出版社1987年版，第148页。

斗七升，凡卅一石三斗七升。八斗为钱，六石当稾”[1] 的记载，这反映的是文景时期的情况，惜未明确记载刍、稾的价格。

(3)《汉书·赵充国传》：

> 〔汉宣帝神爵元年，汉发兵击羌〕宣帝以书敕让充国曰：“将军计欲正月乃击罕羌，羌人当获麦，已远其妻子，精兵万人欲为酒泉、敦煌寇。边兵少，民守保不得田作。今张掖以东粟石百余，刍稾束数十。转输并起，百姓烦扰。将军将万余之众，不早及秋共水草之利争其畜食……宁有利哉?”

按：这里记载的刍、稾价是按束计算的，一束值数十钱，且为比较高的价位。

① 裘锡圭：《湖北江陵凤凰山十号汉墓出土简牍考释》，载《文物》1974 年第 7 期。

五　器用价格

（一）煤价

（1）《太平御览》卷六百零五引《范子计然书》：

墨出三辅，上价石百六十，中三十，下十。

按：陈直先生说："石墨即今日之煤……汉代人一方面用为燃料，又一方面用为造墨的原料。"[①] 本条所记，墨的价格分别为一石 160 钱、30 钱和 10 钱。

（2）居延汉简 214·4：

……出钱六买燔石十分……

《居延汉简甲乙编》，释文第 142 页。

按：燔石为可燃烧的石料，即是煤。6 钱可以买 10 分，但不知 10 分是多少斤或多少升。

---

① 陈直：《两汉经济史料论丛》，陕西人民出版社 1958 年版，第 199 页。

（二）陶灶价

一九五四年西安灞桥郭家滩汉墓出土陶灶一具，正面有“直二百”三字。

《两汉经济史资料论丛》，第173页。

按：陶灶一件值200钱。

（三）釜价

（1）敦煌汉简2258：

□五十买釜……

《敦煌汉简》，释文第308页。

（2）肩水金关汉简73EJT26：66

二石釜一直六百　□☒

《肩水金关汉简（叁）》下册，第52页。

按：容积2石的釜一个价值600钱。

（四）甑价

肩水金关汉简73EJT24：94A：

出甑一直八十☒

《肩水金关汉简（贰）》下册，第144页。

按：甑一个值80钱或80余钱（或许简后端断折处尚有数字）。

（五）去卢价

居延新简 EPT22·11—12（建武三年候粟君所责寇恩事册）：

……一石去卢一直六百……

《居延新简——甲渠候官》，释文第 210 页。

按：居延新简 ESC·100："大饭去卢一小去庐▨。"疑去卢（去庐）与炊煮、饮食相关。

（六）去闾价

肩水金关汉简 73EJT29：118B：

……出钱十八去闾一

《肩水金关汉简（叁）》下册，第 102 页。

按：去闾一件值 18 钱。

（七）婴价

（1）居延汉简 56·39：

▨用婴十九　大婴十三　小婴六　□九十五凡直千八百五钱

《居延汉简甲乙编》，释文第 41 页。

按："婴"即"罂"，"罂"就是"瓮"。《说文》："瓮，罂也。"瓮，是形状为小口大肚的陶制容器。但此简中"用婴十九""大婴十三""小婴六"等可能是婴的数量，未必是价钱。然最后一句"□九十五凡直千八百五钱"，可能记载的是婴等器物的总价，故列于此。

（2）居延汉简 123·22：

☐罂一直百卅☐☐安☐
☐罂一直七十☐四枚☐
☐六月辛亥卅六——☐

《居延汉简甲乙编》，释文第 85 页。

按：谢桂华、周年昌先生认为第三行“辛亥”应释为“奉多”①。本简所记罂价分别为一件罂值 130 钱、70 钱。

（3）肩水金关汉简 73EJT23：820：

☐☐☐　罂三石直卅　☐

《肩水金关汉简（贰）》下册，第 114 页。

按：此简记“罂三石直卅”，“三石”不知是指罂的容量还是罂的重量。

（4）肩水金关汉简 73EJT24：152：

通望兵内中居　精罂一直二……

《肩水金关汉简（贰）》下册，第 148 页。

按：“精罂”即装干粮的罂，一件值 2 钱，价钱似乎太低，“二”后的文字无法辨识，可能有“百”“十”类的数目字。

（5）台北“中研院”史语所藏居延汉简 192. 20：

☐☐☐☐买罂一　　出
出钱廿买中罂一　　出
出钱［八］买小罂一

摘自邢义田《地不爱宝：汉代的简牍》，第 509 页。

① 参见《秦汉物价资料辑录》，载中国社会科学院历史研究所编《中国古代社会经济史资料》第一辑，福建人民出版社 1985 年版，第 65 页。

按：本简记中婴一个值20钱，小婴一个值8钱。

（八）瓢价

《齐民要术》卷二“种瓠”引《氾胜之书》：

一本三实，一区十二实；一亩得二千八百八十实。十亩，凡得五万七千六百瓢。瓢直十钱，并直五十七万六千文。用蚕矢二百石，牛耕工力，直二万六千文，余有五十五万。肥猪明烛，利在其外。

（北魏）贾思勰著，石声汉校释：《齐民要术今释》上册，中华书局2009年版，第199页。

按：瓢一个值10钱。

（九）杯价

敦煌汉简2453A：

□□□□□　　□□直五十
粱米五升直百　杯六直百廿
葱一石直百　　沓一直五十　凡来所用直二千以入二百廿□多一千□百□

《敦煌汉简》，释文第316页。

按：本简所记，杯一个值20钱。

（十）盆价

（1）居延汉简43·17A：

……出钱五□一

《居延汉简甲乙编》，释文第30页。

按：谢桂华、周年昌先生认为“□”应释作“盆”[①]。若此，则盆一个值5钱。

（2）肩水金关汉简73EJT8：29：

……盆直廿……

《肩水金关汉简（壹）》下册，第94页。

按：此简所记，盆一件值20钱。

（十一）臼价

敦煌汉简1407：

……出钱百买臼……

《敦煌汉简》，释文第272页。

按：本简记出100钱买臼，但不知所买臼是一个还是多个。

（十二）米器价

肩水金关汉简73EJT24：152：

……米器一直五十▨

《肩水金关汉简（贰）》下册，第148页。

按：米器一件值50钱或50余钱（或许简后端断折处尚有数字）。

---

① 参见《秦汉物价资料辑录》，载中国社会科学院历史研究所编《中国古代社会经济史资料》第一辑，福建人民出版社1985年版，第65页。

（十三）酱瓮价

肩水金关汉简 73EJT22：153：

酱瓮一枚 直卌☑

《肩水金关汉简（贰）》下册，第 56 页。

按：酱瓮，当是装酱的容器，一枚值 40 钱或 40 余钱（或许简后端断折处尚有数字）。

（十四）将甑价

居延新简 ESC23：

将甑直十五。

《居延新简——甲渠候官》，释文第 254 页。

按：将甑一件值 15 钱。

（十五）赤卮价

（1）居延汉简 505·8：

赤危五枚 直二百五十

《居延汉简甲乙编》，释文第 258 页。

按：谢桂华、周年昌先生认为“赤危”之“危”应释作“卮”①。若此，则赤卮一枚 50 钱值。

① 参见《秦汉物价资料辑录》，载中国社会科学院历史研究所编《中国古代社会经济史资料》第一辑，福建人民出版社 1985 年版，第 65 页。

（2）居延新简 ESC · 92：

赤卮一直一百　郭卿丿

《居延新简——甲渠候官》，释文第 256 页。

按：本简所记，赤卮一枚值 100 钱。

（十六）卮价

居延新简 EPT48 · 150：

卮五枚　直廿三

《居延新简——甲渠候官》，释文第 60 页。

按：卮一枚，值 4.6 钱。又，罗庆康认为："卮，可能是两种同称卮的但由不同的植物所成，用途不同，其价有别"；"《新简》用'枚'，《货殖列传》用'石''亩'，我疑是两种不同的植物，有待研究。"[①] 此简所载的卮，当是日常生活中的器具。

（十七）席价

（1）居延汉简 267 · 7：

三尺五寸蒲复席青布缘二　直三百　六月戊戌令史安世　—　充　—　延年共置杜君所

《居延汉简甲乙编》，释文第 191 页。

按：三尺五寸青布缘蒲复席两件值 300 钱，则一件值 150 钱。

① 罗庆康：《居延新简所记的西汉物价研究》，载《安徽史学》1994 年第 2 期。

（2）《太平御览》卷七百零九引《范子计然书》：

六尺兰席出河东，上价七十。蒲席出三辅，上价百。

按：六尺兰席，上价一件 70 钱；三辅出产的蒲席，上价一件值 100 钱。

（3）肩水金关汉简 73EJT23：663A：

日记　簟一直十八　赣□一直六十　☐

《肩水金关汉简（贰）》下册，第 102 页。

按：簟：坐卧用的竹席。本简所记，一件簟值 60 钱。

（4）居延新简 EPT50 · 144A：

……赵子思计□□六尺席一直百卅五……

《居延新简——甲渠候官》，释文第 69 页。

按：本简所记，六尺席一件值 135 钱。

（5）敦煌汉简 1407：

……出钱二十买席……

《敦煌汉简》，释文第 272 页。

按：本简所记"出钱二十买席"，20 钱所买，当只有一件。

（6）肩水金关汉简 73EJT29：118A：

……席二直五十六　绔一直百卅……

《肩水金关汉简（叁）》下册，第 102 页。

按：席一件值 28 钱。

（十八）橐价

1. 折橐价

居延汉简326·6A：

……桐绳二緉折橐二直百五十……

《居延汉简甲乙编》，释文第220页。

按：本简所记桐绳二緉、折橐二件共值150钱，但未记桐绳、折橐各自的价格。

2. 橐价

居延新简EPT52·91B：

……橐直二百……

《居延新简——甲渠候官》，释文第100页。

按：从本简所对应的前后文看，橐值200钱，应为一件橐的价格。

3. 大连橐价

居延新简ESC96：

大连橐直百卌☐

《居延新简——甲渠候官》，释文第257页。

按：本简云大连橐值130钱，从文句看，似应为一件橐之价格。

4. 常平橐价

肩水金关汉简73EJT30：32：

……出五十八常平橐一……

《肩水金关汉简（叁）》下册，第 107 页。

按：常平橐一个价值 58 钱。

5. 布橐价

肩水金关汉简 73EJT23 : 295：

布橐一直百八十……

《肩水金关汉简（贰）》下册，第 78 页。

按：布橐一件值 180 钱。

6. 羊韦橐价

居延新简 EPT22 · 11（建武三年候粟君所责寇恩事册）：

……羊韦一枚为橐直三千……

《居延新简——甲渠候官》，释文第 210 页。

按：建武三年（公元 27 年），羊韦橐一枚值 3000 钱，等于当时居延地区一石谷的价格。

7. 药橐价

肩水金关汉简 73EJT25 : 93：

☑药橐三各三枚直五十　□　☑

《肩水金关汉简（叁）》下册，第 37 页。

按：药橐三枚值 50 钱，则一枚值 16.67 钱。

（十九）革带价

肩水金关汉简 73EJT23 : 964：

……革带二枚直六十……

《肩水金关汉简（贰）》下册，第126页。

按：革带一枚值30钱。

（二十）比价

悬泉置汉简Ⅱ90DXT0115②：91：

入五年二月更钱八百。比二，直八十四。河平五年二月丙申，□令史博受柳里爰孟猛。

引自《简牍学研究》第四辑，第55页。

按：段玉裁《说文解字注》曰："许书无篦字，古只作比，见《仓颉篇》《释名》《汉书·匈奴传》。"① 本简所记，比一枚值42钱。

（二十一）箕价

（1）肩水金关汉简73EJT8：29：

……箕直廿……

《肩水金关汉简（壹）》下册，第94页。

按：箕直20钱，从下一条简文看，当为一件箕之价格。

（2）肩水金关汉简73EJT10：219A：

……出钱廿箕一……

① （汉）许慎撰，（清）段玉裁注：《说文解字注》，上海古籍出版社1988年影印经韵楼版，第386页。

《肩水金关汉简（壹）》下册，第143页。

按：本条明载，箕一件值20钱。

（二十二）铜器价

1. 铜锠价

中山内府铜锠铭文：

中山内府铜锠一，容三斗，重七斤五两。第□五。卅四年四月，郎中定市河东，贾八百□。

中国社会科学院考古研究所、河北省文物处：《满城汉墓发掘纪要》，载《考古》1972年第12期。

按：西汉中期，重七斤五两铜锠一个值800余钱。

2. 铜熨斗价

东汉永元六年宜衣熨斗铭文：

〔东汉和帝〕永元六年闰月一日，十湅守尉斗宜衣，重三斤，直四百，保二亲大富利宜子孙。

《贞松堂集古遗文》卷十五《宜衣熨斗》铭文。

按：东汉和帝永元六年（公元94年），重三斤铜熨斗一个，值400钱。

3. 铜壶价

东汉延光壶铭文：

〔安帝〕延光四年，铜二百斤，直钱万二千。

阮元按：右延光壶铭十三字，阳识，据宋王氏款识榻本摹入。案：延光四年，东汉安帝之十九年，今铜百斤，约直钱万五千，古斤权轻小也。

阮元：《积古斋钟鼎彝器款识》卷九《延光壶》铭文。

按：东汉安帝延光四年（公元125年），重二百斤铜壶一个，值12000钱。

4. 铜钟价

（1）东汉阳嘉三年扶侯钟铭文：

〔顺帝〕阳嘉三年九月十八日雷师作，直二千五百。

《小校经阁文金文》卷十二《扶侯钟》铭文。

按：东汉顺帝阳嘉三年（公元134年）造铜钟一个，值2500钱。

（2）东汉永和钟铭文：

永和四年正月戊辰造，□□□钟，重□□斤，直钱七千二百，宜用。

《小校经阁文金文》卷十二《永和钟》铭文。

按：东汉顺帝永和四年（公元139年）铜钟一个，值7200钱。

（3）东汉延熹钟铭文：

延熹元年，造作□□□成富□□钟廿二斤，直钱二千四百，大吉，□□富贵，宜田家，□意□长生。

《积古斋钟鼎彝器款识》卷十二《延熹钟》铭文。

按：东汉桓帝延熹元年（公元158年）制造的二十二斤重铜钟一个，值2400钱。

5. 铜铫价

（1）居延汉简26·29：

出四百卌邯郸铫二枚

《居延汉简甲乙编》，释文第16页。

按：邯郸铫一枚值钱220。

（2）居延汉简100·32：

铜铫一直五十

《居延汉简甲乙编》，释文第70页。

按：铜铫一枚值钱50。

（二十三）砖价

《九章算术·粟米》：

今有出钱一百六十，买瓴甓十八枚。瓴甓，砖也。问枚几何。答曰：一枚，八钱九分钱之八。

按："瓴甓"即砖，一枚约值8.9钱。

（二十四）木材价

（1）居延汉简142·28A：

受叩头言

子丽足下□白过客五人□不□叩 = 头 = 谨因言子丽□许为卖材至今未得蒙叩

恳使者叩头材贾三百唯子丽□□决卖之今霍回又还去唯子丽

□□□

《居延汉简甲乙编》，释文第100页。

按：谢桂华、周年昌先生认为第一行"受"疑释作"殷"[1]。本简载"材贾三百"，但不知木材数量，故具体价格无法细探。

---

① 参见《秦汉物价资料辑录》，载中国社会科学院历史研究所编《中国古代社会经济史资料》第一辑，福建人民出版社1985年版，第66页。

（2）居延新简 EPT65・120：

尉史并白

教问木大小贾谨问木大四韦长三丈韦七十长二丈五尺韦五十五●

三韦木长三丈枚百六十椽木长三丈枚百长二丈五尺枚八十毋椟椠

《居延新简——甲渠候官》，释文第 188 页。

按：这条材料记载的木材价格为：3 丈长的 4 韦木一韦价值 70 钱，2 丈 5 尺长的 4 韦木一韦价值 55 钱，则一根 3 丈长的 4 韦木总值 280 钱，一根 2 丈 5 尺长的 4 韦木价值 220 钱；3 丈长的 3 韦木 1 根价值 160 钱，3 丈长的椽木 1 根值 100 钱，2 丈 5 尺长的椽木 1 根值 80 钱。

（3）居延新简 EPT52・277：

出钱二百买木一长八尺五寸大四韦以治罢卒籍令史护买

《居延新简——甲渠候官》，释文第 106 页。

按：这枚简所记的大四韦，长 8 尺 5 寸的一根木头价值 200 钱。

（4）居延汉简 168・10：

三楪□长三丈三尺以直钱三百五十☑

《居延汉简甲乙编》，释文第 114 页。

按：简文载 3 根楪“直钱三百五十”。“楪”即“枼”，《说文・木部》云：“枼，楄也。”段注曰：“方木也。”[①] 3 根长 3 丈 3 尺的方木共值 350 钱，1 根方木平均值 116.67 钱。

（5）敦煌汉简 553：

出钱二千五百　买大枎木盖亭屋

① （汉）许慎著，（清）段玉裁注：《说文解字注》，上海古籍出版社 1988 年版，第 269 页。

《敦煌汉简》，释文第240页。

按：此简只载出钱2500买大杕木盖亭屋，但不知所买木材的具体数量，也就无法了解其具体价格。

（6）敦煌汉简557：

出葴廿枚　五年正月癸未佐梁买胡人栊板四枚付御吏夏赏官马下用

《敦煌汉简》，释文第240页。

按：这是以葴换取胡人栊板的记录。“葴”，《说文·艸部》曰“马蓝也”[①]；《尔雅·释草》曰：“葴，寒浆”，郭璞注：“今酸浆草。江东呼曰苦葴。”[②]“栊”，《说文·木部》云：“槛也”[③]，栊、槛意义相同，为关野兽的栅栏、笼子，也指关押囚犯的车子。从这枚简文的记载中可知，当时也从胡人那里购买木材，交换方式是以物易物。1杖（根）栊板值5枚葴。

（二十五）竹价

（1）《九章算术·粟米》：

今有出钱一万三千五百，买竹二千三百五十个，问个几何。答曰：一个，五钱四十七分钱之三十五。

按：竹一个约值5.74钱。

（2）《九章算术·粟米》：

今有出钱五百七十六，买竹七十八个，欲其大小率之，问各几何。答曰：其四十八个，个七钱。其三十个，个八钱。

① （汉）许慎著，（清）段玉裁注：《说文解字注》，上海古籍出版社1988年版，第30页。

② （晋）郭璞注，（宋）邢昺疏，李传书整理：《尔雅注疏》，北京大学出版社1999年版，第238页。

③ （汉）许慎著，（清）段玉裁注：《说文解字注》，上海古籍出版社1988年版，第270页。

按：竹一个分别值7钱、8钱。

(3)《汉书·景武昭宣元成功臣表》：

〔将梁侯杨仆〕元封四年（公元前107年），坐为将军击朝鲜畏懦，入竹二万箇赎，完为城旦。

按：汉武帝时，赎死的价格不尽相同，《汉书·淮南王安传》云武帝元朔五年（公元前124年）“赎死金二斤八两”；《汉书·武帝纪》云天汉四年（公元前97年）“秋九月，令死罪入赎钱五十万减死一等”；太始二年（公元前95年）“九月，募死罪入赎钱五十万减死一等”；《汉书·景武昭宣元成功臣表》又曰：太始三年（公元前94年），新畤侯赵弟“坐为太常鞫狱不实，入钱百万赎死，而完为城旦”。从这些记载来看，武帝时期赎死的金钱数额逐渐增加。在杨仆入竹赎死之前的元朔五年，以金2斤8两可以赎死，但到杨仆入竹后10年，这个数额涨到了50万钱。如果杨仆入竹2万个赎死时，赎死的价码还是金2斤8两的话，即使按照汉代金一斤值10000钱的最高比价计算，1个竹的价钱也只有1.25钱；如果杨仆入竹2万个赎死的价码是50万钱，则1个竹价值25钱。

(4)《宋书·乐志》“雁门太守行”条：

孝和帝（引者注：公元89—105年在位）在时，洛阳令王君，本自益州广汉民……从温补洛阳令……财用钱三十，买绳礼竿。

按：绳礼竿值30钱。

（二十六）漆价

(1)《张家山汉简·算数书》：

桼（漆）斗卅五钱。今有卌分斗五。问得几何钱。曰：得四钱八分钱三。

《张家山汉墓竹简（二四七号墓）》，第256页。

按：这里记载的漆的价格为1斗35钱。

（2）《九章算术·粟米》：

今有出钱五千七百八十五，买漆一斛六斗七升太半升。欲斗率之，问斗几何。答曰：一斗，三百四十五钱五百三分钱之一十五。

按：本题记载漆一斗值345钱，比上一条《张家山汉简·算数书》所载要贵近10倍。但余华青先生认为《九章算术·粟米》所载的漆价与汉代的实际漆价基本相符①。

（3）居延汉简249·3：

☐漆钱百☐

《居延汉简甲乙编》，释文第178页。

按：此简上下端均断折，唯中段残存“漆钱百”三字，仅从这三个字无法判断具体漆价。

（二十七）胶价

（1）居延汉简229·8：

出钱千三百卅　买胶廿三斤……

《居延汉简甲乙编》，释文第158页。

按：此简所记，胶每斤值57.82钱。

（2）居延汉简267·12；

出钱六十七　八月丁巳付尉史寿＝以买胶三斤

① 余华青：《秦汉漆器价格考辨》，载《中国史研究》1984年第4期。

《居延汉简甲乙编》，释文第191页。

按：此简所记，胶每斤值22.33钱。

（3）居延汉简326·6A：

……胶二斤十五……

《居延汉简甲乙编》，释文第220页。

按：此简所记，胶每斤值7.5钱。

（二十八）锸金价

居延新简EPT50·144A：

……锸金三直六……

《居延新简——甲渠候官》，释文第69页。

按：锸金，当为铁制的农具锋刃部位，一个值2钱。

（二十九）笥价

（1）江陵凤凰山10号墓出土西汉木牍：

……

九月四日付五翁伯枲一唐卅·笥三合＝五十四直百六十四

九月七日付五翁伯笥二合＝五十四直百八

九月九日付五翁伯笥二合＝五十直百枲一唐卅·凡百卅

九月十三（？）日付□□□笥二合＝五十四直百八

九月十五日付□□笥二合＝五十四直百八枲四絜＝七直廿八·凡百卅六

……

湖北省文物考古所编：《江陵凤凰山西汉简牍》，中华书局2012年版，第135—136页。

按：笥，是竹编或竹制的容器。此木牍所记，笥每合价格为50—54钱。

（2）敦煌汉简2258：

……

☐出钱四十八笥十 ☐

……

《敦煌汉简》，释文第308页。

按：本简记出48钱买笥10个，则笥一个4.8钱。

（3）〔东汉光武帝〕建武三年十二月候粟君所责寇恩事册（居延新简EPF22·11）：

……大笥一合直千……

《居延新简——甲渠候官》，释文第210页。

按：此简册所载笥一合值1000钱，但同一简册中记谷一石值钱3000—4000钱，以谷价比较，则笥价相当于谷价的四分之一到三分之一。

（三十）箧价

居延新简EPT40·152：

掾寻前付建二笥₌付尉史官卖☐☐卖箧二直三斛二升凡少六升粟部置移簿

教卩

《居延新简——甲渠候官》，释文第39页。

按：箧，是竹、木制容器。此简所记为以粮换箧，一只箧价值1.51斛粮食。

（三十一）文具价

1. 笔价

（1）《西京杂记》卷一：

天子笔管，以错宝为跗（跗为笔帽），毛皆以秋兔之毫，官师路扈为之。以杂宝为匣，厕以玉璧翠羽，皆直百金。

（晋）葛洪撰，周天游校注：《西京杂记》，三秦出版社2006年版，第11页。

按：天子之笔、笔匣均价值百金。

（2）《太平御览》卷六百零五引《列仙传》：

李仲甫，颍川人，汉桓帝时，卖笔辽东市上，一笔三钱，如无钱亦与笔。

按：普通之笔，一支3钱。

2. 笔箭价

额济纳汉简99ES17SH1：11A：

☑□□隧长王立……出卅笔箭直。

《额济纳汉简》，第118页。

按：笔箭价值30钱。

3. 两行、檄、尺札价

（1）额济纳汉简99ES17SH1：2：

出三月财用钱四百

入两行二百　檄廿三尺札百

居摄二年正月壬戌省卒王书付门卒蔡[illegible]

《额济纳汉简》，第 110 页。

按：此为王莽居摄二年（公元 7 年）纪年简。两行、檄、尺札均为书写用的简牍，两行是能够书写两行字的木简，尺札是长一尺的木简。此简记三月出 400 钱，买两行 200 枚、檄 23 枚、尺札 100 枚，但未分别载明这三种书写材料的具体价格。

（2）肩水金关汉简 73EJT28：67：

…… 出卅四社 □百廿革 出卌七檄 ……

《肩水金关汉简（叁）》下册，第 85 页。

按：本简载，出 47 钱买檄，但未载明檄的数量。

4. 椠价

居延汉简 55·5：

出钱六十买椠二百☑

《居延汉简甲乙编》，释文第 39 页。

按：椠，也是用木头削成用来书写的版片。此简所记，椠一枚价值 0.3 钱。

（三十二）武器装备价

1. 刀价

（1）《汉书·酷吏传·杨仆传》：

东越反，上欲复使（杨仆）将，为其伐前劳，以书敕责之曰："……欲请蜀刀，问君价几何，对曰率数百，武库日出兵而阳不知，挟伪干君，是五过也……"

按：刀价数百钱。

（2）居延汉简 262·28B：

刺马刀一直七千　□一□直□
橘皮一斗直百五十

《居延汉简甲乙编》，释文第 186 页。

按：刺马刀一件值 7000 钱。

（3）居延新简 EPT59·7：

临之隧卒魏郡内黄宜民里尹宗□责故临之隧长薛忘得铁斗一直九十尺二寸刀一直卅……

《居延新简——甲渠候官》，释文第 156 页。

按：一尺二寸刀一把值 30 钱。

（4）居延新简 ESC·108：

胡刀刺马刀直五□☑

《居延新简——甲渠候官》，释文第 257 页。

按："直五"后一字无法辨识，以致无法知晓是五十、五百抑或五千，殊为可惜。

（5）敦煌汉简 1407：

……出钱十八买刀……

《敦煌汉简》，释文第 272 页。

按：18 钱买刀，当只能买一把。

（6）肩水金关汉简 73EJT37：767：

广地卒赵国邯郸邑里阳成未央，贳卖大刀一贾钱二百五十都□□□□男子平所　平直百五十　△卩

《肩水金关汉简（肆）》下册，第67页。

按：此简记贳卖大刀一把价钱250。

2. 剑价

（1）居延汉简258·7：

吞远候史季赦之　负不侵卒解万年剑一直六百五十
负止北卒赵忠袭裘一直三百八十
凡千卅□

《居延汉简甲乙编》，释文第183页。

按：剑一把值650钱。

（2）居延汉简271·1：

☑濮阳槐里景黯　贳卖剑一直七百觻得县□□☑
客居第五辟☑

《居延汉简甲乙编》，释文第194页。

按：剑一把值700钱。

（3）居延新简EPT51·84：

戍卒东郡聊成孔里孔定贳卖剑一直八百觻得长杜里郭穉君所舍里中东家南入任者同里杜长定前上

《居延新简——甲渠候官》，释文第76页。

按：剑一把值800钱。

（4）徐州东汉建初二年五十湅钢剑：

建初二年蜀郡西工官王造五十湅孙剑　直千五百

徐州博物馆：《徐州发现东汉建初二年五十湅钢剑》，载《文物》

1979年第7期。

按：东汉章帝建初二年为公元77年，其时，蜀郡工官所造五十湅剑一把值1500钱。

3. 剑带价

居延新简ESC27：

剑带二直百 ☑

《居延新简——甲渠候官》，释文第255页。

按：剑带一根值50钱。

4. 匕首价

《史记·刺客列传》：

于是太子豫求天下之利匕首，得赵人徐夫人匕首，取之百金，使工以药淬之，《索隐》：淬，染也，音匆溃反。谓以毒药染剑锷也。以试人，血濡缕，人无不立死者。

按：特制的匕首，一把值百金。

5. 弓价

居延新简EPT65·126：

……兵弩簿□□弓直五百五十□□□□□……

《居延新简——甲渠候官》，释文第188页。

按：此简记弓值550，但未记弓的数量，故不知此550钱是一张弓的价格还是多张弓的价格。

6. 弓椟价

居延汉简11·12：

出钱九百买弓扣▨

《居延汉简甲乙编》，释文第 8 页。

按：谢桂华、周年昌先生认为“扣”右半部笔画残缺，疑应补释作“犊”①。此简所记出钱 900 买弓犊，由于简下端断折致文字灭失，因而不知 900 钱是一个弓犊的价钱，还是多个弓犊的价钱。

7. 弓櫝丸价

（1）肩水金关汉简 73EJT4：189：

关都亭长安世弓椟丸直二百卅案直▨

《肩水金关汉简（壹）》下册，第 50 页。

按：本简记“弓椟丸直二百卅”，但未记弓椟丸的数量，故弓椟丸的具体价格不明。

（2）肩水金关汉简 73EJT28：84A：

八百七十二犊丸□直二□□十□□▨

《肩水金关汉简（叁）》下册，第 86 页。

按：此简所记椟丸当也是弓椟丸，惜简中多个关键字无法辨识，故无法知其详。

8. 羽翭价

（1）《九章算术·粟米》：

今有出钱六百三十，买羽二千一百翭。翭，羽本也。数羽称其本，犹数草本称其根株。欲其贵贱率之，问各几何。答曰：其一千一

① 参见《秦汉物价资料辑录》，载中国社会科学院历史研究所编《中国古代社会经济史资料》第一辑，福建人民出版社 1985 年版，第 69 页。

百四十翭，三翭一钱。其九百六十翭。四翭一钱。

按：这里记载的羽翭价格分别为一翭四分之一钱和三分之一钱。

（2）张家山汉简《算数书》：

羽二喉（翭）五钱。今有五十七分矦（翭）卌（卅）七，问得几何？曰：得一钱百一十四分钱七十一。

《张家山汉墓竹简（二四七号墓）》，第256页。

按：这里记载的价格是一翭2.5钱，要比上一条《九章算术》所载高出7—10倍。按照这个价格水平，1石粮食大约只能买10翭羽矢，这应该是比较高的价位，其原因可能是由于战国后期战争频繁，造成羽矢等兵器价格高涨。

9. 矢杆价

《九章算术·粟米》：

今有出钱九百八十，买矢簳五千八百二十枚。欲其贵贱率之，问各几何。答曰：其三百枚，五枚一钱。其五千五百二十枚，六枚一钱。

按：矢杆一枚分别值5钱、6钱。

10. 弹弓价

居延汉简462·2：

弹弓一　直三百服负□九月奉☐

《居延汉简甲乙编》，释文第244页。

按：弹弓一个值300钱。

11. 弩机价

（1）《贞松堂集古遗文续编》：

东郡白马郭任弩十石，直八千。

罗振玉：《贞松堂集古遗文续编》卷下。

按：十石弩值8000钱。

（2）《积古斋钟鼎彝器款识》卷十：

建安弩机铭文：所市八千五百。

按：东汉末，弩机一具值8500钱。

（3）额济纳汉简99ES.16SF2：5B：

居摄二年三月乙未第十六隧长韦卿从第十部吏买弩一具贾□一百□□。

《额济纳汉简》，第98页。

按：本简所记“弩一具贾□一百□□”，“一百”前面最关键的一字无法辨识，故不知弩一具的价钱是千一百余，还是万一百余。又，额济纳汉简研读班《额济纳汉简释文校正》认为：根据文意，“买”当读作“卖”①。

12. 甲价

（1）岳麓书院藏秦简0957：

赀一甲，直钱千三百卌四，直金二两一垂。一盾直金二垂。赎耐，马甲四，钱一（?）千六百八十。

① 参见孙家洲主编《额济纳汉简释文校本》，文物出版社2007年版，第14页。

引自于振波《秦律中的甲盾比价及相关问题》，载《史学集刊》2010年第5期。

按：本简记甲价为一甲值1344钱。于振波先生说：本简中“‘钱一千六百八十’中的‘一’，中间部分稍有残损，是否为‘一’值得怀疑。”他认为“一”应为“七”，因此，马甲价格为1920钱。

（2）岳麓书院藏秦简0970：

马甲一，金三两一垂，直钱千□百廿。金一铢，直钱廿四。赎入马甲十二，钱二万三千卌。

引自于振波《秦律中的甲盾比价及相关问题》，载《史学集刊》2010年第5期。

按：本简记“马甲一，金三两一垂”，又云“金一铢，直钱廿四”，按此金价折算，一马甲值1344钱；但本简最后一句又云：“赎入马甲十二，钱二万三千卌”，每具马甲值1920钱。于振波先生说，马甲可能为战马所服，价格应以1920钱为是①。

（3）里耶秦简8—59：

□公士僰道西里亭赀三甲为钱四千卌二☑

《里耶秦简（壹）》，释文第12页。

按：三件甲值4032钱，则一件甲值1344钱。所记甲价与上两则岳麓秦简相同。

13. 盾价

（1）里耶秦简8—2072：

☑赀一盾二百三□☑

《里耶秦简（壹）》，释文第94页。

① 于振波：《秦律中的甲盾比价及相关问题》，载《史学集刊》2010年第5期。

按：此简所记，一盾值203钱或230余钱。

（2）岳麓书院藏秦简0957：

赀一甲，直钱千三百卌四，直金二两一垂。一盾直金二垂。赎耐，马甲四，钱一（?）千六百八十。

引自于振波《秦律中的甲盾比价及相关问题》，载《史学集刊》2010年第5期。

按：于振波先生认为，一“垂” =8铢[①]。如此，则一盾值金二垂，以钱计则值384钱。

14. 射鞴价

居延新简ESC·18：

射鞴一直三百

《居延新简——甲渠候官》，释文第254页。

按：射鞴一个值300钱。

15. 瞀价

敦煌汉简2453 A：

…… 瞀一直五十 ……

《敦煌汉简》，释文第316页。

按：王仲荦说：“瞀，兜鍪也。”[②]

16. 胡鞍价

居延新简EPT40·6A：

---

① 于振波：《秦律中的甲盾比价及相关问题》，载《史学集刊》2010年第5期。

② 王仲荦遗著：《金泥玉屑丛考》，中华书局1998年版，第62页。

终古隊卒王宴言隊长房五月廿日贷宴钱百七月十日藉白单衣一领积十五日归七月五日藉宴胡鞍一直二百五十……

《居延新简——甲渠候官》，释文第35页。

按：胡鞍一件值钱250。

17. 服价

居延汉简326·6A：

……服二直廿……

《居延汉简甲乙编》，释文第220页。

按："服"通"箙"，是竹木或兽皮制成的装箭矢的容器，一件值10钱。

（三十三）汲桐价

居延汉简326·6A：

汲桐二直卅……

《居延汉简甲乙编》，释文第220页。

按：汲桐一个值15钱。

（三十四）臬长弦价

居延汉简326·6A：

……臬长弦四直百……

《居延汉简甲乙编》，释文第220页。

按：枭长弦一条值25钱。

（三十五）绳索价

1. 檠弩绳价

居延汉简326·6A：

……檠弩绳卌二丈直五十……

《居延汉简甲乙编》，释文第220页。

按：檠弩绳一丈值钱1.19钱。

2. 沓绳价

居延汉简326·6A：

……沓绳廿丈廿……

《居延汉简甲乙编》，释文第220页。

按：沓绳一丈值1钱。

3. 檠绳价

居延汉简317·24：

……檠绳十四贾廿八卑一贾廿白韦三利贾六●凡并直二百九十四☐

《居延汉简甲乙编》，释文第218页。

按：檠绳一条值2钱。

4. 绳价

肩水金关汉简73EJT7：19：

……出钱五十四绳四百五十枚卩

……

《肩水金关汉简（壹）》下册，第79页。

按：绳一枚值0.12钱。

5. 扬弩绳价

居延汉简326·6A：

……扬弩绳一直十……

《居延汉简甲乙编》，释文第220页。

按：扬弩绳一条值10钱。

6. 索价

《云梦秦简·法律答问》：

士五（伍）甲盗一羊，羊颈有索，索直（值）一钱，问可（何）论？

《云梦睡虎地秦墓竹简》，释文第100页。

按：秦国时期，系羊的绳索，一条值1钱。

7. 辉索价

居延新简EPF22·12（建武三年十二月候粟君所责寇恩事册）：

……辉索二枚直千……

《居延新简——甲渠候官》，释文第210页。

按：辉索一枚值500钱。同简册记当时一石谷值3000—4000钱。如此，一枚辉索的价格等于八分之一或六分之一石谷。

（三十六）楯革价

居延汉简 326·6A：

……楯革一直十

《居延汉简甲乙编》，释文第 220 页。

按：楯革一枚值 10 钱。

（三十七）上火革价

居延汉简 326·6B：

上火革二直十……

《居延汉简甲乙编》，释文第 220 页。

按：上火革一件值钱 5。

（三十八）卑（萆）价

（1）居延汉简 317·24：

……卑一贾廿……

《居延汉简甲乙编》，释文第 218 页。

按：《居延汉简释文合校》释“卑”为“萆”[①]；《说文》：“萆，雨衣，一曰蓑衣”。本简载卑一件值 20 钱。

---

① 谢桂华、李均明、朱国炤：《居延汉简释文合校》下册，文物出版社 1987 年版，第 514 页。

（2）额济纳汉简 99ES17SH1：11A：

☐□□隧长王立 十月奉钱九百 出五十五卑
出六十六□十月小畜钱
出二百所□候□□
出卅笔篅直

《额济纳汉简》，第 118 页。

按：本简所记，卑值 55 钱。

（三十九）韦价

1. 韦价

（1）居延汉简 104·34B：

韦迹之

《居延汉简甲乙编》，释文第 73 页。

按："韦"，是加工过的牛羊等牲畜的熟皮。此简《居延汉简释文合校》释为："韦直廿"①。若此，则韦值 20 钱。但本简未记韦的数量，20 钱是否为一利韦之价，尚不能判定。

（2）肩水金关汉简 73EJT24：138：

止虏隧卒申延寿韦直百一□
□□□一枚直二百 执適隧长王遣韦五枚直廿
豆山隧长赵彭助五枚□
□□□长宁韦五直廿三 金关隧长聂定卅五枚直

《肩水金关汉简（贰）》下册，第 147 页。

按：本简所记韦价有多个，有"韦直百一□""韦五枚直廿""韦五

① 谢桂华、李均明、朱国炤：《居延汉简释文合校》上册，第 175 页。

直廿三”。第一则“韦直百一□”，“一”后若为“十”字，则此句所载韦价为110钱；若为其他字，则此句所载韦价为101钱。但此句未记韦的数量，故尚不能断定这一百余钱就是韦的单价。第二则“韦五枚直廿”，韦一枚值4钱；第三则“韦五直廿三”，韦一枚值4.6钱。

（3）居延新简EPT52·322：

▨韦五利直廿

《居延新简——甲渠候官》，释文第107页。

按：此简所记，韦一利值4钱。

2. 白韦价

居延汉简317·24：

……白韦三利贾六……

《居延汉简甲乙编》，释文第218页。

按：本简记白韦一利值2钱。

3. 羊韦价

居延新简EPT65·118：

羊韦五件直六百……

《居延新简——甲渠候官》，释文第188页。

按：本简所记羊韦价格较高，一件值120钱。

（四十）狗皮价

《通典·边防典·西戎略序》：

西羌一狗皮，直数十匹。

按：西羌的狗皮，一件值数十匹绢布。

（四十一）青韦舄价

肩水金关汉简 73EJT21∶52B：

青韦舄一两直百卌

《肩水金关汉简（贰）》下册，第 13 页。

按：青韦舄以“两”计，按汉简量词的书写惯例，“两”通常都是指成双成对的物品。青韦舄一两值 140 钱。

（四十二）幡价

居延汉简 520·17：

☐十七买幡三百六十

《居延汉简甲乙编》，释文第 272 页。

按：本简记“十七买幡三百六十”，因简上部断折，可能“十七”上端还有记录数量的文字，否则，仅以 17 钱买幡 360，似太便宜。

（四十三）絮巾价

居延新简 EPT51·301：

第三队卒斡威 絮巾一直廿 不五十……

《居延新简——甲渠候官》，释文第 84 页。

按：此简记絮巾一件值 20 钱。

（四十四）琎价

《九章算术·盈不足》：

今有共买琎，人出半，盈四；人出少半，不足三。问人数、琎价各几何。答曰：四十二人，琎价十七。

按：本题所记琎价为一个17钱。

（四十五）博价

肩水金关汉简73EJT8：29：

博直六十……

《肩水金关汉简（壹）》下册，第94页。

按：博，乃玩乐游戏的器具，一个值60钱。

（四十六）车价

1. 车价

（1）《盐铁论·国疾篇》：

一车千石。

王利器：《盐铁论校注》上册，中华书局1992年版，第334页。

按：这是很贵的车，一辆值1000石谷，若以一石谷60钱计算，一辆车也达6万钱。

（2）肩水金关汉简73EJT21：33A：

稚君足下今稚君从充取车贾钱三千已入千药

《肩水金关汉简（贰）》下册，第12页。

按：本简记“车贾钱三千”，三千，当为一辆车之价。

2. 牛车价

居延汉简37·35：

……牛车二两直四千……

《居延汉简甲乙编》，释文第25页。

按：牛车一辆值2000钱。

3. 轺车价

居延汉简37·35：

……轺车二乘直万……

《居延汉简甲乙编》，释文第25页。

按：轺车为载人的车，一乘值5000钱。

（四十七）车钩价

肩水金关汉简73EJT7：19：

……出钱卌四买车钩一具键卅枚𠂎……

《肩水金关汉简（壹）》下册，第79页。

按：本简记出钱44买车钩一具、键30枚，但不记车钩、键的单价。

（四十八）键价

肩水金关汉简73EJT7：19：

……出钱卌四买车钩一具键卅枚卩……

《肩水金关汉简（壹）》下册，第79页。

按：本简记买键30枚、车钩一具共花44钱，虽然无法判断具体的键价，但按照44钱的总价来算，键价也不会高。

（四十九）半櫓轴价

居延新简EPF22·11（建武三年十二月候粟君所责寇恩事册）：

……大车半櫓轴一直万钱……

《居延新简——甲渠候官》，释文第210页。

按：在建武三年（公元27年），大车的半櫓轴一具值10000钱，同简册记当时一石谷值钱3000—4000钱。如此，一具大车半櫓轴值谷3石左右。

（五十）棺价

（1）张家山汉简《二年律令·赐律》云：

赐棺享（椁）而欲受赍者，卿以上予棺钱级千、享（椁）级六百；五大夫以下棺钱级六百、享（椁）级三百；毋爵者棺钱三百。

《张家山汉墓竹简（二四七号墓）》，第173页。

按：此律文为汉初吕后二年颁布之法律，所记内容为政府赐官员棺椁而官员愿意以钱代替棺椁者，国家按照官员级别或爵位高低赐予棺钱。卿以上的高级官员，每级赐棺钱1000、椁钱600，五大夫以下的低级官员，每级赐予棺钱600、椁钱300，没有爵位的，则每人赐棺钱300。

（2）居延汉简 261 · 13B，261 · 27B：

茭钱六百一十九
蕖钱二百
死卒钱二百卅●凡千卌九。

谢桂华、李均明、朱国炤：《居延汉简释文合校》上册，第 433 页。

本简从谢桂华、周年昌先生释，简文记蕖钱 200，但从中无法判定这里的 200 钱是否就是一具小棺的价钱。

（3）居延汉简补编 160. 21：

□子真计 出钱卅八买椑一
出钱廿四买三束

按：椑，小棺也。此简所记，椑一具值 38 钱。

（4）居延汉简 267 · 19：

各持下吏为羌人所杀者赐葬钱三万其印绂吏五万又上子一人名□□名尚书卒长▨奴婢二千赐伤者各半之皆以郡见钱给长吏临致以安百姓也早取以见钱▨

《居延汉简甲乙编》，释文第 191 页。

按：此简记录了官府对被羌人所杀的官吏乃至奴隶赐葬钱的情况，官吏赐葬钱 3 万至 5 万，奴隶赐 2000 钱。葬钱中应包含了棺钱，以最低等的奴隶来说，2000 钱包含了所有的安葬费用，则奴隶所用之棺，价格一定在 2000 钱以下。

（5）《汉书 · 成帝纪》：

〔汉成帝河平四年〕遣光禄大夫博士嘉等十一人行举濒河之郡水所毁伤困乏不能自存者，财振贷。其为水所流压死，不能自葬，令郡国给椑椟葬埋。(《师古注》：“椑椟谓小棺”) 已葬者与钱，人二千。

按：此条记西汉成帝赐遭水灾而死者槥椟，并予以埋葬。对已经埋葬的死者，每人赐葬钱2000，如此，则棺价也应在2000钱以下。

（6）《汉书·哀帝纪》：

〔哀帝绥和二年〕诏曰："……间者日月亡光，五星失行，郡国比比地动。乃者河南、颍川郡水出，流杀人民，败坏庐舍。……已遣光禄大夫循行举籍，赐死者棺钱，人三千。"

按：此条明确载"赐死者棺钱，人三千"。说明西汉哀帝时，棺价上涨了不少。

（7）《后汉书·光武帝纪》：

〔光武帝建武二十二年〕九月戊辰，地震裂。制诏曰："日者地震，南阳尤甚。……其令南阳勿输今年田租刍稾。遣谒者案行……赐郡中居人压死者棺钱，人三千。"

按：建武二十二年为公元46年。其年，光武帝赐南阳郡被地震压死者棺钱，一人3000钱。

（8）《后汉书·桓帝纪》：

〔桓帝建和三年〕十一月甲申，诏曰："朕摄政失中，灾眚连仍，三光不明，阴阳错序。监寐寤叹，疢如疾首。今京师厮舍，死者相枕，郡县阡陌，处处有之，甚违周文掩胔之义。其有家属而贫无以葬者，给直，人三千，丧主布三匹……"

按：东汉桓帝建和三年为公元149年。其年，桓帝赐家贫无钱安葬死者葬钱，每人3000钱。

（五十一）铁价

敦煌汉简773：

糴铁千三石　府卿□□

《敦煌汉简》，释文第249页。

按：此简记载糴铁1300石，但很可惜没有明载铁的总价或单价，使我们无法了解当时铁价的实际。

（五十二）锥价

《说苑·杂言》：

干将镆铘拂钟不铮，扬刃离金斩羽契铁斧，此至利也，然以之补履，曾不如两钱之锥。

（西汉）刘向撰，向宗鲁校证：《说苑校证》，中华书局1987年版，第417页。

按：此条记锥价为一锥值2钱。

（五十三）鞭价

悬泉置汉简《元致子方书》：

……●郭营尉所寄钱二百买鞭者，愿得其善鸣者，愿留意。……（Ⅱ0114③：611）

胡平生、张德芳：《敦煌悬泉汉简释粹》，上海古籍出版社2001年版，第187页。

按：胡平生、张德芳释本简文意为：郭营尉所交付的二百钱想买一条鞭子，希望买抽起来抽得响的鞭子。如此，则本简所记，一条鞭子值200钱[①]。但本简未明言所买鞭为一条，也存在买多条鞭子的可

① 胡平生、张德芳：《敦煌悬泉汉简释粹》，上海古籍出版社2001年版，第191页注[22]。

能性。

（五十四）铁斗价

居延新简 EPT59・7：

临之隧卒魏郡内黄宜民里尹宗责故临之隧长薛忘得铁斗一直九十……

《居延新简——甲渠候官》，释文第 156 页。

按：铁斗一个值 90 钱。

（五十五）其他

（1）居延汉简 237・27：

买箸五十只

《居延汉简甲乙编》，释文第 166 页。

按："箸"即筷子，本简记买箸 50 只，但未记总价或单价。

（2）里耶秦简 8—1549：

钱十七　卅四年八月癸巳朔丙申仓□佐郤出买白翰羽九□长□□
□┘ □出□十七分□□阳里小女子胡伤
□　令佐敬监□□□□　□手

《里耶秦简（壹）》，释文第 76 页。

按：白翰羽不知为何物，但里耶秦简 8—2501 号简载："☐敬入徒所捕白翰羽千☐"①，从简文中"徒所捕"语句来看，似是鸟类之羽毛。

---

① 湖南省文物考古研究所编著：《里耶秦简（壹）》，文物出版社 2012 年版，释文第 109 页。

（3）肩水金关汉简 73EJT26：62：

虜一枚　直百　孟君卿取

《肩水金关汉简（叁）》下册，第 52 页。

按：虜一枚值 100 钱，但不知作何用途。

（4）居延新简 EPT59・7：

……缇绩一直廿五……

《居延新简——甲渠候官》，释文第 156 页。

按：缇绩应是纺织品，但不知具体用途为何。

（5）居延新简 EPT50・140A：

把黄五石二六十五……

《居延新简——甲渠候官》，释文第 69 页。

按：把黄不知是何物品，但一石值 65 钱。

六　六畜价格

（一）马价

（1）《史记·平准书》载：

汉兴，接秦之弊……齐民无藏盖。于是为秦钱重难用，更令民铸钱，一黄金一斤，约法省禁。而不轨逐利之民，蓄积余业以稽市物，物踊腾粜，米至石万钱，马一匹则百金。

按：汉初贫敝，马一匹值百金。

（2）《汉书·食货志》：

汉兴，令民铸荚钱，米石万钱，马一匹则百金。

按：此条所记马一匹值百金，与上一条《史记·平准书》所载为同一事。

（3）《管子·揆度》：

金之平贾万，马之平贾万也。

《管子轻重篇新诠》，第461页。

按：宋杰先生认为《管子·揆度篇》所说的“马之平价万也”应是

内地马匹的一般价格[1]。由于学术界有关《管子》成书的年代存在较大争议，因而对“马之平贾万”是否就是汉代的马价，存有不同的意见。

（4）《九章算术·方程章》：

> 今有二马、一牛价过一万，如半马之价。一马、二牛价不满一万，如半牛之价。问牛、马价各几何。答曰：马价五千四百五十四钱一十一分钱之六，牛价一千八百一十八钱一十一分钱之二。

按：此记马价为1匹5454钱。陈直先生认为，该记载虽为假设算题，必与实际情况相距不能太远，故该书记载的马价5454钱应是汉代内郡马匹的常价，而边地居延的马价在5000至10000钱之间[2]。

（5）《九章算术》卷一《乘分》：

> 有问者曰：马二十匹直金十二斤，今卖马二十匹，三十五人分之，得几何？答曰：得三十五分斤之十二……

按：20匹马值金12斤，则一匹马值金9.6两。按金一斤值万钱计算，则马一匹值6000钱。

（6）《汉书·外戚传上·孝昭上官皇后传》：

> （上官）桀妻父所幸充国为太医监，阑入殿中，下狱当死。冬月且尽，盖主为充国入马二十匹赎罪，乃得减死论。

按：这条材料记载，汉昭帝时期，鄂邑盖长公主以20匹马为太医监充国赎死罪。昭帝时期赎死的价格缺载，但《汉书·淮南王安传》云武帝元朔五年（公元前124年）“赎死金二斤八两”[3]；《汉书·武帝纪》云天汉四年（公元前97年）“秋九月，令死罪入赎钱五十万减死一等”[4]；

---

① 宋杰：《〈九章算术〉与汉代社会经济》，第77页。

② 陈直：《汉代的米谷价及内郡边郡物价情况》，载《两汉经济史料论丛》，第284—285页。

③ 中华书局标点本：《汉书》，第2152页。

④ 同上书，第205页。

太始二年（公元前 95 年）“九月，募死罪入赎钱五十万减死一等”①；《汉书·景武昭宣元成功臣表》载太始三年（公元前 94 年），新畤侯赵弟“坐为太常鞫狱不实，入钱百万赎死，而完为城旦。”② 可见武帝时期，赎死的价钱在逐渐上升。如果以 50 万钱计算，则鄂邑盖长公主的一匹马价值 2.5 万钱，若以 100 万钱计，则一匹马价值 5 万钱。

(7)《汉书·武帝纪》：

〔元狩五年（公元前 118 年）〕天下马少，平牡马匹二十万。

按：牡马一匹价值 20 万钱，这是因马少而抬高牡马价格的缘故。

(8)《汉书·景武昭宣元成功臣表》：

〔太始四年（公元前 93 年），梁期侯任当千〕坐卖马一匹贾钱十五万，过平，臧五百以上，免。

按：马一匹值 15 万钱，高于马的平价。

(9)《汉书·贡禹传》：

〔贡禹上书曰〕：臣禹年老贫穷，家訾不满万钱……有田百三十亩，陛下过意征臣，臣卖田百亩以供车马……

按：贡禹在元帝即位之初被征为谏大夫，因备办车马，卖田百亩。西汉的地价通常在 1 亩 2000 钱左右，3000 钱 1 亩者为土地肥沃之地。以此计算贡禹所卖 100 亩田的价值在 20 万钱左右。据马先醒先生考证，汉代人们乘坐的轺车，有一马所驾，也有二马、三马所驾③。又，据居延出土的礼忠家訾简（37·35）记载，一辆轺车值 5000 钱，一匹驾车的用马值 4000 钱，可见一匹马的价格相当于一辆轺车的五分之四。贡禹被征为二千石之官，其所乘轺车当不会为一马所驾。如果按二马一车计，则贡禹所

① 中华书局标点本：《汉书》，第 206 页。

② 同上书，第 661 页。

③ 马先醒：《汉代轺车马数与其价格》，载（台北）《简牍学报》1974 年第 1 期。

买马的价格当在一匹6万左右。

（10）悬泉置汉简Ⅰ0205②：8：

●传马死二匹，负一匹，直（值）万五千，长、丞、掾、啬夫负二，佐负一。

《敦煌悬泉汉简释粹》，第18页。

按：此简所记为法律规定，内容为对传、置的官员因过错致使传马死亡的，要承担赔偿责任，死传马二匹，赔偿一匹，折价15000钱，由长、丞、掾、啬夫各赔偿二成，佐赔偿一成。这里明确规定官府的传马1匹值15000钱。

（11）悬泉汉简0116②：69：

效谷移建昭二年十月传马薄（簿），出县（悬）泉马五匹，病死，卖骨肉，直钱二千七百卌，校钱薄（簿）不入，解……

《敦煌悬泉汉简释粹》，第85页。

按：汉元帝建昭二年为公元前37年，该年十月，一匹死马骨肉值548钱。

（12）悬泉置汉简Ⅰ0111②：2：

传马一匹，駹䮫，乘，左剽，齿九岁，高五尺六寸，名曰蒙华。建昭二年十二月丙申病死，卖骨肉，受钱二百一十。

《敦煌悬泉汉简释粹》，第84—85页。

按：与上简所记相比，建昭二年十二月的死马骨肉价格大跌，一匹死马骨肉仅卖得210钱，不到该年十月死马骨肉价的40%。

（13）居延汉简229·1、229·2：

☑书曰大昌里男子张宗责居延甲渠收虏燧长赵宣马钱凡四千九百二十将告宣诣官□以□财物故不实臧二百五十以上□已□□□□□□辟

☐赵氏故为收虏燧长属士吏张禹宣与禹同治乃永始二年正月中禹病禹弟宗自将驿牝胡马一匹来视禹〓死其月不害日宗见塞外有野橐佗□□□□

☐宗马出塞逐橐佗行可卅余里得橐佗一匹还未到燧宗马萃僵死宣以死马更所得橐佗归宗〓不肯受宣谓宗曰强使宣行马幸萃死不以偿宗马也

☐□共平宗马值七千令宣偿宗宣立以□钱千六百付宗其三年四月中宗使肩水府功曹受子渊责宣子渊从故甲渠候杨君取直三年二月尽六

《居延汉简甲乙编》，释文第158页。

按：谢桂华、李均明、朱国炤：《居延汉简释文合校》释"告"为"召"，释"其月不害日"为"其月不审日"[①]。永始二年、三年为公元前15年、公元前14年，时居延地区一匹驿置使用的牝胡马平价为7000钱。

（14）悬泉置汉简Ⅰ90DXT01141：45：

入死马钱二百卅。得王里吴忠百五十，定汉里王意七十。建平五年七月甲辰，啬夫阳受使校师政。十月六日课校

引自甘肃省文物考古研究所编：《简牍学研究》第四辑，第58页。

按：建平五年当为公元前2年。这里只记入死马钱230，应当就是一匹死马的价格。

（15）悬泉置汉简Ⅱ0114③：468：

……騩，乘，齿十八岁，送渠犁军司马令史勋，承明到遮要，病柳张，立死，卖骨肉临乐里孙安所，贾（价）千四百，时啬夫忠服治爰书，误脱千，以为四百。谒它爰书，敢言之。（A）

《敦煌悬泉汉简释粹》，第112页。

按：一匹死马骨肉卖得1400钱。

---

① 谢桂华、李均明、朱国炤：《居延汉简释文合校》上册，文物出版社1987年版，第371页。

（16）居延汉简35·4：

第廿三候长赵備责居延阳里骑士常池马钱九千五百移居延收责重●一事一封十一月壬申令史同奏封

《居延汉简甲乙编》，释文第22页。

按：谢桂华、李均明、朱国炤：《居延汉简释文合校》释“赵備”为“赵傰”，释“阳里”为“骑士”[①]。又，李振宏、孙英民认为赵傰任第廿三候长在永始四年，即公元前13年以后[②]。此简文记马钱9500，这是否就是1匹马的价钱，笔者认为尚不能肯定。

（17）居延汉简37·35：

……用马五匹直二万……

《居延汉简甲乙编》，释文第25页。

按：1匹用马值4000钱。

（18）居延汉简143·19：

甲渠候长李长赣马钱　五千五百

《居延汉简甲乙编》，释文第101页。

按：此简也只是记马钱5500，但究竟是否就是一匹马的价钱，简文并不明确。

（19）居延汉简206·10：

☑马钱五千三百已入千二百付燧卒丽定少四千一百

《居延汉简甲乙编》，释文第136页。

① 谢桂华、李均明、朱国炤：《居延汉简释文合校》上册，文物出版社1987年版，第55页。

② 李振宏、孙英民：《居延汉简人名编年》，第228、234页。

按：本简也是记马钱5300，是否是一匹马所值，也不能肯定。

（20）敦煌汉简2011：

言律曰畜产相贼杀　参分偿和令少仲出钱　三千及死马骨肉付循请平

《敦煌汉简》，第298页。

按：罗振玉、王国维《流沙坠简》云："钱三千者，马价三分之一，则一马直九千。"① 按记，一匹马的价格为9000钱。

（21）肩水金关汉简73EJT26：30：

孝武皇帝兄弟子有属籍在郡国者赐马各一匹驷资马钱十四万

《肩水金关汉简（叁）》下册，第50页。

按：此为诏书的一部分，明确赏赐散在郡国的汉武帝兄弟的儿子马一匹，驷资马钱14万钱。既已说明赐马各一匹，那么这14万驷资就不是用来购买马，而是用来买车或其他车马用品。

（22）居延新简EPT17·36A：

马泉三百五十枚愿☑

《居延新简——甲渠候官》，释文第28页。

按：本简"钱"记作"泉"，当是王莽时期的马价记录②。简文云马泉350枚，也不能确定是否就是销售一匹马所得的泉。

（23）居延新简EPT40·11A：

马泉五千九百　出泉千付令史良　出泉千付故武贤隧长杜买

出泉千付殄北燧长郓诩　出泉千付□史徐严奉

---

① 罗振玉、王国维编著：《流沙坠简》，北京，中华书局1993年版，第124页。

② 参见饶宗颐、李均明《新莽简辑证》，载《饶宗颐二十世纪学术文集》第五册·简帛学，第730页。又见饶宗颐主编，李均明著《居延汉简编年——居延编》，第170页。

《居延新简——甲渠候官》，释文第35页。

按：本简也属王莽时期[①]，所记马泉5900，究竟是否为一匹马的价值，则无法断定。

（24）居延新简EPT40·37A：

> 尉史郑丰入马泉四千少千五百　出三千五☑
> 虏卒张□☑

《居延新简——甲渠候官》，释文第36页。

按：此简也为王莽时期的记录[②]，所记马泉5500，因不记马的具体数量，故也难以断定此为一匹马之价格。

（25）居延新简EPT53·232：

> □马钱五千算

《居延新简——甲渠候官》，释文第129页。

按：此简所载马钱以“算”计，非常少见。一算通常指120钱，则5000算总计60万钱，当不是一匹马之价钱。

（26）《后汉书·循吏传序》：

> 〔东汉光武帝〕建武十三年，异国有献名马者，日行千里，又进宝剑，价兼百金，诏以马驾鼓车，剑赐骑士。

按：外国所献名马值百金，按一金值一万钱计，则值100万钱。

（27）《后汉书·杜林传》注引《东观记》：

> （杜）林与马援同乡里，素相亲厚。援从南方还，时林马适死，援令子持马一匹遗林，曰“朋友有车马之馈，可且以备乏”。林受

① 饶宗颐、李均明：《新莽简辑证》，载《饶宗颐二十世纪学术文集》第五册·简帛学，第731页。又见饶宗颐主编，李均明著《居延汉简编年——居延编》，第171页。

② 同上书，第172页。

之。居数月，林遣子奉书曰："将军内施九族，外有宾客，望恩者多。林父子两人食列卿禄，常有盈，今送钱五万。"援受之，谓子曰："人当以此为法，是杜伯山所以胜我也。"

按：马援从南方还，是指马援征交趾，斩征侧，平定岭南后回到洛阳，时为建武二十年（44 年）秋。马援回到洛阳时，恰逢同乡好友杜林的马死去，于是马援让儿子给杜林送去一匹马。几个月后，杜林让儿子给马援送去 5 万钱。不能说这 5 万钱就是当时确切的马价，因为其中包含了人情因素，但总不会离实际马价太远。

（28）《太平御览》引《长沙耆旧传》虞芝曰：

年往志尽，譬如八百钱马，死生同价。

按：老马或死马一匹价值 800 钱。

（29）《风俗通义·佚文》：

马一匹，俗说马比君子，与人相匹。……或说马死卖得一匹帛。

吴树平：《风俗通义校释》，第 411 页。

按：一匹死马 800 钱，相当于汉简所记死马的中等价格；一匹死马值一匹帛，以汉简所载一匹帛值 300—1000 钱计，也与上列死马价格相当。

（30）《华阳国志》卷十《汉中士女》：

张寿，字伯禧，涪人也。少给县丞杨放为佐，放为梁贼所得，寿求之，积六年，始知其生存；乃卖家盐井，得三十万，市马五匹，往赎放。

任乃强校注：《华阳国志校补图注》，上海古籍出版社 1987 年版，第 612—613 页。

按：一匹马值 6 万钱。又，任乃强先生说，所谓"梁贼"虏张寿所事之涪县县臣杨放之事，"盖指安帝时陇西割据之羌进寇益州者，掳涪县臣杨放去，用而不杀，故'积六年'犹得生存。时羌酋滇零称天子，传两世，阅十余年乃平”[①]。

(31)《后汉书》卷八十七《西羌传》：

〔虞诩对任尚曰〕为使君计，莫如罢诸郡兵，各令出钱数千，二十人共市一马，如此，可舍甲胄，驰轻兵，以万骑之众，逐数千之虏，追尾掩截，尾犹寻也，其道自穷。

按：一人出钱数千，20 人所出之钱买一匹马，则一匹马价值当在数万至十余万钱之间。

(32)《后汉纪》：

安帝元初二年，虞诩曰：“莫如罢诸郡兵，令二十人共市一马，民出数千钱，得免甲胄，去行伍，以万骑之众，逐数千之虏。”

按：此条所记与上一条《后汉书·西羌传》所载内容相同，为同一件事，马价也为数万至十余万钱之间。

(33)《太平御览》卷八百一十四引《班固与弟超书》：

今赍素三百匹，欲以市月支马。

按：以素 300 匹，买月支马，但未记马的数量，故无法知晓月支马的单价。

(34)《后汉书·灵帝纪》：

〔光和四年（181 年）正月〕初置騄骥厩丞，领受郡国调马。豪右辜榷，马一匹至二百万。

按：这是特殊状态下之马价，一匹值 200 万钱。

关于汉代马价，学术界存在不小的分歧。有认为《九章算术》所载

① 任乃强校注：《华阳国志校补图注》，上海古籍出版社 1987 年版，第 615 页注⑥。

5454 钱是汉代内郡马匹的常价，边地居延的马价在 5000—10000 钱之间[①]；但也有认为《九章算术》所记 5454 钱为一匹的马价，只相当于边郡较低的马匹价格，恐怕不能作为内地通常马价的代表[②]；有认为汉武帝前期的马价大约为一匹 6000 钱，但从整个汉代来说，马价前后变化很大[③]；有意见认为汉代一般较好的耕马、车马的匹价，当在 1 万钱上下；至于战马的价格，则一匹可能值 10 万[④]。也有意见认为边郡马价每匹在 4000—9000 钱，而内地的马价在灾荒战乱时涨至数万以致数十万钱一匹[⑤]。

（二）牛价

（1）《九章算术·方程章》：

今有二马一牛，价过一万，如半马之价；一马二牛，价不满一万，如半牛之价。问牛、马价各几何？答曰：马价五千四百五十四钱一十一分钱之六，牛价一千八百一十八钱一十一分钱之二。

今有卖牛二、羊五，以买十三豕，有余钱一千；卖牛三、豕三，以买九羊，钱适足。卖羊六、豕八，以买五牛，钱不足六百。问牛、羊、豕价各几何？答曰：牛价一千二百、羊价五百、豕价三百。

今有牛五、羊二，直金十两；牛二，羊五，直金八两。问牛、羊各直金几何？答曰：牛一，直金一两二十一分两之一十三；羊一，直金二十一分两之二十。

按：这里记载了牛价的 3 种价格：牛一头分别值 1818.18 钱、1200 钱、1.619 两金。

---

① 陈直：《汉代的米谷价及内郡边郡物价情况》，载《两汉经济史料论丛》，第 284—285 页。

② 宋杰：《〈九章算术〉与汉代社会经济》，第 77 页。

③ 陈连庆：《〈史记·货殖列传〉所记的西汉物价》。

④ 徐扬杰：《汉简中所见物价考释》。

⑤ 林甘泉主编：《中国经济通史·秦汉经济卷》上册，第 572 页。

（2）《九章算术·盈不足章》：

今有共买牛，七家共出一百九十，不足三百三十；九家共出二百七十，盈三十。问家数、牛价各几何？答曰：一百二十六家，牛价三千七百五十。

按：这里记载的牛价为牛一头值3750钱。

（3）敦煌汉简559：

牛万八千

…………　　　　　☑

《敦煌汉简》，释文第240页。

按：本简所记“牛万八千”，不知说的是牛的价钱为18000钱，还是牛的数量为18000头。因为简文缺失而无法知晓。如果记录的是牛的价格，那么本简所记的牛价为河西地区牛的最高价格。

（4）居延新简EPT53·73：

甲渠候长殷买许子方桶□买肩水尉丞程卿牛

一直钱三千五百已入五百少三千烦愿□□

《居延新简——甲渠候官》，释文第124页。

按：本简记甲渠候长殷买许子方桶，又记“□买肩水尉丞程卿牛一”，值钱3500。简文中第一个“□”无法辨识，如果这个“□”是“又”，则简文后段的3500钱，便是“桶”和“牛”的总价；如果这个“□”是另外一个人的名字，则3500钱就是一头牛的价钱。如果只是一头牛的价格，则与其他简牍记载的河西牛价相差不大。

（5）居延汉简24·1B：

……用牛二直五千……

《居延汉简甲乙编》，释文第14页。

按：1头用牛值2500钱。

（6）居延汉简37·35：

……服牛二六千……

《居延汉简甲乙编》，释文第25页。

按：1头服牛值3000钱。

（7）居延新简EPT59·254：

☒ 不输死牛泉千八百☒

《居延新简——甲渠候官》，释文第164页。

按：本简"钱"写作"泉"，反映的当是王莽时代的价格[①]，简文记载死牛泉1800，但不明究竟是否为一头死牛的价格。

（8）居延新简EPF22·4—5：

商即出牛一头黄特齿八岁平贾直六十石……育出牛一头黑特齿五岁平贾直六十石……

《居延新简——甲渠候官》，释文第209—210页。

按：建武三年一头牛值60石谷。

（9）居延新简EPT51·321：

□□为买牛革一贾钱三百其☒

《居延新简——甲渠候官》，释文第84页。

按：一牛革值300钱。

（10）肩水金关汉简73EJT27：15A+16A：

□□□□□□□□□□□□□ □□□□□□□□□□□□

① 参见饶宗颐主编，李均明著《居延汉简编年——居延编》，第184页。

●十二月中□牛一黑字齿二赵秋取直钱千二百　□赵秋见之水中□时□见赵秋朱子只见之水中死

又妇以五月作尽十一月廿二日　●直钱三千

《肩水金关汉简（叁）》下册，第70页。

按：此简记2岁牛一头值钱1200。

（11）肩水金关汉简73EJT35∶6：

牛直四千将前负仓官钱今皆折冯奉□贫急毋它财物愿请

《肩水金关汉简（肆）》下册，第12页。

按：本简记牛值4000钱，当为1头牛的价格。

（三）驴价

《后汉书·五行志一》：

灵帝于宫中西园驾四白驴，躬自操辔，驱驰周旋，以为大乐。于是公卿贵戚转相放效，至乘辎軿以为骑从，互相侵夺，贾与马齐。

按：东汉灵帝喜欢驾四白驴驱车为乐，导致公卿效仿，驴价大涨，与马价持平。

（四）羊价

（1）《九章算术·方程》：

今有牛五、羊二，直金十两。牛二、羊五，直金八两。问牛、羊各直金几何。答曰：牛一，直金一两二十一分两之十三，羊一，直金二十一分两之二十。

按：这里记载的羊价是，一只羊约值0.95238两金。若按黄金一斤值

10000 钱计算，则一只羊值 595 钱。

(2)《九章算术·方程》：

今有卖牛二、羊五，以买十三豕，有余钱一千。卖牛三，豕三，以买九羊，钱适足。卖羊六、豕八，以买五牛，钱不足六百。问牛、羊、豕价各几何。答曰：牛价一千二百，羊价五百，豕价三百。

按：这里记载的羊价为一只羊值 500 钱。

(3)《九章算术·盈不足》：

今有共买羊，人出五，不足四十五；人出七，不足三。问人数、羊价各几何。答曰：二十一人，羊价一百五十。

按：这里记载的羊价是一只羊值 150 钱。

(4)《九章算术·方程》：

今有五羊、四犬、三鸡、二兔，直钱一千四百九十六；四羊、二犬、六鸡、三兔，直钱一千一百七十五；三羊、一犬、七鸡、五兔，直钱九百五十八；二羊、三犬、五鸡、一兔，直钱八百六十一。问羊、犬、鸡、兔价各几何。答曰：羊价一百七十七，犬价一百二十一，鸡价二十三，兔价二十九。

按：这里记载的羊价是一只羊值 177 钱。

(5) 敦煌汉简 788：

私从者广陵嘉平里丘丑羊二头＝二百九十案害从臧五百以上真臧以具主

《敦煌汉简》，释文第 249 页。

按：本简所记一只羊值 290 钱。

（6）居延新简 EPT51・223：

受甲渠君钱千　出二百五十买羊一……

《居延新简——甲渠候官》，释文第 81 页。

按：本简记一只羊值 250 钱。

（7）居延新简 EPT59・548A、B：

元寿二年十二月庚寅朔戊申张掖居延都尉博库守丞贤兼行丞事谓甲渠鄣候言候长杨褒私使卒并积一日卖羊部吏故贵卌五不日迹一日以上燧长张谭毋状请斥免府书案褒私使卒并积一日燧长张

《居延新简——甲渠候官》，释文第 173 页。

按：本简云卖羊故贵 45 钱，但不知羊究竟是以何种价格卖出的。又，汉哀帝元寿二年是公元前 1 年。

（8）肩水金关汉简 73EJT21：5：

羊二　直五百

《肩水金关汉简（贰）》下册，第 10 页。

按：本简所记一只羊值 250 钱。

（9）居延汉简 413・6A：

出羊一头大母子种从君巨买贾泉九百
出羊一头大母子种从君巨买贾泉九百桼十五
出羊一头大母勒君兄买贾泉千
出羊一头大母君巨去时定巨相用魄伯通合子种买贾泉千

《居延汉简甲乙编》，释文第 237 页。

按：本简记载的羊价分别为一只羊值 900 泉、975 泉、1000 泉。又，谢桂华、李均明、朱国炤：《居延汉简释文合校》释此简中的“子种”为

“子程”、释“定”为“与”、释“餽”为“紦”、释“合”为“今”[①]。另外，简文中“钱”写作“泉”，属于王莽时期的记录[②]。

(10)《太平御览》卷九〇二引《搜神记》云：

南阳宗定伯少年夜行，忽逢一鬼，鬼问为谁，定伯乃欺之曰：“我亦鬼也。”遂相与为侣向远行，极困相檐，问鬼曰：“鬼何所畏？”曰：“唯不喜人唾。”欲至宛，便檐鬼着顶上，径诣宛市，化为羊，恐其变，亟唾之，卖之得钱千五百。买者系之，明视之，但绳在，时人名宗定伯卖鬼得钱千五百。

按：《太平御览》引《搜神记》的这段话虽不免荒唐，但一头羊卖1500钱或许是当时社会经济生活的反映。另，《搜神记》这段话反映的当是东汉时代的情况。

(五) 豖 (豚) 价

(1)《盐铁论·散不足篇》：

〔昭帝始元六年〕贤良曰：“……今闾巷悬陌，阡陌屠沽，无故烹杀，相聚野外。负粟而往，挈肉而归。夫一豕之肉，得中年之收，十五斗粟，当丁男半月之食。”

王利器校注：《盐铁论校注（定本）》上册，中华书局1992年版，第351页。

按：一豕之肉值15斗粟。又，王仲荦云：“中年粟斗十钱，十五斗粟，一百五十钱也。”[③]

(2)《九章算术·盈不足章》：

今有共买豕，人出一百，盈一百；人出九十，适足。问人数、豕

① 谢桂华、李均明、朱国炤：《居延汉简释文合校》下册，第556页。

② 参见饶宗颐主编，李均明著《居延汉简编年——居延编》，第204页。

③ 王仲荦遗著：《金泥玉屑丛考》，中华书局1998年版，第31页。

价各几何。答曰：一十人，豕价九百。

按：此题所记豕价为一头900钱。

(3)《九章算术·方程》：

今有卖牛二、羊五，以买十三豕，有余钱一千。卖牛三，豕三，以买九羊，钱适足。卖羊六、豕八，以买五牛，钱不足六百。问牛、羊、豕价各几何。答曰：牛价一千二百，羊价五百，豕价三百。

按：此题所记豕价为一头300钱。

(4) 肩水金关汉简73EJT23：294A：

……脯一束直十　豚一直六十　……

《肩水金关汉简（贰）》下册，第78页。

按：此简所记豚价为一只豚值60钱。

（六）犬（狗）价

(1)《九章算术·方程》：

今有五羊、四犬、三鸡、二兔，直钱一千四百九十六；四羊、二犬、六鸡、三兔，直钱一千一百七十五；三羊、一犬、七鸡、五兔，直钱九百五十八；二羊、三犬、五鸡、一兔，直钱八百六十一。问羊、犬、鸡、兔价各几何。答曰：羊价一百七十七，犬价一百二十一，鸡价二十三，兔价二十九。

按：此题所记犬价为一只犬值121钱。

(2)《九章算术·盈不足》：

今有共买犬，人出五，不足九十；人出五十，适足。问人数、犬价各几何？答曰：二人，犬价一百。

按：此题所记犬价为一只犬值100钱。

（3）《西京杂记》卷四：

杨万年有猛犬，名青骏，买之百金。

周天游校注：《西京杂记》，第202页。

按：猛犬一条值百金。

（4）敦煌汉简1847：

从□一狗直石五斗……

《敦煌汉简》，释文第291页。

按：一条狗值1.5石谷。又，林梅村、李均明释此简为："☐□□一狗直石五斗。"①

（5）居延汉简163·6：

狗一直贾五百褒今年十月廿八日过府君狗书。

《居延汉简甲乙编》，释文第113页。

按：本简所记，一条狗值500钱。

（6）居延汉简214·113：

☐燧长胡钱六百——

☐年四月己亥士吏彊付督燧长贵

《居延汉简甲乙编》，释文第146页。

按：朱楠《汉简中之河西物价资料》释此简为：

① 林梅村、李均明：《疏勒河流域出土汉简》，文物出版社1984年版，第51页，第310号简。

○长胡狗六百

□□胡旦从士吏疆付赞燧长贵①

这两种释文不知何者为是，如果按劳干、朱楠先生所释，则一条胡狗值600钱。

(7)《三国志·吴志·孙皓传》裴注引《江表传》：

……又使诸将各上好犬，皆千里远求，一犬至直数千匹。御犬率具缨，直钱一万。一犬一兵，养以捕兔供厨。

按：孙皓好名犬，不惜千里远求，以致犬价高企，一条竟值绢数千匹。

（七）鹿价

《管子·轻重戊》：

桓公即为百里之城，使人之楚买生鹿，楚生鹿当一而八万……楚人即释其耕农而田鹿。

《管子轻重篇新诠》下册，第709—710页。

按：鹿一头值8万钱，这是管子为发动价格战，故意抬高鹿价的结果，非鹿之常价。

（八）狸价

《说苑·杂言》：

骐骥騄駬，倚衡负轭而趋，一日千里，此至疾也，然使捕鼠，曾不如百钱之狸。

① 载《简牍学报》（台北）1977年第五期。

《说苑校证》，第 417 页。

按：狸一头值 100 钱。

（九）兔价

《九章算术·方程》：

今有五羊、四犬、三鸡、二兔，直钱一千四百九十六；四羊、二犬、六鸡、三兔，直钱一千一百七十五；三羊、一犬、七鸡、五兔，直钱九百五十八；二羊、三犬、五鸡、一兔，直钱八百六十一。问羊、犬、鸡、兔价各几何。答曰：羊价一百七十七，犬价一百二十一，鸡价二十三，兔价二十九。

按：本题所记兔价为一只兔值 29 钱。

（十）鸡价

（1）《九章算术·方程》：

今有五羊、四犬、三鸡、二兔，直钱一千四百九十六；四羊、二犬、六鸡、三兔，直钱一千一百七十五；三羊、一犬、七鸡、五兔，直钱九百五十八；二羊、三犬、五鸡、一兔，直钱八百六十一。问羊、犬、鸡、兔价各几何。答曰：羊价一百七十七，犬价一百二十一，鸡价二十三，兔价二十九。

按：此题所记，一只鸡直 23 钱。

（2）《九章算术·盈不足》：

今有共买鸡，人出九，盈十一；人出六，不足十六。问人数、鸡价各几何。答曰：人数九人，鸡价七十。

按：此题所记，一只鸡值 70 钱。

（3）《悬泉置汉简·元康四年鸡出入簿》Ⅰ01123：125：

……

十月尽十二月丁卯，所置自买鸡三隻（雙），值钱二百卌，率隻（雙）八十，唯廷给。

……

《敦煌悬泉汉简释粹》，第 78 页。

按：胡平生、张德芳先生认为，"简文'隻'，应是'雙'字之省"。[①] 若此，则本简所记，一只鸡值 40 钱；王子今先生认为，悬泉汉简中，出现过鸡"隻"、鸡"枚"共见于一枚简的情形，说明二者绝不相同，鸡一枚相当于半只，如此则"隻"不宜理解为"雙"[②]。如按王说，则本简所记鸡价为一只 80 钱。又，元康四年是公元前 62 年。

（4）《悬泉置汉简·元康四年鸡出入簿》Ⅰ01123：129：

……

最凡鸡卌四隻（双）。正月尽十二月丁卯所受县鸡廿八隻（雙）一枚，正月尽十二月丁卯，置自买鸡十五隻（雙）一枚，直钱千二百一十五，唯廷给。

……

《敦煌悬泉汉简释粹》，第 78 页。

按：此简所记与上一简相同，按胡平生、张德芳说，则一只鸡平均值 39.19 钱，若按王子今说，则一只鸡值 78.38 钱。

（5）居延新简 EPT51·223：

受甲渠君钱千……出百八十买鸡五只……

① 胡平生、张德芳：《敦煌悬泉汉简释粹》，上海古籍出版社 2001 年版，第 79 页。

② 王子今：《敦煌悬泉置遗址出土〈鸡出入簿〉小议——兼说汉代量词"只""枚"的用法》，载《考古》2003 年第 12 期。

《居延新简——甲渠候官》，释文第81页。

按：本简所记一只鸡值36钱。

（6）肩水金关汉简73EJT8：29：

博直六十　盐直
箕直廿　　瓮直廿☐
鸡直七十　凡二百

《肩水金关汉简（壹）》下册，第94页。

按：本简记“鸡直七十”，与一只鸡之价相差不远，但尚不能断定此简所记为一只鸡之价格。

（7）肩水金关汉简73EJT10：69：

出粟小石二石　为御史张卿置豚二鸡一隻南北食

《肩水金关汉简（壹）》下册，第133页。

按：此简所记，出粟小石2石，置办两只豚、一只鸡，但不知豚、鸡的具体价格。

（8）肩水金关汉简73EJT10：70：

出粟小石三石　为廷史田卿买豚二鸡一隻南北食

《肩水金关汉简（壹）》下册，第133页。

按：本简与上简一样，是以粟买豚、鸡的记录。简中笼统记载出粟小石三石，买得豚二头、鸡一只，但未记豚、鸡各自的价格。

（9）居延新简EPT51·402：

朱君长偿鸡钱廿　王聚卿廿
侯卿廿
☐卿廿

《居延新简——甲渠候官》，释文第87页。

按：本简只云朱君长偿还鸡钱20，但不知这是否是一只鸡的价钱。

（十一）小畜价

（1）《云梦秦简·法律答问》：

小畜生入室，室人以投（殳）梃杀之，所杀直（值）二百五十钱，可（何）论？当赀二甲。

《云梦睡虎地秦墓竹简》，释文第115页。

按：此记小畜生当是猪、羊、狗之类，价值可值250钱。

（2）额济纳汉简99ES17SH1：11A：

☐□□隧长王立　十月奉钱九百　出五十五卑，出六十六□十月小畜钱……

《额济纳汉简》，第118页。

按：此简载“出六十六□十月小畜钱”，似是记载十月买小畜花费了66钱。又，居延汉简254·1载：“入钱六千一百五十，其二千四百受候长，九百部吏社钱，二千八百五十受吏三月小畜计。”[①] 于豪亮先生对陈邦怀先生将此简中的“小畜”解释为鸡、狗提出不同意见，他认为：这枚简中的“小畜计”是“二千四百”“九百”“二千八百五十”三项的总和。因此，“畜”读为“蓄”，“‘小畜计’不过是小统计而已，与鸡狗之类毫无关系”[②]。

① 《居延汉简甲乙编》释文第180页。

② 于豪亮：《于豪亮学术文存》，中华书局1985年版，第205页。

七 饮食价格

（一）肉价

（1）里耶秦简⑭649、679：

卅二年三月丁丑朔丙申，仓是佐狗出祠［先］农余彻豚肉一斗半斗卖于城旦赫所取钱四。令史尚视平，狗手。

《里耶发掘报告》，第195页。

按：此简所记秦始皇三十二年（公元前215年）祭肉1.5斗值4钱。

（2）敦煌汉简1701：

广武隧□□买肉廿三斤直钱二百七□☑

《敦煌汉简》，释文第285页。

按：本简记一斤肉值9钱。又，饶宗颐、李均明《敦煌汉简编年考证》系此简于宣帝时期①。

① 《饶宗颐二十世纪学术文集》第五册·简帛学，台北新文丰出版公司2003年版，第525页。

（3）敦煌汉简 309：

……肉亖十斤直二石䅭䅣斗八升……

《敦煌汉简》，释文第 231 页。

按：本简所记一斤肉值 6.2 升粮食。又，简中“四”写作“亖”，当为王莽时期的记录。《敦煌汉简编年考证》系此简于王莽新始建国末至天凤初年[①]。

（4）敦煌汉简 310：

……肉二十斤直一石二斗䅭䅣升……

《敦煌汉简》，释文第 231 页。

按：本简所记肉价也是一斤肉值 6.2 升粮食。饶宗颐、李均明《敦煌汉简编年考证》也系此简于王莽新始建国末至天凤初年。

（5）居延新简 EPT40・76A：

宜农辟取肉名

尚子春十斤直二斛　郑昭十斤直二斛
萧子少十斤直二斛　胡羿十斤直二斛清黍
郑子任十斤直二斛　田子柳十斤直二斛清黍
孟子房十斤直二斛　翟大伯十斤直二斛清⧄
陈伯十斤直二斛　杨子任二十斤直亖⧄
许子歐十斤直二斛

●凡肉百二十斤直二十亖斛
●凡付夫人粟二十黍斛
十二斛黍斗其三

《居延新简——甲渠候官》，释文第 37 页。

① 《饶宗颐二十世纪学术文集》第五册・简帛学，台北新文丰出版公司 2003 年版，第 593 页。

按：据饶宗颐、李均明先生考证，此为王莽时期简[①]。此简所记为以粮食兑换肉的情况，10斤肉可兑换2斛清黍，则1斤肉兑换2斗清黍。

（6）居延新简 EPT43·33A、B：

周君之十斤直☐
☐亖斛　兒君健十斤直☐
杜巨君三十直☐

（A）

田子柳十斤直二斛　☐
翟大伯十斤直二斛　☐
☐　●凡百斤直二十斛　☐
杨子任取豆脯直二斛☐
杨子仲取胃直亖斛　☐

（B）

《居延新简——甲渠候官》，释文第42页。

按：此也为王莽时期简，所记为牲畜杂碎和肉价情况，按照本简记载，1斤（肉）值2斗谷，豆脯值2斛谷，胃值4斛谷。又，马怡、张荣强《居延新简释校》所释略有不同，参见该书第151—152页，天津古籍出版社2013年12月版。

（7）居延新简 EPT43·37A：

殷合□二十斤直亖　☐
☐　苏君房十斤直二斛　☐
上官子任牛□□十三☐
□君阳十斤直二斛　☐

《居延新简——甲渠候官》，释文第42页。

按：此简“四”写作“亖”，也属于王莽时期，简文所记也当是肉价，为1斤（肉）值2斗谷。

① 饶宗颐主编，李均明著：《居延汉简编年——居延编》，第172—173页。

（8）居延新简 EPT65·99：

肉廿斤直谷三石　次吞时尚见□□　　部候长▨
麦少石七斗　　　吞远秦恭负石五斗赵□□五▨

《居延新简——甲渠候官》，释文第 187 页。

按：此简记 1 斤肉值 1.5 斗谷。此简中的秦恭，李振宏、孙英民系于更始三年至建武四年[①]。

（9）居延新简 EPF22·13（建武三年候粟君所诉寇恩事册）：

……恩籴大麦二石付业直六千又到北部为业卖肉十斤直谷一石＝三千……

《居延新简——甲渠候官》，释文第 210 页。

按：本简所记 1 斤肉值 1 斗谷，当时 1 石谷值 3000 钱。

（10）居延新简 EPF22·457A：

▨肉五十斤直七石五斗
▨酒二石三斗直四石六斗
▨凡直十二石一斗

《居延新简——甲渠候官》，释文第 224 页。

按：本简所记 1 斤肉值 1.5 斗粮食，1 升酒值 2 升粮食。另，饶宗颐、李均明先生《居延汉简编年——居延编》系此简于东汉光武帝时期[②]。

（11）居延汉简 173·8A，198·11A：

……肉十斤直卅……

① 李振宏、孙英民：《居延汉简人名编年》，中国社会科学出版社 1997 年版，第 346 页。
② 饶宗颐主编，李均明著：《居延汉简编年——居延编》，台北新文丰出版公司 2004 年版，第 273 页。

《居延汉简甲乙编》，释文第116页。

按：本简所记，1斤肉值3钱。

（12）居延汉简乙附二九A：

☑肉百斤直七百☑

《居延汉简甲乙编》，释文第289页。

按：本简所记，1斤肉值7钱。

（13）居延汉简286·19A：

……凡肉五百卌一斤直二千一百六十四……

《居延汉简甲乙编》，释文第206页。

按：本简所记，一斤肉值4钱。

（14）居延新简EPT51·235A：

肉卅斤直百廿丁取　　胃肾十二斤直卌八尊取
肝一直卌二尊取卩　　祭肉少十六
肠一直廿七尊取　　粟直廿四祖取卩

（以上为第一栏）

牛□直百丁取卩　　祭肉直六十八丁取卩
胃八斤直廿四丁取卩　　祭肉直卅丁取卩
肋肉直七十丁取卩　　牛头直百八十丁取卩

（以上为第二栏）

《居延新简——甲渠候官》，释文第82页。

按：此简所载：肉1斤值4钱，胃、肾1斤值4钱，肝一具值42钱，肠一具值27钱，胃1斤值3钱，祭肉分别值68钱和30钱，肋肉值70钱，牛头值180钱。

（15）居延新简EPS4T2·15：

☑　　□钱百　　母纫中君肉十五斤钱百　☑

☐　　十五斤钱百　　徐长卿肉十五斤钱百　☐
☐　肉十五斤钱百　　张子游肉十五斤钱百　☐
☐□□肉□□斤钱百　　●凡八人钱八百　☐

《居延新简——甲渠候官》，释文第247页。

按：本简所记，15斤肉值100钱，则1斤肉值6.67钱。

（16）居延新简EPW30：

肉卅斤凡三枚

《居延新简——甲渠候官》，释文第239页。

按：本简所记，1斤肉值0.1枚。

（17）悬泉置汉简Ⅱ0213②：106：

出钱六十，买肉十斤，斤六钱，以食羌豪二人……

《敦煌悬泉汉简释粹》，第171页。

按：本简所记，1斤肉值6钱。

（18）肩水金关汉简73EJT5：95A：

九人酒二石百六十肉十斤廿五入直百八十五。凡……　☐

《肩水金关汉简（壹）》下册，第59页。

按：本简所记，1斤肉值2.5钱。

（19）肩水金关汉简73EJT6：43：

使从者为自输谷卖肉百□□□直……
卖肚肠肾直钱百卅六□□□□□……
直七百六十予□□□□□□□□……　☐
当得钱二千□□□□□□并直……
六月候长封藏官居延□□□□……

《肩水金关汉简（壹）》下册，第 66 页。

按：本简第一行所记“卖肉百”后三字无法辨识，大概所卖肉在百斤以上，但无法明了所卖肉的具体数量与价格。

(20) 肩水金关汉简 73EJT6：154A：

出钱二百酒二石　出钱□□肉十斤　出……

☑ 出钱……　出钱……　出钱……　☑

出……　出二……　出十三……

《肩水金关汉简（壹）》下册，第 73 页。

按：本简所记肉价，因“肉十斤”前两字无法辨识，故无法知晓出钱多少买肉 10 斤，因而无法了解本简所载肉价详情。

(21) 肩水金关汉简 73EJT23：294A：

……肉四斤直廿六……

《肩水金关汉简（贰）》下册，第 78 页。

按：本简所记，肉 1 斤值 6.5 钱。

(22) 肩水金关汉简 73EJT30：208A：

☑ ……又闰月晦买肉廿斤＝七十为正　马

●又正月中取脂一斤　●又鸡出入直百五十四

《肩水金关汉简（叁）》下册，第 120 页。

按：本简所记，肉 1 斤值 70 钱。

(23) 肩水金关汉简 73EJH1：32B：

出十五狗肴半升

出十肉脩廿枚

甘肃简牍博物馆等编《肩水金关汉简（肆）》下册，第 128 页。

按：本简第 2 行记出 10 钱买肉脩 20 枚，则肉价不算高。

（二）脯价

（1）居延汉简 233·1B：

赐八十董子恩取脯八十董子恩□

《居延汉简甲乙编》，释文第 163 页。

按：脯，是干肉。本简所记赐 80、脯 80，究竟是价格还是数量，尚无法判定。又，《居延汉简释文合校》《秦汉物价资料辑录》均释“赐八十”为“肠八十”[①]，其说是。

（2）居延新简 EPT40·76B：

……陈伟君取脯直三斛……

《居延新简——甲渠候官》，释文第 37 页。

按：脯直 3 斛，但不知脯的具体数量，故不能了解其单价。

（3）居延新简 EPT43·33B：

……杨子任取豆脯直二斛……

《居延新简——甲渠候官》，释文第 42 页。

按：本简记豆脯直 2 斛，但不知豆脯的具体数量，故不能了解其单价。

（4）肩水金关汉简 73EJT21：485B：

为□田□□□□二□直二百卅脯五斤直☑

① 谢桂华、李均明、朱国炤：《居延汉简释文合校》上册，第 382 页；又见谢桂华、周年昌《秦汉物价资料辑录》，载《中国古代社会经济史资料》第一辑，福建人民出版社 1985 年版，第 42 页。

《肩水金关汉简（贰）》下册，第44页。

按：本简"直"字后断折，无法知晓脯的价格，殊为可惜。

（5）肩水金关汉简73EJT23：294A：

……脯一束直十　豚一直六十……

《肩水金关汉简（贰）》下册，第78页。

按：本简所记，脯1束值10钱，于本简又可知"脯"可以按束计价。

（6）肩水金关汉简73EJT23：769A：

王子文治剑二百五十脯一䏑直卌□钱六十·凡三百五十……

《肩水金关汉简（贰）》下册，第110页。

按：本简所记，脯一䏑直40钱，且"脯"又可按䏑计价。

（三）脂价

（1）居延汉简133·10：

出钱百七十　买脂十斤

《居延汉简甲乙编》，释文第94页。

按：本简所记，1斤脂值17钱。

（2）居延汉简237·46：

二月壬寅买脂五十斤＝八十☑

《居延汉简甲乙编》，释文第167页。

按：本简所记，1斤脂值80钱。

（3）居延汉简286·19A：

……脂六十三斤直三百七十八……

《居延汉简甲乙编》，释文第 206 页。

按：本简所记，1 斤脂值 6 钱。

（4）居延新简 EPT40・163：

出钱百八买脂六斤＝□☑

《居延新简——甲渠候官》，释文第 39 页。

按：本简所记，1 斤脂值 18 钱。

（5）居延新简 EPT51・381：

脂七斤　出四斤八两付东官　余二斤八两直十五

《居延新简——甲渠候官》，释文第 86 页。

按：本简所记，1 斤脂值 6 钱。

（6）肩水金关汉简 73EJT21：330：

☑□居延令脂钱直二百　□守令史临　□☑

《肩水金关汉简（贰）》下册，第 35 页。

按：本简只记脂值 200 钱，但未记脂的具体数量，因此我们无法判定本简所记之脂的价格。

从上述诸例脂价记载中可知，脂的最低价为 1 斤 6 钱，最高价为 1 斤 80 钱，最高价是最低价的 13 倍多。

（四）鱼价

（1）居延汉简 274・26：

出□卅枚□☑（A）

出□廿枚□☑（B）

《居延汉简甲乙编》，释文第 197 页。

按：谢桂华、李均明、朱国炤：《居延汉简释文合校》释此简为：

出鱼卅枚直百☐（A）

出□卅枚直☐（B）[1]

按：虽然这枚简后面断去，“直百”后面的文字不明，但按照《居延汉简释文合校》所释，可以推测，本简记载的出鱼 30 枚所值最多不会超过 200 钱。因此，这枚简所记的鱼价当在每枚 3.3—6.7 钱。

（2）居延新简 EPT51・82A：

卅头直三百一十八不三百八十头直三百卌八交钱百不二百辞不相应

《居延新简——甲渠候官》，释文第 76 页。

按：本简文意不甚明白，从其中“辞不相应”的话推测，或许是涉及一桩经济纠纷的司法文书。张俊民先生认为此简记载的是鱼价，“每头鱼值钱约 10.6，从钱数上看，显然低于本册（《建武三年候粟君所责寇恩事册》）反映的鱼价”[2]。

（3）居延新简 EPT65・33：

一石凡四斗并负掾鱼卅头直谷三斗又证廿三候长政得谷四斗又证掾妻

《居延新简——甲渠候官》，释文第 185 页。

按：这枚简说“鱼卅头直谷三斗”，恰好鱼 1 头值谷 1 升。按照居延汉简的有关记载，居延地区的谷价 1 石通常值 100 钱左右。按此计算，则

① 谢桂华、李均明、朱国炤：《居延汉简释文合校》下册，文物出版社 1987 年版，第 462 页。

② 张俊民：《〈建武三年候粟君所责寇恩事〉册经济考略》，载甘肃省文物考古研究所编《秦汉简牍研究文集》，甘肃人民出版社 1989 年版，第 140—141 页。

鱼1头约值1钱。

（4）居延新简EPF22·6、7、10、12、13（《建武三年候粟君所诉寇恩事册》）：

……时粟君借恩为就载鱼五千头到觻得卖贾直牛一头谷廿七石约为粟君卖鱼沽出行时行钱卌万……恩到觻得卖鱼尽钱少因卖黑牛并以钱卅二万付粟君妻业……还到第三置恩籴大麦二石付业直六千又到北部为业卖（买）肉十斤直谷一石₌三千……

《居延新简——甲渠候官》，释文第210页。

按：本简册（《建武三年候粟君所责寇恩事册》）记载，粟君雇佣寇恩将5000头鱼从甲渠运往觻得出卖，出发时粟君与寇恩约定：5000头鱼要卖钱40万，1头鱼估价80钱。但实际上，寇恩根本没能卖到这个价钱。为了弥补亏空，寇恩只好将粟君答应给自己运销5000头鱼的报酬之一——黑牛1头（寇恩出发时估价值粟60石）变卖。但5000头鱼加一头黑牛只卖得32万钱，仍然不够40万钱的数目。余华青先生说："居延汉简记载，售鱼五千条，售主企图获钱四十万，平均每条八十钱。售出结果是：连同一头牛在内，总共只获钱三十二万。实际售价每条鱼当在二三十钱之间。在同一简册中还记有其他一些物价，如大麦一石值三千、肉一斤值三百、缰绳一枚值五百。与这些物价相比，鱼价可算是低廉的。在一些渔业生产发达的地区，甚至将鱼作为牲畜的饲料。"①《寇恩简册》记载的粟价低者为1石3000钱，高者为1石4000钱，按照简册记载以及余华青先生的推测，则谷与鱼的比价高者为4000:80，即50:1，这意味着1头鱼的价格只相当于1石谷的1/50；谷与鱼的比价低者或为3000:30，即100:1；或为3000:20，即150:1，即是说1头鱼的价格只相当于1石谷的1/100或1/150。按照这个比例，建武三年居延地区1头鱼值谷0.7—2升。

（5）肩水金关汉简73EJT10：363：

☑　钱酒　鱼直十五　□□百　☑

① 余华青：《秦汉时期的渔业》，载《人文杂志》1982年第5期。

《肩水金关汉简（壹）》下册，第153页。

按：此简记鱼值15，应是鱼值15钱，但由于简文未载明鱼的数量，所以无法据其了解鱼的准确价格信息。

（6）居延汉简补编158.14B：

> □ 弟子宜伏地再拜上□
> □出钱［卅］买［鱼］二

摘自邢义田《地不爱宝：汉代的简牍》，第466页。

按：本简记出钱30，买鱼二，按汉简习惯，鱼常以“枚”或“头”计，因此，可能30钱所买为2头鱼。

（7）陶朱公：《养鱼经》

> 得鲤鱼：长一尺者，一万五千枚；三尺者，四万五千枚；二尺者，万枚。枚直五十，得钱一百二十五万。

《齐民要术今释》上册，第604页。

按：这里记载的鱼价为鱼1枚值50钱。

（五）杂碎价

（1）里耶秦简祠先农简：

> 卅二年三月丁丑朔丙申，仓是佐狗杂出祠先农余彻羊头一足四卖于城旦赫所取钱四□……（⑭300、764）
>
> ……头一足四卖于城旦赫所取钱四衡之头一二钱四足□钱。令史尚视平。（⑭641）

《里耶发掘报告》，第195页。

按：《里耶发掘报告》云：“秦始皇三十二年（公元前215年）三月丁丑朔，仓库管理员‘是’和助手名‘狗’者，将祭祀先农的物资卖给城旦赫，羊头1个值钱二，羊足四个值钱二。”如此，羊头1个值2钱，羊足1个值0.5钱。

（2）居延汉简217·29：

牛肸一只　毋　直六十

《居延汉简甲乙编》，释文第148页。

按：《居延汉简释文合校》《秦汉物价资料辑录》均释“毋”为“母”①；另，牛肸即牛舌，1只值60钱。

（3）居延汉简233·1A：

胃百候长王卿取●□世候长王卿取肌东候长王卿取

《居延汉简甲乙编》，释文第163页。

按：《居延汉简释文合校》《秦汉物价资料辑录》均释此简为：

胃百，候长王卿取；●迹百卌，候长王卿取；肌五十，候长王卿取②。

即使按照谢桂华等先生所释，简文所载为胃100、迹140、肌50，但这里的胃100、迹140、肌50是其数量还是其价格，一时无法断定。

（4）居延汉简233·1B：

赐八十董子恩取脯八十董子恩□

《居延汉简甲乙编》，释文第163页。

① 谢桂华、李均明、朱国炤：《居延汉简释文合校》上册，文物出版社1987年版，第349页；谢桂华、周年昌：《秦汉物价资料辑录》，载《中国古代社会经济史资料》第一辑，福建人民出版社1985年版，第42页。

② 谢桂华、李均明、朱国炤：《居延汉简释文合校》上册，第381—382页；谢桂华、周年昌：《秦汉物价资料辑录》，载《中国古代社会经济史资料》第一辑，福建人民出版社1985年版，第42页。

按:《居延汉简释文合校》《秦汉物价资料辑录》均释“赐八十”为“肠八十”。[①]

即使如此，我们仍然不清楚肠 80，脯 80 之数字，是肠、脯的数量还是价格。

（5）居延汉简 258·13：

出钱廿　买肾二具输候史

《居延汉简甲乙编》，释文第 183 页。

按:《居延汉简释文合校》《秦汉物价资料辑录》均释“输候史”为“给御史”[②]。按此简所记，1 具肾价值 10 钱。

（6）居延汉简 286·19B：

头六十　　肝五十　　乳廿
肺六十　　迹廿　　舌廿
胃百□百钱　　颈十钱　　界十
宽卅　　心卅斤　　□十
二百　　黄将十
肠益卌　　卖雒直六百七十●凡四百五十

《居延汉简甲乙编》，释文第 206 页。

按:《居延汉简释文合校》《秦汉物价资料辑录》认为:“界”似应释作“胃”[③]。此简所载，属于售卖杂碎的汇总账。记录有“颈十钱”“胃百□百钱”“头六十”“肺六十”“宽卅”“肝五十”“迹廿”“黄将十”“肠益卌”“乳廿”“舌廿”“界（胃）十”等，似乎是 1 件之价，但

① 谢桂华、李均明、朱国炤:《居延汉简释文合校》上册，文物出版社 1987 年版，第 349 页；谢桂华、周年昌:《秦汉物价资料辑录》，载《中国古代社会经济史资料》第一辑，福建人民出版社 1985 年版，第 42 页。

② 谢桂华、李均明、朱国炤:《居延汉简释文合校》上册，第 428 页；谢桂华、周年昌:《秦汉物价资料辑录》，载《中国古代社会经济史资料》第一辑，福建人民出版社 1985 年版，第 42 页。

③ 同上。

由于未明确记载具体数量或重量，尚不能十分肯定。

（7）居延新简 EPT51·235A：

肉卌斤直百廿丁取　　胃肾十二斤直卌八尊取
肝一直卌二尊取卩　　祭肉少十六
肠一直廿七尊取卩　　粟直廿四祖取卩

（以上为第一栏）

牛□直百丁取卩　　祭肉直六十八丁取卩
胃八斤直廿四丁取卩　　祭肉直卅丁取卩
肋肉直七十丁取卩　　牛头直百八十丁取卩

（以上为第二栏）

《居延新简——甲渠候官》，释文第 82 页。

按：此简所载：肉 1 斤值 4 钱，胃、肾 1 斤值 4 钱，肝 1 具值 42 钱，肠 1 具值 27 钱，胃 1 斤值 3 钱，祭肉分别值 68 钱和 30 钱，肋肉值 70 钱，牛头值 180 钱。

（8）敦煌汉简 636B：

☑□心脏直百卩　干□直九十
孰□□直□……

《敦煌汉简》，释文第 243 页。

按：本简所记，心脏值 100 钱，干□直 90 钱。

（9）敦煌汉简 1407：

……出钱八十买肠……

《敦煌汉简》，释文第 272 页。

按：本简所记，出钱 80 买肠，但不知所买肠的具体数量，故价钱不明。

（10）居延新简 EPT4·28B：

☐候长□肺三百☐
☐□□牛头五百☐

《居延新简——甲渠候官》，释文第 4 页。

按：本简所记，肺值 300 钱，牛头值 500 钱，但未记肺、牛头的数量或重量，故不可将 300 钱断为 1 具肺之价，500 钱断为 1 具牛头的价格。另，饶宗颐、李均明：《居延汉简编年——居延编》系此简于王莽时代①。

（11）居延新简 EPT40·76B：

□□任头直五斛
杨子仲取脾直亖斛
李子产取肠直三斛五斗黍
陈伟君取脯直三斛

（以上为第一栏）

榦幼光取宽直二斛黍　凡肠☐
陈子房取边将迹直二斛清黍☐
唐子春取项直一斛清黍
孙任君取应膂于朗直二斛清黍
陈伯取肝直二斛……　□大凡直粟亖十九斛

（以上为第二栏）

《居延新简——甲渠候官》，释文第 37 页。

按：按本简所记，头值 5 斛，脾值 4 斛，肠值 3.5 斛黍，脯值 3 斛，宽值 2 斛黍，边将迹值 2 斛清黍，项值 1 斛清黍，应膂于朗值 2 斛清黍，肝值 2 斛。同上简一样，简文未记头、脾、肠、脯、宽、边将迹、项、应膂于朗的具体数量或重量，故从此简只能了解这些杂碎的大概价格，无法了解其具体价格。

---

① 饶宗颐主编，李均明著：《居延汉简编年——居延编》，台北新文丰出版公司 2004 年版，第 164 页。

（12）居延新简 EPT43·33B：

田子柳十斤直二斛 ☑
翟大伯十斤直二斛 ☑
●凡百斤直二十斛 ☑
杨子任取豆脯直五斛☑
杨子仲取胃直亖斛 ☑

《居延新简——甲渠候官》，释文第 42 页。

按：本简所记，豆脯值 5 斛，胃值 4 斛。但简文未记豆脯、胃的具体数量或重量，故无法从此简了解豆脯、胃更具体的价格。

（13）肩水金关汉简 73EJT2：27A：

……取牛宽一直卅五……

《肩水金关汉简（壹）》下册，第 23 页。

按：本简所记，牛宽 1 具值 35 钱。

（14）肩水金关汉简 73EJT6：43：

……卖肚肠肾直钱百卅六□□□□□……

《肩水金关汉简（壹）》下册，第 66 页。

按：本简所记，卖肚、肠、肾总值 136 钱，但不知肚、肠、肾各自单价是多少。

（15）肩水金关汉简 73EJT26：91A：

…… 肠血六十 犊十四 ☑

《肩水金关汉简（叁）》下册，第 54 页。

按：本简记肠血六十，但未记具体单位，故无法判断肠血的具体价格。同样，本简所载的“犊十四”，也不知是价格还是数量。

（六）酒价

（1）里耶秦简⑭650、652：

卅二年三月丁丑朔丙申，仓是佐狗出祠［先］农余彻酒一斗半斗卖于城旦冣所取钱一衛之一斗半斗一钱。令史尚视平，狗手。

《里耶发掘报告》，第195页。

按：本简所记酒价为：1.5斗酒值1钱。

（2）《汉书·昭帝纪》：

〔汉昭帝始元六年（公元前81年）〕秋七月，罢榷酤官，令民得以律占租，卖酒升四钱。

如淳曰："律诸当占租者家长身以其物占，占不以实，家长不身自书，皆罚金二斤，没入所不自占物及价钱县官也。"师古曰："占谓自隐度其实，定其辞也……盖武帝时赋敛繁多，律外而取，今始复旧。"

按：劳干先生、陈槃先生均认为："卖酒升四钱"中"升"为"斗"之误[①]；王仲荦先生说："《通典·食货典》作斗四钱，此作升四钱，是。《九章算术》湻酒一斗，直钱五十，是升五钱也，与升四钱价相近。"[②]

（3）《九章算术·盈不足章》：

今有湻酒一斗，直钱五十；行酒一斗，直钱一十……

按：湻，《说文》曰，湻，不浇酒也。湻，即"醇"，醇酒1斗值钱50，行酒1斗值钱10。

---

① 参见陈槃《汉晋遗简识小七种》，上海古籍出版社2009年版，第65页。

② 王仲荦遗著：《金泥玉屑丛考》，第32页。

（4）居延新简 EPF22・457A：

……酒二石三斗直四石六斗……

《居延新简——甲渠候官》，释文第 224 页。

按：本简所记，1 石酒值 2 石粮食。

（5）居延新简 EPT51・223：

……出百卅沽酒一石三斗……

《居延新简——甲渠候官》，释文第 81 页。

按：本简所记，1 石酒值 100 钱。

（6）居延汉简 45・29：

☑□□酒二□直六十四□

《居延汉简甲乙编》，释文第 32 页。

按：《居延汉简释文合校》释此简为：

☑□□酒二□直六十肉廿□[①]

按：由于“酒二”后一字恰好无法辨识，故不知此简所载酒价的计量单位究竟是石、斗还是升。

（7）敦煌汉简 776：

……酒一石八斗直二百七十……

《敦煌汉简》，释文第 249 页。

按：本简所记，1 石酒值 150 钱。

---

① 谢桂华、李均明、朱国炤：《居延汉简释文合校》上册，第 79 页。

（8）悬泉汉简ⅡT0113②24：

出钱百六十，沽酒一石六斗。至，以食守属董并、叶贺所送沙车使者一人，罽宾使者二人、祭越使者一人，凡四人，人四食，食一斗。

按：本简摘自吴礽骧《说“都吏”》一文，载甘肃省文物考古研究所、西北师范大学历史系编《简牍学研究》第四辑，第178页。本简所记，1石酒值100钱。

（9）肩水金关汉简73EJT21：2—10（劳边使者过界中费册）：

●劳边使者过界中费

……

酒二石　　　　直二百八十

……

《肩水金关汉简（贰）》下册，第10页。

按：本简所记，1石酒值140钱（泉）。从同简记载的粱米8斗值160钱（泉）（折合粱粟为1石120钱）以及羊2头值500钱（泉）的情况看，当时的物价属于正常范围内。因此，1石140钱（泉）的酒价也应该是正常时期的酒价。

（10）肩水金关汉简73EJT5：95A：

九人酒二石百六十肉十斤廿五入直百八十五凡☑

《肩水金关汉简（壹）》下册，第59页。

按：本简所记，酒1石值80钱。

（11）肩水金关汉简73EJT6：154A：

出钱二百酒二石　……

《肩水金关汉简（壹）》下册，第73页。

按：本简所记，酒 1 石值 100 钱。

（12）肩水金关汉简 73EJT6：186：

☐　二百六十米二石丿　二百☐☐入酒丿　☐（削衣）

《肩水金关汉简（壹）》下册，第 76 页。

按：此简文字残缺，但从简文所记米 2 石值 260 钱的米价推测，酒价也应不会很高。

（13）肩水金关汉简 73EJT7：135：

☐傅卿酒一石二斗直百卌四　魏长实二斗……☐（削衣）

《肩水金关汉简（壹）》下册，第 87 页。

按：本简所记，酒 1 石值 120 钱。

（14）肩水金关汉简 73EJT21：199B：

薄酒五钱浓酒十……

《肩水金关汉简（贰）》下册，第 26 页。

按：此简记“薄酒五钱浓酒十”，但不知酒的具体计量单位。如果以斗计，1 石薄酒值 50 钱，1 石浓酒值 100 钱；如果以石计，则 1 石薄酒仅值 5 钱，浓酒仅值 10 钱，酒价十分低廉；如果以升计，则薄酒、浓酒每石分别值 500 钱、1000 钱，价格很高。

（15）肩水金关汉简 73EJT23：321A：

……　酒二石直二百卅　枲一斤直十☐卌五☐☐……

《肩水金关汉简（贰）》下册，第 80 页。

按：本简所记，1 石酒值 115 钱。

（16）肩水金关汉简 73EJT26：253：

☐　为守尉予酒钱百卅

《肩水金关汉简（叁）》下册，第65页。

按：本简记“予酒钱百卌”，但未记酒的数量，故具体酒价不明。

（17）肩水金关汉简73EJT27：57：

☐ □酒三升算卅 □□□□□ ☐

《肩水金关汉简（叁）》下册，第73页。

按：本简记“酒三升算卅”，意义不明，若“算”为征税，则税负太高，似不大可能。

（18）肩水金关汉简73EJT30：122A：

酒米三石直五百一十 ……

《肩水金关汉简（叁）》下册，第114页。

按：本简记“酒米三石直五百一十”，酒米当是发酵过的酿酒原料，每石值170钱。

（19）《太平广记》卷七引葛洪《神仙传》：

汉孝桓帝时，王远过吴胥门，以千钱与余杭姥乞酤酒，须臾信还，得一油囊酒五斗许。

按：东汉桓帝时，余杭地区5斗许酒值1000钱，则1石酒值2000钱。

（20）《太平御览》卷八百四十五引《典论》：

孝灵末，百司湎酒，酒千文一斗。

按：东汉末灵帝时，酒千文1斗，则1石万钱。

（21）曹植：《名都赋》：

美酒斗十千。

按：美酒斗十千，1石为10万钱，这应是文学作品的夸张之词。

（七）曲（麯、麴）价

（1）居延汉简206·3：

官言贳□枲一斤直三百五十又麯四斗直卅八惊虏燧长李故所

《居延汉简甲乙编》，释文第136页。

按：曲是造酒的原料，在汉简中有时写作“麯”“麴”，但曲价在文献中缺载。《居延汉简释文合校》释此简为：

自言贳卖系一斤直三百五十又麯四斗直卅八惊虏燧长李故所[①]

按《合校》所释，1斗曲值9.5钱。

（2）居延汉简214·4：

……出钱百一十五糴麴五斗 = 廿三……

《居延汉简甲乙编》，释文第142页。

按：本简所记，一斗曲值23钱。

（3）居延汉简254·14：

出钱三百六十四余五斗糴麴二石四斗

《居延汉简甲乙编》，释文第180页。

按：《居延汉简释文合校》《秦汉物价辑录》均释简中的“三百六十四”为“二百六十四”，且认为“余五斗”三字“用草体书写，其他的

① 谢桂华、李均明、朱国炤：《居延汉简释文合校》上册，第319页。

字，均用恭谨的隶体书写"①。按《合校》《辑录》所释，一石麴值110钱。

（4）肩水金关汉简73EJT23：299：

出泉三百六十糴黄米一石麴三石贾人任子□……

《肩水金关汉简（贰）》下册，第78页。

按：此简"钱"写作"泉"，属于王莽时期。简文记"出泉三百六十"，糴入黄米一石、麴三石，虽不知黄米、麴的具体价格，但从总价仅360泉来看，麴价也不会高。

（5）肩水金关汉简73EJT23：993B：

……麴三斗直十八……

《肩水金关汉简（贰）》下册，第128页。

按：本简所记，1斗曲值6钱。

（6）肩水金关汉简73EJT29：118A：

麴十九石六斗直千一百七十六……

《肩水金关汉简（叁）》下册，第102页。

按：本简所记，曲1斗值6钱，1石值60钱。

（7）肩水金关汉简73EJT30：24A：

…… 鞠五斗直卌五 ……

《肩水金关汉简（叁）》下册，第105页。

按：本简所记"鞠五斗直卌五"，"鞠"当为"麴"的异体，本简所

① 谢桂华、李均明、朱国炤：《居延汉简释文合校》上册，第334页；谢桂华、周年昌：《秦汉物价资料辑录》，载《中国古代社会经济史资料》第一辑，福建人民出版社1985年版，第40页。

记的曲价为 1 斗值 9 钱。

（八）糟价

肩水金关汉简 73EJT10：219A：

李子威稍用计　出钱十八糟……

《肩水金关汉简（壹）》下册，第 143 页。

按：糟即酒糟。此简记出钱 18 买糟，但不知糟的具体数量，故糟的实际价格无法判断。

（九）盐价

（1）《管子·海王》：

因人之山海，假之名有海之国雠盐于吾国，釜十五，吾受而官出之以百。我未与其本事也，受人之事，以重相推，此人用之数也。

《管子轻重篇新诠》，上册，第 209 页。

按：这条材料记官府确定的盐的销售价格为每釜（100 升）100 钱。

（2）《管子·轻重甲》：

十月始正，至于正月，成盐三万六千钟。……乃以令使粜之，得成金万一千余斤。

《管子轻重篇新诠》下册，第 532 页。

按：36000 钟盐价值金 11000 余斤，每钟值金 4.88 两余。按照金一斤值钱一万计算，每钟盐值钱 3055 钱余。一钟六斛四斗，则一升盐值 4.77 钱余。

（3）张家山汉简《算数书·贾盐》：

今有盐一石四斗五升少半升，贾取钱百五十，欲石衛（率）之，为钱几何？曰：百三钱四百卌［六］分钱九十五［二］

《张家山汉墓竹简（二四七号墓）》，第259页。

按：本题所反映的盐价是每石103钱多。彭浩先生认为，《算数书》的成书年代极可能在秦代，即公元前3世纪后段，秦统一中国前不久。在西汉初年时又增补了少量算题[①]。

（4）《盐铁论·水旱》：

故民得占租鼓铸煮盐之时，盐与五谷同贾，器和利而中用。

《盐铁论校注（定本）》上册，第430页。

按：范文澜先生认为，《盐铁论·水旱》所载的“盐与五谷同贾”指的是私盐价格与五谷的价格相当[②]，但罗庆康认为：“范老关于‘私盐与粟米同价’的看法可能是来自于对《盐铁论·水旱》中论及盐价的句子有不同的理解。但原文是：‘故民得占租、鼓铸、煮盐之时，盐与五谷同贾’。‘贾’在此读gǔ，是‘买卖’的意思；不能读jià，不能作‘价格’解。”[③] 他说：“据我估测，五谷与盐价之比在汉初为1∶5，这一般是指内地，如果是边境或少数民族聚居区，则盐价更高。”[④] 林甘泉先生认为，“《盐铁论·水旱》说‘民得占租鼓铸煮盐之时，盐与五谷同贾（价）’。这种价格显然违反了价值规律”[⑤]。马新先生则认为：“西汉前期这种盐业政策的自由与放任，使盐成了一种比较普通的商品，运销灵活，价格低廉。……‘盐与五谷同价’是西汉前期盐业政策的最大成就，也是中国

① 彭浩：《张家山汉简〈算数书〉注释》，第11页。

② 《中国通史简编（修订本）》第二编，人民出版社1965年版，第58页。

③ 罗庆康：《汉代盐制的几个问题》，载陈然、谢奇筹、邱明达编《中国盐业史论丛》，中国社会科学出版社1987年版，第84页。

④ 罗庆康：《汉初盐业初探》，载《盐业史研究》1993年第3期。

⑤ 林甘泉主编：《中国经济通史·秦汉经济卷》下册，第572页。

封建社会所仅有的一瞬。"[①]

（5）《汉书·宣帝纪》：

〔地节四年〕九月，诏曰："……今年郡国颇被水灾，已振贷。盐，民之食，而贾咸贵，众庶重困，其减天下盐贾。"

按：宣帝地节四年是公元前66年；本条材料记宣帝地节年间，盐价昂贵，人民因此而生活困苦，故宣帝下诏降低盐价，但未记具体盐价。

（6）肩水金关汉简73EJT21：7（《劳边使者过界中费册》）：

……

盐豉各一斗　　直卅

……

《肩水金关汉简（贰）》下册，第10页。

按：这里总计盐、豉各1斗，共值30钱。但没有分别说明盐、豉各自的价格。依笔者估算，这里豉的价格每斗10—15钱（泉）；如此，在王莽末年居延地区的盐价当为每斗15—20钱（泉）[②]，这个盐价并不算高，可能与当地盐的供给较充分有关[③]。

（7）肩水金关汉简73EJT23：294B：

……盐二升直廿六……

《肩水金关汉简（贰）》下册，第78页。

按：本简所记盐价很高，1升13钱，则1斗130钱，1石高达1300钱。

---

① 马新：《试论汉武帝以前盐政的演变》，载《盐业史研究》1996年第2期。

② 参见拙文《王莽末年的河西盐价蠡测》，载《鲁东大学学报》2007年第4期。

③ 参见王子今《"居延盐"的发现——兼说内蒙古盐湖的演化与气候环境史考察》，载《盐业史研究》2006年第2期。

(8)《后汉书·虞诩传》李贤注引《续汉志》:

〔东汉安帝时，虞诩任武都太守〕诩始到，谷石千，盐石八千，见户万三千。视事三岁，米石八十，盐石四百。

按：苏诚鉴先生《后汉食货志长编》曰“《太平御览》卷八百六十五引《续汉书》曰：‘虞诩为武都太守，始到郡，谷石千五百，盐石八千，视事三岁，谷石八千，盐百’，李贤注引《续汉志》与此引《续汉书》当属一书，惟文句相异，《御览》引文末云：‘谷石八千’，千当为十之误”①。

又：按照《续汉志》所记，盐与谷的比价是8:1，盐与米的比价是5:1。按照《太平御览》卷八百六十五引《续汉书》所记及苏诚鉴先生所言，则盐与米的比价是1:0.8。再则，从这个记载，我们可以了解到，在东汉安帝时期，盐的价格低者1石100—400钱，高者达到1石8000钱，价格波动巨大。

(十) 豉价

(1) 居延汉简214·4:

……出钱廿五粜豉一斗……

《居延汉简甲乙编》，释文第142页。

按：豉1斗值25钱。

(2) 肩水金关汉简73EJT21:7:

盐豉各一斗　　直卅

《肩水金关汉简(贰)》下册，第10页。

按：这里总计盐、豉各1斗，共值30钱。但没有分别说明盐、豉各

① 苏诚鉴:《后汉食货志长编》，商务印书馆1947年版，第95页。

自的价格。依笔者估算，这里豉的价格为1斗10—15钱（泉）[①]。

（十一）酱价

（1）肩水金关汉简73EJT23：294B：

……□米一斗□　牆三斤直卅

《肩水金关汉简（贰）》下册，第78页。

按：本简简文记“牆三斤直卅”，“牆”，即“酱”，1斤值10钱，则1石值1200钱。

（2）《北堂书钞》卷一百四十六引《范子计然》：

酱出东海，上价二百，中百，下三十。

按：东海所出酱分上、中、下三等，上等200钱、中等100钱、下等30钱。但此条未记酱的计量单位，不知酱是按斗、升计还是按石、斤计。

（十二）姜价

（1）居延新简EPT9·7B：

薑四两＝二钱七分直☑
茯令四两＝三☑

《居延新简——甲渠候官》，释文第23页。

按：本简记载姜的价钱以两计，价格为1两2.7钱，1斤值43.2钱。

（2）居延汉简505·16：

姜二升　直卌

① 参见拙文《王莽末年的河西盐价蠡测》，载《鲁东大学学报》2007年第4期。

《居延汉简甲乙编》，释文第258页。

按：这枚简记载的姜价为1升值20钱。如果按石计，则1石值2000钱，相对于河西地区1石80—110钱的粮价来说，姜价大约为粮价的20倍。

（3）肩水金关汉简73EJT21：8：

茾将畺　直五十

《肩水金关汉简（贰）》下册，第10页。

按：简册虽然记“茾将畺，直五十”，但未记姜的数量，所以，难以推测其具体价格。但《劳边使者过界中费》简册所记载的是肩水候官所属27名吏卒招待王莽劳边使者的伙食账目，按27人计算，则每人所食用的茾将畺共值50钱，每人的平均花费为1.85钱。

（十三）葱价

（1）居延汉简32·16：

买芯卌束₌四钱给社

《居延汉简甲乙编》，释文第20页。

按：谢桂华、李均明、朱国炤：《居延汉简释文合校》释此简为：

买葱卌束束四钱给社①

按照《合校》所释，则葱1束值4钱，但不知1束的重量为多少。

（2）敦煌汉简2453 A：

□□□□□　　□□直五十

① 谢桂华、李均明、朱国炤：《居延汉简释文合校》上册，第49页。

梁米五升直百　杯六直百廿

葱一石直百　　沓一直五十　凡来所用直二千以入二百廿□多一千□百□

《敦煌汉简》，释文第316页。

按：这枚简所记的葱按石计，1石值100钱。同简记粱米五升直百，1石粱米值2000钱，葱价为米价的1/20，为粱粟（1石粱粟得米6斗）价的1/12。

（3）肩水金关汉简73EJT23：299：

……十月四日买殖卌束直卅买葱一直十五

《肩水金关汉简（贰）》下册，第78页。

按：本简所记，葱一值15钱；殖40束值30钱。殖，当即是薤，1束仅值0.75钱，而“葱一”却值15钱。由于本简未载葱的计量单位，但推测起来，至少是“束”，“钧”“石”也并非不可能，但不太可能是“棵”。

（十四）韭、薤价

（1）居延汉简175·18：

□麴十石　　　出廿五毋菁十束

　　　　　　　出十八韭六束

□□□卌二束　出百□□□□十枚

《居延汉简甲乙编》，释文第118页。

按：这枚简所记的韭价为1束3钱。

（2）肩水金关汉简73EJT23：299：

……十月四日买殖卌束直卅买葱一直十五

《肩水金关汉简（贰）》下册，第78页。

按：殖，当即是薤。本简所记，40束值30钱，则1束值0.75钱。

（十五）毋菁价

居延汉简175·18：

□麴十石　　出廿五毋菁十束
　　　　　　出十八韭六束
□□□卌二束　出百□□□□十枚

《居延汉简甲乙编》释文第118页。

按：这枚简所记的毋菁价为1束2.5钱。

（十六）葵子价

肩水金关汉简73EJT37：1479：

葵子五升直廿……

《肩水金关汉简（肆）》下册，第116页。

按：葵子1斗值40钱。

（十七）瓠价

《齐民要术·种瓠篇》引《氾胜之书》：

瓠直十钱。

按：1个瓠值10钱。

（十八）白蜜价

《太平御览》卷八百五十七引《范子计然》：

白蜜出陇西天水，上价直四百，中百五十，下七十。

按：此条记白蜜以陇西天水所出最有名，上等价值400钱，中等价值150钱，下等价值70钱。但本条未记白蜜的计量单位，不知是1升之价、1斗之价，还是1石之价。

（十九）菜种价

居延汉简262·34：

大薯种一斗卌五　　凡直七千三百五十二
成介种一半直十五　　吏钱五千五百
〼

《居延汉简甲乙编》，释文第186页。

按：谢桂华、李均明、朱国炤：《居延汉简释文合校》释“大薯种”为“大荠种”，释“成介种”为“戎介种”，释“吏钱”为“□钱”①。按照《合校》所释，则大荠种1斗值35钱；戎介种一半值15钱，但“一半”的含义不明确，不知具体多少。

（二十）饭菜价

（1）居延新简57·69A：

夫人付奉世干饭八石　　　　奉世付芒得八百

① 谢桂华、李均明、朱国炤：《居延汉简释文合校》上册，第437页。

夫人付奉世干饭五石　　　　　　　奉世自予夫人千

夫人付奉世干饭八石　　　　　　　奉世自予夫人二百

夫人付奉世干饭八斗　　　　　　　奉世付芒得六百

夫人付奉世眉一石直百五十　　　　奉世付光七百

凡干饭廿一石八斗眉一石为钱三千　　▲见入钱三千六百卅八六百卅八

●陈光当出二百一十二

奉世予夫人百廿六

《居延新简——甲渠候官》，释文第150页。

按：本简所记，干饭1石值160钱，眉1石值150钱。罗庆康说："我怀疑，'眉'即'糜'，一是音近，'眉'读mei，'糜'读mi，同声异韵字。二是'糜'亦是'谷'、'粟'良种。"①

（2）居延新简5·54A：

饭六斗直六千

□盼及狗肉直卌　　　　阳朔四年☑

□　　　　　　　　　　阳朔□☑

《居延新简——甲渠候官》，释文第9页。

按：此简所记，饭6斗值6000钱，则饭价为1斗值1000钱，价格十分昂贵。又，阳朔四年为公元前21年。

（3）居延新简52·212：

☑饭孰肉直九百六十　　☑

《居延新简——甲渠候官》，释文第104页。

按：此简前端断折，残存部分记有饭、熟肉值960钱，但没有分别记饭、熟肉的数量，故无法了解饭、熟肉的具体价格。

---

① 罗庆康：《居延新简所记的西汉物价研究》，载《安徽史学》1994年第2期。

（4）居延新简 EPT52·99：

建始元年九月辛酉朔乙丑张掖大守良长史威丞宏敢告居延都尉卒人言殄北守候塞尉护甲渠

候谊典吏社受致廛饭黍肉护直百卌六谊直百卌二五月五日谊以钱千五百偿所敛吏社钱……

《居延新简——甲渠候官》，释文第 100 页。

按：本简记建始元年（公元前 32 年），殄北守候塞尉护、甲渠候谊在典吏社（主持吏卒的社祭活动）时，私受饭黍肉，护值 146 钱、谊值 142 钱。但未记饭、黍、肉各值多少钱。

（5）居延汉简 159·4：

第四燧长□之菜钱二百一十六又肉钱七十凡二百八十六

第一燧长万年菜钱二百一十六

□□□百□钱。

《居延汉简甲乙编》，释文第 111 页。

按：本简记第四燧长菜 216 钱、肉 70 钱，第一燧长菜 216 钱，但不知菜、肉的具体数量，不知是否为一餐之费。

（6）肩水金关《劳边使者过界中费》简册：

●劳边使者过界中费		（73EJT21：2）
粱米八斗	直百六十	（73EJT21：3）
即米三石	直四百五十	（73EJT21：4）
羊二	直五百	（73EJT21：5）
酒二石	直二百八十	（73EJT21：6）
盐豉各一斗	直卅	（73EJT21：7）
荠将畺	直五十	（73EJT21：8）
·往来过费凡直千四百七十		（73EJT21：9）
·肩水见吏廿七人	衰人五十五	（73EJT21：10）

《肩水金关汉简（贰）》下册，第10页。

按：此简册记载了肩水金关军吏接待劳边使者的饮食消费，军吏27人，共消费了1470钱，人均55钱（实际人均54.44钱）。

（7）悬泉置汉简Ⅱ90DXT0115②：91：

入钱五十九，其廿再食平，卅九糴三斗。建平五年十一月壬戌，悬泉置啬夫谭受主簿晏。

摘自甘肃省文物考古研究所等编《简牍学研究》第四辑，第58页。

按：简文记建平五年（公元前2年）入钱59，其中的20钱“再食平”，“再食”即两次供应饮食；“平”为人名；余下的39钱买了3斗粮食。因此，1顿饮食的费用为10钱。

（8）肩水金关汉简73EJT2：27A：

☑□□子□计……饭钱六……

《肩水金关汉简（壹）》下册，第23页。

按：本简所记“饭钱六”，不知是否为一人一餐饭之价。

（9）《风俗通义·愆礼》：

太原郝子廉，饥不得食，寒不得衣，一介不取诸人。曾过娣饭，留十五钱，《白帖》六引作“过姊留饭，密留五十钱于席上而去”。《御览》作“曾过姊家饣，留五十文置席下而去”。《蒙求旧注》作“过姊家，姊设饭，遂暗留金席下而去”。默置席下去。每行饮水，常投一钱井中。《蒙求旧注》作“常远行于路饮马，辄投钱于井中”……今考絜与子廉名字相应，又俱藉太原，其行谊又极相似，疑此之郝子廉，即《范书》之郝絜也。又案《御览》六二引《三辅决录》：“项中山饮马渭水，日以三钱以偿之。”其沽名钓誉，亦郝子廉之流亚欤！

按：《风俗通义》载东汉时1顿饭值15钱，但《白帖》《太平御览》所引均记为50钱。

（10）肩水金关汉简 73EJH1：32B：

出十五狗肴半升
出十肉脩廿枚

《肩水金关汉简（肆）》下册，第 128 页。

按：本简第 1 行记狗肴半升值 15 钱，价钱相当高。狗肴即狗食。

（二十一）饼价

《三国志》卷十八《魏志·阎温传》注引《魏略·勇侠传》：

〔东汉桓帝时，皮氏长赵岐〕闻有家祸，因从官舍逃，走之河间，变姓字，又转诣北海，著絮巾布袴，常于市中贩胡饼。（孙）宾硕时年二十余，乘犊车，将骑入市。观见岐，疑其非常人也。因问之曰："自有饼邪，贩之邪？"岐曰："贩之。"宾硕曰"买几钱？卖几钱？"岐曰："买三十，卖亦三十。"宾硕曰："视处士之望，非似卖饼者，殆有故。"

按：东汉桓帝时，饼 1 个值 30 钱。

(二十二) 饹价

肩水金关汉简 73EJT37：150：

☐行宿淜上　　廿六日庚辰发宿贫民落　　出四买饹
众人共贷其余

《肩水金关汉简（肆）》下册，第 23 页。

按：本简记出 4 钱买饹，但不知所买饹的数量。

附一：药材价

（1）居延汉简 262·28A：

……付子一斗直百廿五……

《居延汉简甲乙编》，释文第 186 页。

按：附子 1 斗值 125 钱。

（2）居延汉简 488·1：

桂十二
胡豆三
䓑十七
㇒

《居延汉简甲乙编》，释文第 252 页。

按：此简记 3 种药材：桂、胡豆、䓑，但不知 12、3、17 等数字是药材的数量还是价格。

（3）武威汉代医简：

牛膝半斤直五十□□卑□半斤直廿五
朱臾二升半廿五□□方风半斤百
慈石一斤半百卅□□席虫半升廿五
小椒一升半五十□□山朱臾二升半直五十
黄芩一斤直七十□□黄连半斤直百
□□二斤直廿七□□子威取□□河菮半斤，直七十五
续断一斤百子威取□□□□取药凡直九百廿七

甘肃省博物馆、武威县文化馆：《武威汉代医简》，文物出版社 1975 年版，第 19 页。

按：本简所记载的药价为：牛膝半斤值 50 钱，卑□半斤值 25 钱，朱臾（茱萸）2 升半值 25 钱，方风（防风）半斤值 100 钱，慈石 1 斤半值

130 钱，席虫半升值 25 钱，小椒 1 升半值 50 钱，山朱臾（茱萸）2 升半值 50 钱，黄芩 1 斤值 70 钱，黄连（黄莲）半斤值 100 钱，河蕺半斤值 75 钱，续断 1 斤值 100 钱。

（4）魏文帝《典论》论郤俭等事曰：

颍川郤俭能辟谷，饵茯苓，甘陵甘始名善行气，老有少容，庐江左慈知补导之术，并为军吏。初，俭之所至，茯苓价暴贵数倍……

《后汉书》卷八十二下《方术·左慈传》，李贤注引。

按：此条记由于郤俭修道需要吃茯苓，故他所到之处，茯苓价格暴涨数倍。但本条材料未记茯苓的具体价格。

（5）《太平御览》卷八百九十引《范子计然书》：

犀角出南郡，上价八千，中三千，下一千。

按：犀角价格高者 8000 钱，中者 3000 钱，下者 1000 钱。此条所记当为一支犀角之价。

（6）《太平御览》卷九百四十六引《范子计然书》：

螵蛸出三辅，上价三百。

按：三辅出产的螵蛸上价 300 钱，但不知以何单位计算。

（7）《太平御览》卷九百五十四引《范子计然书》

栢枝脂出〔三〕辅，上价升七十，中三十，下十。

按：三辅所出栢枝脂上价每升 70 钱，中价每升 30 钱，下价每升 10 钱。

（8）《太平御览》卷九百六十引《范子计然书》

皂荚出三辅，上价一枚一钱。

按：三辅所出皂荚，上价1枚值1钱。

(9) 居延汉简262·28B：

……榪皮一斗直百五十

《居延汉简甲乙编》，释文第186页。

按：《说文》："榪，榪木也。"榪皮不知作何用途，但1斗值150钱，价格很贵，疑为药用。

(10) 肩水金关汉简73EJH1：16B：

半斗　　　　出十五蜚廉半升
出筲一合　　出十五地膚斗升

《肩水金关汉简（肆）》下册，第126页。

按：本简记蜚廉1升值30钱，地膚1升值30钱。

附二：社钱

(1) 居延汉简180·25：

☐奉千二百　出钱百四社计☐
　　　　　　余钱千☐

《居延汉简甲乙编》，释文第123页。

按：陈槃先生说："'社钱'，岁时祠社群聚饮食之钱也。"[①] 本简记出钱百四社计，似为一次社钱。

(2) 居延汉简254·1：

入钱六千一百五十　　其二千四百受候长
二千八百五十受吏三月小畜计　九百部吏社钱

① 陈槃：《汉晋遗简识小七种》，上海古籍出版社2009年版，第169页。

《居延汉简甲乙编》，释文第180页。

按：此简记“九百部吏社钱”，但未记部吏之人数，故不知每人所出社钱之数额。

八　布帛服装价格

（一）布帛类

1. 筩中价：

（1）《后汉书·王符传》：

《浮侈篇》曰："……昔孝文皇帝躬衣弋绨，革舄韦带。而今京师贵戚，衣服饮食，车舆庐第，奢过王制，固亦甚矣。且其徒御仆妾，皆服文组彩牒，锦绣绮纨，葛子升越，筩中女布。李贤注引扬雄《蜀都赋》曰："布则蜘蛛作丝，不可见风，筩中黄润，一端数金。"盛弘之《荆州记》曰："秭归县室多悠闲，其女尽织布至数十升。"今永州俗犹呼贡布为女子布也。

（2）王鸣盛《十七史高榷》：

王戎传：南郡太守刘肇赂戎筒巾细布五十端。巾，元版作中。愚考：筩中，布名。后汉《王符传》章怀太子注引扬雄《蜀都赋》曰："筩中黄润，一端数金。"元版作中，是。

王鸣盛：《十七史商榷》卷四十八，《晋书六·筒巾细布》。

按：扬雄《蜀都赋》说筩中布一端值数金。按汉代黄金一斤值钱1万计，则一端筩中布值数万钱。"端"，陈直先生说："王国维《释幣》引《魏书：食货志》云：'绢曰匹，布曰端。布六丈而当匹绢，绢以四丈为一匹，布以六丈为一端。’案王氏所引，系北魏时制度。居延木简称‘九稯布二匹’，‘广汉八稯布十九匹’，并不称端。古诗有：‘客从远方来，遗我一端绮。’是汉时缯帛一匹，亦可称为一端。”[①] 杨伯峻《春秋左传注》曰：“古代布帛，皆以古尺二丈为一端，二端为一两。二两类似今之二匹。”[②] 周天游先生说：“自先秦、秦汉至北魏，该长度单位（端）不断有变化，不可以一衡之。”[③]

2. 文绣纂组价

《管子·轻重甲》：

昔者桀之时，女乐三万人，端噪晨乐闻于三衢，是无不服文绣衣裳者，伊尹以薄之游女工文绣纂组，一纯得粟百钟与桀之国。

《管子轻重篇新诠》下册，第493页。

按：《史记·苏秦列传》集解云：“纯，匹端名”，《史记·张仪列传》索隐云，“凡丝绵布帛等一段为一纯”，马非百云，“一纯犹今言一匹”[④]，赵守正说：“纯，相当于‘匹’。”[⑤]《淮南子·地形篇》云：“里间九纯，纯丈五尺。”[⑥] 陈连庆认同一纯为一丈五尺的说法。[⑦]

《管子·轻重甲》云“粟贾平四十”，按此推算，一钟粟值400钱，百钟粟值40000钱，如果一纯为一匹，则每匹值钱40000钱；如果一纯为一丈五尺，则一匹文绣纂组的价格为106666钱，均十分昂贵。

3. 练茈、绡绶价

《管子·轻重丁》：

---

① 陈直：《两汉经济史料论丛》，陕西人民出版社1958年版，第86页。

② 引自（晋）葛洪撰，周天游校注《西京杂记》，三秦出版社2006年版，第34—35页注［七］。

③ 同上。

④ 马非百：《管子轻重篇新诠》下册，第494页注［六］。

⑤ 赵守正《管子注译》上册，广西人民出版社1982年版，第41页。

⑥ 何宁：《淮南子集释》，中华书局1998年版，第324页。

⑦ 陈连庆：《〈轻重〉等篇所见的物价及其年代》。

昔莱人善染，练茈之于莱纯锱，緺绶之于莱亦纯锱也。其周，中十金。

《管子轻重篇新诠》下册，第641页。

按：“练茈”是紫色的厚缯，“练”，《说文解字》解释为：“湅缯也。”① 湅，《玉篇·水部》云：“煮丝绢熟也。”② 可见，“练茈”就是由熟丝织成并染成紫色的帛。緺绶，是紫青色较细密的丝织品。这是说，以前莱国的丝织品价格很便宜，紫色的厚缯和青紫色的丝绦只要一锱金就可以买到一纯。而在周人地区，这些丝织品每纯都价值十金。

一纯“练茈”或“緺绶”值一锱金，这里的“锱”是重量单位，笔者认为，就《管子·轻重篇》来说，一锱为六两的说法比较可信③。按照一锱为6两计算，如果一斤黄金值4000钱，则一锱金值1500钱，也就是说在莱国一纯“练茈”或“緺绶”值1500钱；如果一斤黄金值10000钱，则一锱金值3750钱，即是说莱国的一纯“练茈”或“緺绶”值3750钱。然而，“练茈”“緺绶”一旦运到了周，则价格大涨，一纯竟值“十金”，在《管子·轻重篇》中，金均以“斤”计，因此“十金”即十斤黄金。按照汉代的黄金价格，十斤黄金值4万—10万钱。

4. 锦绣价

锦是用彩色的经丝和纬丝织出各种图案花纹的织物，彩锦代表汉代织物的最高水平④；绣，《急就篇》颜注曰：“绣，刺彩为文也”⑤，可见绣即今天的刺绣。刺绣比织锦更费工，故汉代绣的价值比锦更高⑥。

《太平御览》卷八百一十五引《范子计然》：

能绣细文出齐，匹二万，中万，下五千。

---

① （东汉）许慎：《说文解字》第十三上，丝部，中国书店1989年影印本。

② 《宋本玉篇》，中国书店1983年影印张氏泽存堂本，第353页。

③ 参见拙文《从管子轻重篇所载的粮价看“锱”的释义》，载《广东社会科学》2006年第3期。

④ 林甘泉主编：《中国经济通史·秦汉经济卷》（上册），第414—415页。

⑤ （西汉）史游撰，（唐）颜师古注，曾仲珊校点：《急就篇》，第116页。

⑥ 林甘泉主编：《中国经济通史·秦汉经济卷》（上册），第415页。

按：细致的刺绣上价一匹20000钱，中等的要一匹10000钱，下等的也要5000钱一匹。又，《初学记》卷二十七所引《范子计然》曰："绣细文出齐，上价匹二万，中万，下五千也。"[①] 比《御览》所引更清晰一些。

5. 绫价

《西京杂记》卷一：

> 绫出巨鹿陈宝光家，宝光妻传其法。……机用一百二十镊，六十日成一匹，匹直万钱。

周天游校注：《西京杂记》，第33页。

按：巨鹿陈宝光妻60天织成绫一匹，一匹价值10000钱。又陈直先生说："绫为齐人称布帛细者之名。"[②]

6. 绢价

《管子·乘马篇》：

> 无金则用其绢，季绢三十三制当一镒。

赵守正：《管子注译》上册，广西人民出版社1982年版，第41页。

这是说三十三制"季绢"价值黄金一镒。关于"季绢"，有两种解释：一说是细绢，另一说是三等绢。绢，是用生丝织成的丝织品，《急就篇》卷二颜师古注曰："绢，生白缯，似缣而疏者也"[③]；"缯"，《说文解字》："帛也"[④]，在汉代，"缯"或"帛"是丝织品的通称[⑤]。"制"是古代计量单位，1丈8尺为1"制"，"三十三制"相当于14.85匹[⑥]；"镒"为重量单位，或说20两为1"镒"，或说24两为1"镒"，或说32两为1

① （唐）徐坚等撰：《初学记》下册，中华书局2004年版，第656页。
② 陈直：《两汉经济史料论丛》，陕西人民出版社1958年版，第80页。
③ （西汉）史游撰，（唐）颜师古注，曾仲珊校点：《急就篇》，第121页。
④ （东汉）许慎：《说文解字》第十三上，丝部。
⑤ 林甘泉主编：《中国经济通史·秦汉经济卷》上册，第412页。
⑥ 郭沫若等：《管子集校》，载《郭沫若全集·历史编》第五卷，第145—147页。

“镒”。战国秦汉时期的金价为每斤4000—10000钱。按照这个比价推测，当黄金1斤值钱10000时，则1镒黄金值12500钱（按20两计），或15000钱（按24两计），或20000钱（按32两计）。33制季绢如果值12500钱，则每匹季绢价值841.75钱；如果值钱15000钱，则每匹季绢值1010钱；如果值20000钱，则每匹季绢值钱1346.8钱。如果黄金1斤价值4000钱，则1镒黄金值5000钱（按20两计），或6000钱（按24两计），或8000钱（按32两计）。三十三匹季绢如果值5000钱，则每匹季绢价值336.7钱；如果值6000钱，则每匹季绢值404钱；如果值8000钱，则每匹季绢值538.7钱。按此推测出的“季绢”的价钱为每匹336—1346.8钱。

7. 缯价

《张家山汉简·算数书》：

> 缯幅广廿二寸，袤十寸，贾（价）廿三钱。今欲买从利广三寸、袤六十寸，问积寸及贾（价）钱各几何。曰：八寸十一分寸二，贾（价）十八钱十一分钱九。

《张家山汉墓竹简（二四七号墓）》，第257页。

按：“缯幅广廿二寸，袤十寸，贾（价）廿三钱”，则缯一丈值230钱，1匹为920钱。彭浩认为，本道算题属于西汉初年的作品①，则本题反映的是西汉初年的缯价。缯，是帛的总称。

8. 布价

（1）《云梦秦简·金布律》：

> 钱十一当一布。其出入钱以当金、布，以律。

《睡虎地秦墓竹简》，释文第36页。

这是商鞅变法后，秦国官定的布钱比价，钱11当一布，如果是1匹

① 彭浩：《张家山汉简〈算数书〉注释》，科学出版社2001年版，第4—5页。

布，则布价低廉。

（2）《九章算术·衰分》：

今有布一匹，价直一百二十五。今有布二丈七尺，问得钱几何。答曰：八十四钱八分钱之三。

按：此题所记，布 1 匹值 125 钱。

（3）《九章算术·粟米》：

今有出钱二千三百七十，买布九匹二丈七尺。欲匹率之，问匹几何。答曰：一匹二百四十四钱一百二十九分钱之一百二十四。

按：本题所记，布 1 匹约值 244.96 钱。

（4）《太平御览》卷八百二十引《汉书》：

张敞为京兆尹，长安游徼受赃布，罪名已定，敞多其母守节，而出教更量所受布，狭幅短度中疏亏二尺，贾直五百，由此得不死。

按：王仲荦云："王观堂云，按亏二尺，直五百，则无所亏者，一匹之直，五百二十有六。"①

（5）居延汉简 47·3：

始元三年三月丙申朔丁巳𡈼𨛍啬夫定世敢言之☑
□□二百卌七匹八尺直廿九万八千一百☑

《居延汉简甲乙编》，释文第 33 页。

按：始元三年为公元前 84 年。谢桂华、李均明、朱国炤《居延汉简释文合校》认为："𡈼𨛍"应释作"北乡"②；谢桂华、周年昌《秦汉物价

① 王仲荦遗著：《金泥玉屑丛考》，第 25 页。

② 谢桂华、李均明、朱国炤：《居延汉简释文合校》上册，第 82 页。

资料辑录》认为："□□"疑释为"七稯布"[①]。若如此，则本简所记七稯布1匹值1205.9钱。

(6) 居延汉简287·13：

惊虏燧卒东郡临邑吕里王广 □上字次君贳卖八稯布一匹直二百九十觻得定安里□方子惠所舍上中门第二里三门东入任者阎少季薛少卿

《居延汉简甲乙编》，释文第206页。

按：本简所记1匹八稯布值290钱。又，谢桂华、李均明、朱国炤：《居延汉简释文合校》释第一个"□"为"卷"，释第二个"□"为"随"，释"舍"为"在"[②]。李振宏、孙英民《居延汉简人名编年》系王广于昭帝始元三年（公元前84年）[③]。

(7) 居延汉简308·7：

入 布一匹直四百 绛絮二斤八两直四百
凡直八百 给始元四年三月四月奉
始元四☑

《居延汉简甲乙编》，释文第214页。

按：西汉昭帝始元四年为公元前83年，时1匹布值400钱，1斤绛絮值160钱。

(8) 居延汉简90·56，303·30：

出广汉八稯布十九匹八寸大半寸直四千三百廿给吏秩百一人元凤三年正月尽六月积六月☑

① 谢桂华、周年昌：《秦汉物价资料辑录》，载中国社会科学院历史研究所编《中国古代社会经济史资料》第一辑，福建人民出版社1985年版，第48页。

② 谢桂华、李均明、朱国炤：《居延汉简释文合校》下册，第485页。

③ 李振宏、孙英民：《居延汉简人名编年》，第12页。

《居延汉简甲乙编》，释文第 67 页。

按：西汉昭帝元凤三年为公元前 78 年，其年 1 匹广汉八稯布值 227 钱。

（9）江苏仪征胥浦 101 号西汉墓出土赙赠木方：

……又取布六丈褐一匹履一两凡直钱千一百卌……

扬州博物馆：《江苏仪征胥浦 101 号西汉墓》，载《文物》1987 年第 1 期。

按：此为西汉平帝元始五年（公元 5 年）的纪年墓，所记布 6 丈、褐 1 匹、履 1 两共值 1140 钱，但不知布的具体价格。

（10）《汉书·王莽传》：

〔天凤三年（公元 16 年）五月〕（王）莽下吏禄制度，曰："予遭阳九之阸，百六之会，国用不足，民人骚动，自公卿以下，一月之禄十緵布二匹，或帛一匹"。

按：王莽在天凤三年颁布吏禄制度时，1 匹帛的价值与 2 匹十緵布的价格相等。

（11）敦煌汉简 1464：

□厭郭成买布三尺五寸，直一石四斗
所卖布踈　始乐尹虎买布三尺五寸，直一石四斗　索卿以☑
万贯范融买□一丈二尺，直四石二斗
（A）

长生赵伯二石
●凡九斛前付卿为人　（B）

《敦煌汉简》，释文第 275 页。

按：本简所记，1 尺布值 4 斗（1 匹值 16 石）；1 尺布值 3.5 斗（1 匹值 14 石）。另，简文中石、斛并用，其年代当不早于王莽始建国年间[①]。

① 参见《饶宗颐二十世纪学术文集》第五册·简帛学，第 595 页。

（12）敦煌汉简 838A：

当欲隧卒宾德成卖布一匹直钱三百五十临要隧长当责尽四月奉

察適隧卒王未央卖絣一匹三百七十当责察適隧长尽四月奉

恿敢卒狐卖练一匹贾钱四百九十又布钱百卌四凡直六百廿四当责造史诛子病□尽四月

《敦煌汉简》，释文第 251 页。

按：此简所记：1 匹布值 350 钱，1 匹絣值 370 钱，1 匹练值 490 钱。饶宗颐、李均明先生《敦煌汉简编年考证》系此简为王莽始建国末至天凤初年①。

（13）居延新简 EPT56 · 10：

戍卒东郡聊城昌国里緣何齐　贳卖七稯布三匹直千五十屋兰定里石平所舍在郭东道南任者屋兰力田亲功□□临木燧

《居延新简——甲渠候官》，释文第 134 页。

按：本简所及记，1 匹七稯布值 350 钱。

（14）居延汉简 311 · 20：

戍卒魏郡贝丘珂里杨通　贳卖八稯布八匹₌直二百卅并直千八百卌□□当□里孟不□□□□常利里淳于中君

《居延汉简甲乙编》，释文第 216 页。

按：谢桂华、李均明、朱国炤：《居延汉简释文合校》释此简为：

戍卒魏郡贝丘珂里杨通贳卖八稯布八匹匹直二百卅并直千八百卌卖郑富安里二匹不实贾知券常利里淳于中君②

① 参见《饶宗颐二十世纪学术文集》第五册 · 简帛学，第 596 页。

② 谢桂华、李均明、朱国炤：《居延汉简释文合校》下册，第 508 页。

本简所记，1 匹八稯布值 230 钱。

（15）居延汉简 282·5：

终古燧卒东郡临邑高平里古胜字涔翁　贳卖九稯曲布三匹＝三百卌三凡直千鱳得富里　张公子所舍在里中二门东入住者同里徐广君

《居延汉简甲乙编》，释文第 201 页。

按：本简所记，1 匹九稯布值 333 钱。另，谢桂华、李均明、朱国炤《居延汉简释文合校》释“古胜”为“召胜”，释“字涔翁”为“字游翁”，释“住者”为“任者”①。

（16）居延新简 EPT8·25：

☐恩买布一匹直四百以上复买白缣二☐
□□

《居延新简——甲渠候官》，释文第 22 页。

按：1 匹布值 400 钱以上。

（17）居延新简 EPT53·52：

……布一匹直五百……

《居延新简——甲渠候官》，释文第 123 页。

按：本简所记，1 匹布值 500 钱。

（18）居延新简 EPT56·72A：

胡中文布计　尹圣卿二匹直六百　田子柳二匹直六百　□□一匹直三百　□□□一匹直三百
孙赣二匹直六百　□□□二匹直六百　凡□□十四匹
张游卿二匹直六百　□□二匹直六百　七月余十

① 谢桂华、李均明、朱国炤：《居延汉简释文合校》下册，第 472 页。

一匹

《居延新简——甲渠候官》，释文第136页。

按：本简所记，1匹布值300钱。

（19）居延新简EPT59·64：

责第卅七隊卒尹禹字君伯　布一匹直七百五十　候史张君卿任卩

《居延新简——甲渠候官》，释文第158页。

按："布一匹直七百五十"是用小字书写。本简所记，1匹布值750钱。

（20）居延新简EPT59·70：

责第卅三隊卒纪常富字子严　布二匹直千五百　候史张君卿任已入五百少千

《居延新简——甲渠候官》，释文第158页。

按：本简所记，1匹布值750钱。

（21）居延新简EPT59·660：

☐人先□□□物□□□乃受直布一匹直四百当得□单□□□☐

《居延新简——甲渠候官》，释文第176页。

按：本简所记，1匹布值400钱。

（22）肩水金关汉简73EJT22：79B：

☐□□布□匹直□□☐

《肩水金关汉简（贰）》下册，第51页。

按：由于简文无法完全辨识，所以，本简记载的布价不详。

（23）肩水金关汉简 73EJT23：963：

☐贳卖布一匹贾钱二百五十贷钱百卌凡直三百九十故水门隧长尹野所☐

《肩水金关汉简（贰）》下册，第 126 页。

按：本简所记，1 匹布值 250 钱。

（24）肩水金关汉简 73EJT23：985：

布六尺五寸直七十五……

《肩水金关汉简（贰）》下册，第 128 页。

按：本简所记，布 6 尺 5 寸值 75 钱，则布 1 匹值钱 461.5。

（25）肩水金关汉简 73EJT24：263：

六月廿日责计　责柳子文布一匹少百　责☐☐骛布一匹直四百入
二百八十少百廿
责庞次君布一匹直四百廿出二百五十少七十

《肩水金关汉简（贰）》下册，第 156 页。

按：本简所记，布 1 匹值 400 钱，骛布 1 匹也值 400 钱。

（26）肩水金关汉简 73EJT26：23：

入七稯布二千七百九十七匹九尺六寸五分直六十万八千四百　率匹二百一十七钱五分

《肩水金关汉简（叁）》下册，第 50 页。

按：本简所记，1 匹七稯布价值 217.5 钱。

9. 阜（皂）布价

（1）居延汉简 139·32（合校 230）：

阜布二匹直☐二百　☐　直千二百

《居延汉简甲乙编》，释文第98页。

按：本简所记，“直□二百”当是“直千二百”。如此，则一匹皁布值600钱。

（2）敦煌汉简2324A：

先取给宜当上间伏不在久₌至今叩₌头₌唯以皁布八尺直百廿八钱尺十六钱

《敦煌汉简》，释文第310页。

按：本简所记，1尺皁布值16钱，则皁布一匹值640钱。

（3）肩水金关汉简73EJT23：925：

☑水门隧卒成弱郭徒毋何贳买皂布一匹直三百

《肩水金关汉简（贰）》下册，第123页。

按：本简所记，1匹皂布值300钱。

（4）肩水金关汉简73EJT30：32：

禽冠骍北十二月奉千二百……出百一十六皁布八尺……

《肩水金关汉简（叁）》下册，第107页。

按：本简所记，皁布1尺值钱14.5，则1匹皁布值580钱。

10. 角布价

额济纳汉简2000ES9SF4：22：

☑第九隧卒史义角布一匹贾钱五百约至八月钱必已钱即不必☑

《额济纳汉简》，第252页。

按：本简所记，1匹角布值500钱。

11. 尊布价

肩水金关汉简 73EJT7：19：

……出钱六百买尊布一匹……

《肩水金关汉简（壹）》下册，第 79 页。

按：本简所记，1 匹尊布值钱 600。

12. 毋尊布价

（1）肩水金关汉简 73EJT23：296A：

毋尊布□匹直三百八十粱卿取……

《肩水金关汉简（贰）》下册，第 78 页。

按：本简所记，毋尊布匹数不明，故 380 钱是否为毋尊布之单价，尚不能断定。

（2）肩水金关汉简 73EJT23：805：

出钱七百八十　毋尊布二匹直七百八十　八月辛卯受高卿
毋尊布一匹直四百□　▨

《肩水金关汉简（贰）》下册，第 113 页。

按：本简所记，毋尊布 1 匹分别值 390 钱、400 钱。

（3）肩水金关汉简 73EJT23：906B：

十月一日从王君长取毋尊布一匹直百□□二百六十少二百□

《肩水金关汉简（贰）》下册，第 121 页。

按：本简涉及毋尊布价格的关键文字无法辨识，故不能具体了解其价格。但从“直百□□”，及最后“二百六十”“少二百□”等数字看，本简所载毋尊布的价格也不会很高。

（4）肩水金关汉简 73EJT24：389：

出钱千八百　毋尊布三匹＝四百
　　　　　　黄缣一匹直□□　☒

《肩水金关汉简（贰）》下册，第 165 页。

按：本简所载很明确，毋尊布 1 匹值钱 400。

13. 帑布价

肩水金关汉简 73EJT24：263：

六月廿日责计……责□□帑布一匹直四百入二百八十少百廿……

《肩水金关汉简（贰）》下册，第 156 页。

按：本简所记，帑布 1 匹价值 400 钱。

14. 帛价

（1）《汉书·东方朔传》：

〔武帝时，帝姑馆陶公主号窦太主〕寡居，年五十余矣，近幸董偃。……主因推令散财交士，令中府曰："董君所发，一日金满百斤，钱满百万，帛满千匹，乃白之。"

按：依此条所记推测，帛 1 匹似值 1000 钱。

（2）居延汉简 303·5：

出河内廿两帛八匹一丈三尺四寸大半寸直二千九百七十八给佐史一人元凤三年正月尽九月积八月少半日奉

《居延汉简甲乙编》，释文第 211 页。

按：本简所记，昭帝元凤三年（公元前 78 年）九月 1 匹河内廿两帛值 358.79 钱。

（3）居延汉简210·27：

●右庶士＝吏候长十三人　禄用帛十八匹二尺少半寸　直万四千四百四十三

《居延汉简甲乙编》，释文第138页。

按：此是王莽时代简，简文载1匹帛值800钱。

（4）居延汉简39·30：

四月禄帛一匹直四☑
钱四百一十☑

《居延汉简甲乙编》，释文第27页。

按：此简“直四”后断折，殊为可惜。另，此为王莽时代简。

（5）居延汉简95·7：

不侵燧长高仁　券□帛三丈三尺八月甲寅延取燧长孙昌取　卩

《居延汉简甲乙编》，释文第68页。

按：谢桂华、李均明、朱国炤：《居延汉简释文合校》释“券□”为“桼月禄”，释“延取”为“自取”①。按照《合校》所释：此简所载内容是：以三丈三尺帛代燧长一月之禄，燧长一个月之禄通常为600—900钱，依此推算，则帛价当为727—1091钱。另外，此简“七”写作“桼”，当属王莽时代。

（6）居延汉简509·19：

始元三年九月四日以从受物给长中帛若干匹直若干以给始元三年正月尽八月积八月奉

《居延汉简甲乙编》，释文第262页。

① 谢桂华、李均明、朱国炤：《居延汉简释文合校》上册，第162页。

按：本简为昭帝始元三年的习字简，云“帛若干匹直若干”，但一匹帛究竟价值多少，则不明晰。

（7）居延汉简89·12：

候史靳望　正月奉帛二匹直九百　其一匹顾发
定受一匹

《居延汉简甲乙编》，释文第65页。

按：本简所记，1匹帛值450钱。

（8）居延汉简168·13：

☑钱十一万三千五百八十七　其十一万四百卌四调钱　二百九十库所买直
二千八百六十二赵丹所买帛六匹直

《居延汉简甲乙编》，释文第115页。

按：本简所记，1匹帛值477钱。

（9）居延汉简509·15：

帛千九十匹二尺五寸大半寸直钱卅五万四千二百

《居延汉简甲乙编》，释文第262页。

按：本简所记，1匹帛值324.93钱。

（10）居延汉简509·8：

受六月余河内廿两帛卅六匹二丈二尺二寸少半寸直万三千五十八

《居延汉简甲乙编》，释文第262页。

按：本简所记，1匹河内廿两帛值357.26钱。

（11）居延汉简522·2：

☑□年四月尽六月积三月奉用钱☑

☐第廿六两帛五匹二尺直千☐

《居延汉简甲乙编》释文第 273 页。

按：此简恰在直千后断折，姑且按值 1900 钱计算，则 1 匹帛值 376.23 钱。

（12）居延新简 EPT65·330A：

受阁帛一匹

临木隧卒程当

甲渠尉取直谷卅三石

出谷十六石五斗五升布买绛；

出谷三石三斗买☐三斤庄繻

出谷三石五斗买履一两

●凡出谷廿三石三斗五升　当已给

今余谷九石六斗五升　主

《居延新简——甲渠候官》，释文第 194 页。

按：本简所记，1 匹帛值 33 石谷。

（13）居延新简 EPF22·325A：

●范君上月廿一日过当曲言窦昭公到高平还道不通●天子将兵在天水闻羌胡欲击河以西

今张掖发兵屯诸山谷麦熟石千二百帛万二千牛有贾马如故七月中恐急忽＝吏民未安

《居延新简——甲渠候官》，释文第 220 页。

按：本简所记为东汉建武初年事，时 1 匹帛值 12000 钱，为 1 石麦价的 10 倍。

（14）居延新简 EPT59·345：

今余帛一匹直四百七十七

《居延新简——甲渠候官》，释文第167页。

按：本简所记，1匹帛值477钱。

（15）敦煌马圈湾出土汉代帛书：

尹逢深，中般左长传一，帛一匹，四百卅，乙株市。十月丁酉，亭长延寿。都吏稚，讫。

《敦煌马圈湾汉代烽燧遗址发掘报告》，载甘肃省文物考古研究所编《敦煌汉简》上册，第66页。

按：此帛书所记帛价为1匹430钱。帛书发现于敦煌马圈湾汉代烽燧遗址，《敦煌马圈湾汉代烽燧遗址发掘报告》称帛书字体为隶体，“部分带有小篆笔法，墨迹清晰秀美，似属西汉中期流行之书体”。

（16）居延新简EPT65·65：

☐帛一匹　出帛一匹从民吴□买缯𦈡一领□绛

《居延新简——甲渠候官》，释文第186页。

按：本简所记，1匹帛买缯𦈡1领。

（17）居延新简EPT65·106：

［鄣卒王□　出帛一丈为母治𦈡　□□一领　□□□□□□
今毋余帛

《居延新简——甲渠候官》，释文第188页。

按：本简所记，1丈帛治𦈡1领。

（18）居延新简EPT65·107：

［鄣卒王□　出帛一丈买韦绛一
出帛一丈买麤八斤　今毋余帛

《居延新简——甲渠候官》，释文第188页。

按：本简所记，1 丈帛买 1 韦绛，1 丈帛买瓭 8 斤。

（19）肩水金关汉简 73EJT9：55：

出帛七匹三丈一尺七寸直千八百 ▨

《肩水金关汉简（壹）》下册，第 105 页。

按：本简所记，1 匹帛约值 231 钱。

（20）肩水金关汉简 73EJT21：300A：

▨年正月尽三月积三月奉用钱千

六辈廿两帛三匹二丈六尺七寸直九百▨

《肩水金关汉简（贰）》下册，第 34 页。

按：本简"直九百"后断折，按照一般情况，这枚简所记的 3 匹 2 丈 6 尺 7 寸廿两帛的价值当为 900—1000 钱。以此推算，每匹廿两帛的价钱为 245—273 钱。

（21）肩水金关汉简 73EJT29：26：

帛四丈九尺〻九直百卌四　□三丈尺九直二百七十　素六尺〻十直六十　□□□匹直百九十

絮一绳直……　带一直……　□直……　□一直……

《肩水金关汉简（叁）》下册，第 93 页。

按：本简所记，帛 1 尺值 9 钱，则 1 匹值 360 钱。

15. 缣价

（1）《九章算术·粟米》：

今有出钱七百二十，买缣一匹二丈一尺。欲丈率之，问丈几何。答曰：一丈，一百一十八钱六十一分钱之二。

按：本题所记，缣1匹价值472钱。又，陈直先生说："缣为并丝缯"。①

（2）《九章算术·衰分》：

今有缣一丈，价直一百二十八，今有缣一匹九尺五寸，问得钱几何。答曰：六百三十三钱五分钱之三。

按：本题所记，缣1丈价值128钱，则1匹价值512钱。

（3）《太平御览》卷四百九十六引《风俗通》：

〔汉成帝时，临淮有两人共争一匹缣〕丞相薛宣劾实，两人莫肯首服，宣曰："缣直数百钱耳，何足纷纷，自致县官。"

按：本条所记，缣1匹价值数百钱。

（4）居延汉简217·15，217·19：

吞远隧卒夏收　自言责代胡隧长张赦₌之₌买收缣一丈直钱三百六十

《居延汉简甲乙编》，释文第148页。

按：本简所记，1匹缣值1440钱，又李振宏、孙英民《居延汉简人名编年》系夏收于成帝建始元年，即公元前32年②。

（5）居延新简EPT51·531：

☑□稚季缣一匹直千二百毕

《居延新简——甲渠候官》，释文第91页。

按：本简所记，缣1匹值1200钱。

① 陈直：《两汉经济史料论丛》，陕西人民出版社1958年版，第80页。

② 李振宏、孙英民：《居延汉简人名编年》，第185页。

（6）居延新简 EPT65·231A：

▨王立负张殷缣十丈直谷六石立见在县仓曹舍

《居延新简——甲渠候官》，释文第 191 页。

按：本简所记，缣 10 丈值谷 6 石，则 1 匹值谷 2.4 石。

（7）居延新简 EPT59·163：

枚缣素上贾一匹直小泉七百枚其马牛各且倍平及诸万物可皆倍牺和折威侯匡等所为平贾夫贵者征贱物皆集聚于常安城中亦自为极贱矣县官市买于民＝

《居延新简——甲渠候官》，释文第 161 页。

按：此简属王莽时代，1 匹缣、素上价值小泉 700 枚。

（8）敦煌汉简 2024：

▨广新隧长张渊奉缣三丈二尺▨

《敦煌汉简》，释文第 298 页。

按：此是以缣代奉，3 丈 2 尺缣抵燧长一个月之奉，燧长月俸通常为 600—900 钱。此简载以 3 丈 2 尺帛代燧长一月之俸，则缣价当为 750—1125 钱。饶宗颐、李均明先生《敦煌汉简编年考证》系此简于王莽末年①。

（9）敦煌汉简 1970（A）：

任城国亢父缣一匹幅广二尺二寸长四丈重廿五两直钱六百一十八

《敦煌汉简》，释文第 296 页。

按：此为东汉章帝元和（公元 84 年）后的价格，1 匹亢父缣值 618

① 《饶宗颐二十世纪学术文集》第五册·简帛学，台北新文丰出版股份有限公司 2003 年版，第 642 页。

钱。王仲荦云："王观堂云：按《盐铁论·散不足篇云》：纨素之价倍缣，则缣当得素价之半。范子曰：白素匹八百，则缣价不过四百，至任城亢父缣云一匹直六百一十八，则素价当在千钱以上，盖二书所记，时代不同。范子有三辅，当为前汉时事，任城国则章帝元和始建，乃后汉事也。又云：绢之中，纨素为上，缣次之，绢又次之。《晋令》，缣一匹，当绢六丈，则绢贱于缣者又三分之一。据前汉素价，绢一匹当直二百六十余，据后汉缣价，绢1匹当直四百余矣。"[1]

（10）居延汉简163·3：

卖缣一直钱八百约至□☐

《居延汉简甲乙编》，释文第113页。

按：本简所记，1匹缣值800钱。

（11）居延新简EPW·34：

☐ 缣一匹直六百☐

《居延新简——甲渠候官》，释文第239页。

按：本简所记，1匹缣值600钱或600余钱。

（12）居延汉简221·19：

☐一千一百六十受缣五匹卖雠匹三百

《居延汉简甲乙编》，释文第153页。

按：本简所记，1匹缣值300钱。

（13）《盐铁论·散不足篇》：

夫纨素之贾倍缣，缣之用倍纨也。

《盐铁论校注（定本）》上册，第350页。

---

① 王仲荦遗著：《金泥玉屑丛考》，第26页。

按：缣价为纨、素价格的一半。

（14）江苏仪征胥浦101号西汉墓出土赙赠木方：

……又取缣二匹直钱千一百于舆……

扬州博物馆：《江苏仪征胥浦101号西汉墓》，载《文物》1987年第1期，第12—13页。

按：此为西汉平帝元始五年（公元5年）的纪年墓，所记缣价为缣1匹值550钱。

（15）肩水金关汉简73EJT27：4：

☐□里黄□贳买□□资□里高赏复缣一匹贾□知券齿古酒旁二斗卩☐

《肩水金关汉简（叁）》下册，第69页。

按：此简所记为贳买缣的记录，惜缣价不明。

（16）肩水金关汉简73EJT24：389：

出钱千八百　毋尊布三匹＝四百
　　　　　　黄缣一匹直□□　　☐

《肩水金关汉简（贰）》下册，第165页。

按：本简记出1800钱，其中毋尊布3匹，每匹400钱，则黄缣1匹价值600钱。

16. 练价

（1）居延汉简284·36：

……白练二匹直千四百　练一匹直千……

《居延汉简甲乙编》，释文第204页。

按：本简所记，1匹白练值700钱，1匹练值1000钱。又，陈直先生说："练为湅（湅染）缯"。①

（2）居延汉简 185·15，217·10：

十石以买练一匹至十月中不试□母房　练丈□尺☑

《居延汉简甲乙编》，释文第 126 页。

按：本简所记，1 匹练值 10 石，但未记所值为何物，疑当为谷类，或为粟、黍，或为粱、麦。

（3）居延汉简 35·6：

灭虏隧戍卒梁国蒙东阳里公乘左咸年卅六自言责故乐哉隧长张中实皁练一匹直千二百今中实见为甲渠令史

《居延汉简甲乙编》，释文第 22 页。

按：本简所记，1 匹皁练值 1200 钱。

（4）肩水金关汉简 73EJT7：19：

出钱二百卌买练一丈……

《肩水金关汉简（壹）》下册，第 79 页。

按：本简所记，练价当在 1 匹 960 钱以内。

17. 系价

（1）居延汉简 262·28A：

绡系二斤直四百卌四……

《居延汉简甲乙编》，释文第 186 页。

按：本简所记，1 斤绡系值 217 钱。

① 陈直：《两汉经济史料论丛》，陕西人民出版社 1958 年版，第 80 页。

（2）居延汉简89·3：

虞卒等二人系絮各一斤　直二百

《居延汉简甲乙编》，释文第65页。

按：本简所记，系、絮各1斤共值200钱，然不明系、絮价值各多少。

（3）居延汉简206·3：

官言贳□枲一斤直三百五十……

《居延汉简甲乙编》，释文第136页。

按：谢桂华、李均明、朱国炤《居延汉简释文合校》及谢桂华、周年昌先《秦汉物价资料辑录》均释“官”为“自”，释“□”为“卖”，释“枲”为“系”。① 若如此，则本简所载系价为1斤值350钱。

（4）居延新简EPT50·56B：

☐□□不□给□直千系直四百凡千四百钱……

《居延新简——甲渠候官》，释文第66页。

按：此简述系值400钱，但不知系的数量是多少。

18. 丝价

（1）《九章算术·衰分》：

今有丝一斤，价直三百四十五。今有丝七两一十二铢，问得钱几何。

① 谢桂华、李均明、朱国炤：《居延汉简释文合校》上册，第319页；谢桂华、周年昌：《秦汉物价资料辑录》，载《中国古代社会经济史资料》第一辑，福建人民出版社1985年版，第56页。

按：本题所记丝1斤值345钱。

（2）《九章算术·衰分》：

今有丝一斤，价直二百四十，今有钱一千三百二十八，问得丝几何。

按，本题所记，丝1斤值240钱。

（3）《九章算术·粟米》：

今有出钱一万三千九百七十，买丝一石二钧二十八斤三两五铢，欲其贵贱铢率之，问各几何。

按：本题所记，1斤丝值67钱。

19. 絮价

（1）居延汉简308·7：

……绯絮二斤八两直四百……

《居延汉简甲乙编》，释文第214页。

按：本简所记，一斤绯絮值160钱。罗庆康说："絮，似棉纤维类，以斤论价。"① 从下面的例子可以看出，絮不都是以斤论价。

（2）居延新简EPT51·249：

第卌二隊卒郏邑聚里赵谊　自言十月中贳卖系絮二枚直三百居延昌里徐子放所　已入二☑

《居延新简——甲渠候官》，释文第82页。

按：此简记系絮按枚计，1枚系絮值150钱。

① 罗庆康：《居延新简所记的西汉物价研究》，载《安徽史学》1994年第2期。

（3）居延新简 EPT51・257：

☑絮二百卅二斤直二千四百二钱

《居延新简——甲渠候官》，释文第 83 页。

按：此简所载，絮按斤计，1 斤絮值 10.35 钱。

（4）居延新简 EPT51・414：

☑卖絮三橐直百五十

《居延新简——甲渠候官》，释文第 87 页。

按：此简中絮按橐计，1 橐絮值 50 钱。

（5）居延新简 EPT59・21：

络絮二斤直百卌　☑

《居延新简——甲渠候官》，释文第 157 页。

按：此为络絮，1 斤值 70 钱。

（6）居延新简 EPT59・38：

☑丰责居延男子张君孙襄絮一枚直百三十五入三十五

《居延新简——甲渠候官》，释文第 157 页。

按：此为襄絮，按枚计，1 枚值 135 钱。

（7）居延新简 EPT59・76：

堵絮二斤＝百五十直三百

《居延新简——甲渠候官》，释文第 159 页。

按：此为堵絮，1 斤值 150 钱。

（8）敦煌汉简1408：

六月尽七月奉絮七斤八两十八铢

李广利　　凡十四斤八两一铢

八月尽九月奉絮六斤十五两七铢

《敦煌汉简》，释文第272页。

按：此以絮代奉，如按月奉600钱计，则1斤絮平均值165.5钱；如按900钱月奉计，则1斤絮平均值248.27钱；如按月奉1200钱计，则1斤絮平均值331钱。

（9）肩水金关汉简73EJT5：60：

☐今余河内第十六辈丝絮六十二斤四两直四千廿钱八分率斤六十四钱五分什分七百分八

《肩水金关汉简（壹）》下册，第57页。

按：河内第十六辈丝絮，每斤值64钱余。

（10）肩水金关汉简73EJT21：52A：

……絮一斤直百七十……

《肩水金关汉简（贰）》下册，第13页。

按：此简所记絮1斤值170钱。

（11）肩水金关汉简73EJT23：898A：

十二月己酉啬夫□卿□□□□市□□絮二枚直百卌黑絮一两直卅五

《肩水金关汉简（贰）》下册，第120页。

按：此简记“□□絮二枚”值140钱，又记黑絮1两值35钱。

（12）肩水金关汉简 73EJT24：6A：

……出钱卌君成买絮一枚　出钱……

《肩水金关汉简（贰）》下册，第 136 页。

按；此简记絮 1 枚值 40 钱。

（13）肩水金关汉简 73EJT24：6B：

……出四百八十买絮　出钱……

《肩水金关汉简（贰）》下册，第 136 页。

按：从此简所记虽不明 480 钱所买絮的具体数量，但从简的 A 面所记 1 枚絮值 40 钱推测，480 钱所买的絮应该为 12 枚。

（14）肩水金关汉简 73EJT28：73：

☐鲁絮一斤直百卅☐

《肩水金关汉简（叁）》下册，第 85 页。

按：本简所记，鲁絮 1 斤值 130 钱。

（15）肩水金关汉简 73EJT31：30：

☐ …… □ 已得彭城系絮七斤直四百廿七　财物直五千七百五十五

《肩水金关汉简（叁）》下册，第 127 页。

按：本简所记，彭城系絮 1 斤值 61 钱。

20. 枲价

（1）江陵凤凰山 10 号汉墓木牍：

……

九月四日付五翁伯枲一唐卅●笥三合₌五十四直百六十四

九月七日付五翁伯笥二合＝五十四直百八

九月九日付五翁伯笥二合＝五十直百枲一唐卅●凡百卅

九月十三（?）日付□□□笥二合＝五十四直百八

九月十五日付□□笥二合＝五十四直百八枲四絜＝七直廿八●凡百卅六

……

湖北省文物考古所编：《江陵凤凰山西汉简牍》，中华书局2012年版，第135—136页。

按：本木牍所记枲的单位有两种，即“唐”和“絜”，枲1唐值30钱，枲1絜值7钱。

（2）敦煌汉简1838：

兵曹书佐蓬卿 用枲一斤直十

《敦煌汉简》释文，第290页；又见《流沙坠简》卷二《屯戍丛残考释·器物类》简五十四。

按：本简所记，1斤枲值10钱。

（3）肩水金关汉简73EJT23：321A：

……枲一斤直十□卌五□□……

《肩水金关汉简（贰）》下册，第80页。

按：本简“直十”后一字虽无法辨识，但笔者认为，该字为“钱”的可能性较大。若此，则枲1斤也值10钱。

（4）肩水金关汉简73EJT23：985：

……枲四斤直七十……

《肩水金关汉简（贰）》下册，第128页。

按：本简所记，1斤枲值17.5钱。

（5）居延汉简206·3：

官言贳□枲一斤直三百五十……

《居延汉简甲乙编》，释文第136页。

按：按本简记载，枲1斤值350钱，价格比前几例要高出数十倍。谢桂华、李均明、朱国炤《居延汉简释文合校》及谢桂华、周年昌《秦汉物价资料辑录》均释“官”为“自”，释“□”为“卖”，释“枲”为“系”①。若如此，则本简所载为系价。

21. 橐络价

敦煌汉简1449（A）：

元平元年七月庚子禽冠卒冯时卖橐络六枚杨卿所约至八月十日与时小麦七石六斗过月十五日以日斗计盖卿任

《敦煌汉简》，释文第274页。

按：元平元年为公元前74年，本简记橐络1枚值1.266石小麦。

22. 绨价

（1）《管子·轻重戊》：

管子告鲁梁之贾人曰：“子为我致绨千匹，赐子金三百斤，什至，而金三千斤。”

《管子轻重篇新诠》下册，第695页。

按：这条材料说的是管仲为了用价格战的手段迫使鲁、梁两国臣服，鼓励鲁、梁两国的商贾大量向齐国贩运“绨”，许诺用三百金收购一千匹

① 谢桂华、李均明、朱国炤：《居延汉简释文合校》上册，第319页；谢桂华、周年昌：《秦汉物价资料辑录》，载《中国古代社会经济史资料》第一辑，福建人民出版社1985年版，第56页。

绨的高价收购鲁、梁两国的“绨”。其目的是让鲁、梁两国全都弃农而织绨，导致粮荒，从而被迫臣服于齐国。

“绨”是一种较厚的丝织品。《急就篇》“绨络缣练素帛蝉”句，颜师古注云：“绨，厚缯之滑泽者也，重三斤五两，今谓之平绌”[①]；《释名·释采帛》云：“绨似蛦，虫之色绿而泽也。”[②] 王仲荦先生也说：“绨，缯之厚者。”[③] 可见，“绨”是较厚且染有颜色的丝织品。“绨”千匹值金300斤，如果金1斤值10000钱，则“绨”1匹值3000钱；如果金1斤值4000钱，则“绨”1匹值钱1200钱。当然，这个价钱是管仲为了价格战的需要而大大提高了的。

（2）肩水金关汉简73EJT21：52A：

绿绨一丈二尺直二百六十八率尺廿四……

《肩水金关汉简（贰）》下册，第13页。

按：此简记载绿绨1丈2尺直268钱，计算下来，每尺价格为22.33钱，但简文却记为每尺24钱。按每尺24钱计算，每匹（40尺）绿绨价格为960钱。按每尺22.33钱计算，则每匹绿绨价格为893.2钱。

23. 缥价

（1）居延汉简284·36：

缥一匹直八百……

《居延汉简甲乙编》，释文第204页。

按：本简所记，1匹缥值800钱。又，陈直先生说：“缥为帛白青色。”[④]

---

① （西汉）史游撰，（唐）颜师古注，曾仲珊校点：《急就篇》，岳麓书社1989年版，第122页。

② （清）王先谦撰集：《释名疏证补》，上海古籍出版社1984年版，第224页。

③ 王仲荦遗著：《金泥玉屑丛考》，中华书局1998年版，第2页。

④ 陈直：《两汉经济史料论丛》，陕西人民出版社1958年版，第83页。

（2）肩水金关汉简 73EJT23：965：

广野隧卒勒忘 贳卖缥一匹隧长屋阑富昌里尹野所 丿

《肩水金关汉简（贰）》下册，第126页。

按：本简所记，“贳卖缥一匹”，惜此简未记载缥的价格。

24. 缘价

（1）肩水金关汉简 73EJT7：19：

……出钱百六十九缘六尺半 卩

《肩水金关汉简（壹）》下册，第79页。

按：此简所记缘价为每尺26钱。

（2）肩水金关汉简 73EJT30：124+96+123：

张贞计 ……百九十五各象丈三尺……卌五各象三尺 凡四百廿

《肩水金关汉简（叁）》下册，第112页。

按：本简所记，各象1尺值15钱。

（3）肩水金关汉简 73EJT32：10：

……各象七尺 = 十四 完象六尺 = 十一 ……

《肩水金关汉简（叁）》下册，第143页。

按：本简所记，各象1尺价值14钱；完象1尺价值11钱。

25. 素价

（1）《九章算术·衰分》：

今有素一匹一丈，价直六百二十五。今有钱五百，问得素几何。答曰：得素一匹。

按：本题所记，素1匹值500钱。

（2）居延汉简28·6：

粉帛惠用白素二尺　直卌

《居延汉简甲乙编》，释文第17页。

按：本简所记，白素2尺值40钱，则1匹白素值800钱。

（3）居延汉简214·26：

☐买白素一丈直二百五十　凡九百七十九

《居延汉简甲乙编》，释文第143页。

按：本简所记，白素1丈值250钱，则1匹白素值1000钱。

（4）居延汉简284·36：

□素丈六尺直三百六十八……

《居延汉简甲乙编》，释文第204页。

按：《居延汉简释文合校》释"□素"为"代素"①。本简所记，素1丈6尺值368钱，每尺值23钱，则1匹值920钱。

（5）《盐铁论·散不足篇》：

夫纨素之贾倍缣，缣之用倍纨也。

《盐铁论校注（定本）》上册，第350页。

按：此言纨素价格是缣价的2倍。

---

① 谢桂华、李均明、朱国炤：《居延汉简释文合校》下册，文物出版社1987年版，第479页。

（6）肩水金关汉简 73EJT30：124 + 96 + 123：

……百廿夅素六尺……

《肩水金关汉简（叁）》下册，第 112 页。

按：本简所记，夅素 1 尺值 20 钱，则 1 匹值 800 钱。

（7）肩水金关汉简 73EJT29：26：

……素六尺＝十直六十……

《肩水金关汉简（叁）》下册，第 93 页。

按：本简所记，1 尺素值 10 钱，则 1 匹值 400 钱。

（8）肩水金关汉简 73EJT37：794：

当偿冯君上

□　　白素六尺八寸直百五十六……夫□□市

《肩水金关汉简（肆）》下册，第 69 页。

按：本简记，白素 1 匹值 400 钱。

（9）《太平御览》卷八百一十四引《范子计然》曰：

白素出三辅，匹八百。

按：本条所记，三辅所出白素，1 匹值 800 钱；又，王仲荦先生说："范子、计然，春秋末年人，而三辅汉语也。"①

26. 皁价

（1）居延汉简 156·34：

☑皁一丈六尺直十九白☑

① 王仲荦遗著：《金泥玉屑丛考》，第 25 页。

《居延汉简甲乙编》，释文第109页。

按：谢桂华等《居延汉简释文合校》《秦汉物价资料辑录》均释“十”为“千”，释“白”为“百”[①]，按照谢桂华等先生所释，有可能是皁1丈6尺值1900钱，则1匹皁值4750钱。当然，由于此简断折，“皁1丈6尺”前的内容无从知晓，如果简文所记1900钱是“皁1丈6尺”和其他物品的合计价值，则皁的价格就不是1匹4750钱。

（2）居延汉简284·36：

……皁二丈五尺直五百……

《居延汉简甲乙编》，释文第204页。

按：此简所记，1匹皁值800钱。

（3）肩水金关汉简73EJT30：124+96+123：

张贞计　六十各皁四尺……

《肩水金关汉简（叁）》下册，第112页。

按：本简所记，各皁1尺值15钱，1匹值600钱。

（4）肩水金关汉简73EJT32：10：

……各皁丈尺十二……

《肩水金关汉简（叁）》下册，第143页。

按：本简所记，各皁1尺12钱，则1匹值480钱。

27. 窦此价

居延汉简262·28A：

---

① 谢桂华、李均明、朱国炤：《居延汉简释文合校》上册，第255页；谢桂华、周年昌：《秦汉物价资料辑录》，载《中国古代社会经济史资料》第一辑，福建人民出版社1985年版，第50页。

……窦此文五尺直三百九十……

《居延汉简甲乙编》，释文第186页。

按：本简所记，1匹窦此值1040钱。于豪亮先生认为："窦此应即緰赀。《说文·系部》：'緰，緰赀，布也。'字又作緰㡀，《急就章》'服琐緰㡀与缯连'，颜注：'緰㡀，緆布之尤精者也。'緆布是细麻布，则窦此即质地很精细的麻布。"①

28. 终价

敦煌汉简776：

捐之道丈人前所卖宅耿孝所贾钱千六百今取孝终一匹六百卌酒一石八斗直二百七十复卖

《敦煌汉简》，释文第249页。

按：此简所载，1匹终值640钱。

29. 鹑缕价

居延汉简112·27：

戍卒魏郡内黄利居里杜收　贳责鹑缕一匹直千广地万年隧长孙中前所平六☑

《居延汉简甲乙编》，释文第77页。

按：本简所记，1匹鹑缕值1000钱。

30. 绛价

肩水金关汉简73EJT1：233：

出钱廿八买绛……

① 《于豪亮学术文存》，中华书局1985年版，第175页。

《肩水金关汉简（壹）》下册，第15页。

按：本简所记，出钱28买绛，但未记绛的数量，故不知其单价。

31. 各夆价

肩水金关汉简73EJT32：10：

各夆一匹六百五十……

《肩水金关汉简（叁）》下册，第143页。

按：本简所记，各夆1匹值650钱。

32. 韦绛价

居延新简EPT65·107：

[鄣卒王□ 出帛一丈买韦绛一 ……

《居延新简——甲渠候官》，释文第188页。

按：本简所记，帛1丈值韦绛1件。

33. 完青价

肩水金关汉简73EJT32：10：

……完青丈七尺半尺十三……

《肩水金关汉简（叁）》下册，第143页。

按：本简所记，完青1尺值13钱，则1匹值520钱。

34. 祁价

肩水金关汉简73EJT32：10：

……祁三尺＝十……

《肩水金关汉简（叁）》下册，第143页。

按：本简所记，祁1尺值10钱，则1匹值400钱。

35. 绀价

敦煌汉简838A：

> ……
>
> 察適隧卒王未央卖绀一匹三百七十当责察適隧长尽四月奉
>
> ……

《敦煌汉简》，释文第251页。

按：此简所记1匹绀值370钱。《说文·系部》云："绀，氐人殊缕布也。"[①] 可见，绀是氐人织造的布。又，饶宗颐、李均明先生《敦煌汉简编年考证》系此简为王莽始建国末至天凤初年[②]。

36. 杂罽价

《太平御览》卷八百一十六《班固与弟超书》曰：

> 窦侍中前寄人钱八十万，市得杂罽十余张也。

按：80万钱买得杂罽10余张，则1张杂罽近8万钱。

37. 布纬价

肩水金关汉简73EJT24：152：

> ……布纬二直九十

---

① （汉）许慎撰，（清）段玉裁注：《说文解字注》，上海古籍出版社影印经韵楼版1988年版，第662页。

② 《饶宗颐二十世纪学术文集》第五册·简帛学，台北新文丰出版股份有限公司2003年版，第596页。

《肩水金关汉简（贰）》下册，第148页。

按：布纬1件值45钱。

38. 品种不明的纺织品价

（1）敦煌汉简640：

⍁直七百昂惠卿□
一匹直三百五十赵⍁

《敦煌汉简》，释文第243页。

按：本简所记，1匹值350钱，但所记织物品种不详。

（2）悬泉置汉简Ⅱ02141：130B：

出二匹六百八十五钱，出一匹三百卅五·凡千廿。出……米卩。（B第一栏）

出二□……出二□……出二□……（B第二栏）

《敦煌悬泉汉简释萃》，第56页。

按：本简所记，1匹分别值342.5钱及335钱，但所记织物品种不详。

（3）居延汉简187·22：

已得五月廿日奉一匹三丈三尺三寸直七百⍁

《居延汉简甲乙编》，释文第127页。

按：本简所记未说明是何种织物，其价格为一匹约值381.99钱（按值700钱计算）。

（4）居延新简EPT52·493A、B：

⍁李威足下顷子元来
⍁二匹直六百韦绔钱少百并直七百

《居延新简——甲渠候官》，释文第 112 页。

按：此简所记织物品种不详，其价格为 1 匹 300 钱。另，李振宏、孙英民《居延汉简人名编年》第 51 页系李威于宣帝元康二年[①]，即公元前 64 年。

（5）居延汉简补编 203. 65：

□三丈□［尺］□寸直九　百

按：本简所记，3 丈余值 900 钱，则 1 丈不足 300 钱。

（二）衣装价

1. 衣价

（1）《云梦秦简·金布律》：

受（授）衣者，夏衣以四月尽六月禀之，冬衣以九月尽十一月禀之，过时者勿禀。后计冬衣来年。囚有寒者为褐衣。为幏布一，用枲三斤。为褐以禀衣：大褐一，用枲十八斤，直（值）六十钱；中褐一，用枲十四斤，直（值）卌六钱；小褐一，用枲十一斤，直（值）卅六钱。

《云梦睡虎地秦墓竹简》，释文第 41 页。

按：这是秦国商鞅变法后，官定的冬季囚衣价格。按简文所载，大褐衣 1 件值 60 钱，中褐衣 1 件值 46 钱，小褐衣 1 件值 36 钱。

（2）《云梦秦简·金布律》：

禀衣者，隶臣、府隶之毋（无）妻者及城旦，冬人百一十钱，夏五十五钱；其小者冬七十七钱，夏卌四钱。舂，冬人五十五钱，夏卌四钱；其小者冬卌四钱，夏卅三钱。隶臣妾之老及小不能自衣者，如舂衣。●亡、不仁其主及官者，衣如隶臣妾。

---

① 李振宏、孙英民：《居延汉简人名编年》，第 51 页。

《云梦睡虎地秦墓竹简》，释文第 42 页。

按：这是秦国商鞅变法后，国家为官奴隶、城旦等刑徒提供的冬、夏服装价格。按简文记载，隶臣、府隶之毋（无）妻者及城旦，冬衣每人 110 钱，夏衣每人 55 钱，未成年者冬衣 77 钱，夏衣 44 钱；舂、隶臣妾之老及小不能自衣者，冬衣每人 55 钱，夏衣每人 44 钱，未成年者冬衣每人 44 钱，夏衣每人 33 钱。

（3）里耶秦简 8—647：

☑□酉阳守丞又敢告迁陵丞主令史曰令佐莫邪自言上造
☑□遗莫邪衣用钱五百未到迁陵问莫邪衣用钱已到
☑□问之莫邪衣用未到酉阳已腾书沅陵敢告主（正）

《里耶秦简（壹）》，释文第 41 页。

按：本简记衣用 500 钱，但未记衣的数量与种类，或许是 1 件衣之价。

（4）《盐铁论·国疾篇》：

一车千石，一衣十钟。

《盐铁论校注（定本）》上册，第 334 页。

按：此条记汉代中期 1 件衣服值 10 钟粮食。又，王仲荦先生说，一钟为六斛四斗，十钟六十四斛，斛十钱，六百四十钱也[①]。

（5）居延汉简 56·31：

甲渠佐史□□𪏀长王霸二年　自言共为居延民范少晴罢卒黄　利衣钱千七百☑。

《居延汉简甲乙编》，释文第 40 页。

按：李振宏、孙英民《居延汉简人名编年》系此简中之王霸于汉元

① 王仲荦遗著：《金泥玉屑丛考》，中华书局 1998 年版，第 27 页。

帝建昭年间[1]；此简只说衣钱1700，但不明衣服品种与数量。

（6）居延汉简262·29：

七月十日鄣卒张中功贳买皁布章单衣一领直三百五十三堠史张君长取钱约至十二月尽毕已旁人临桐史解子房知券□☐。

《居延汉简甲乙编》，释文第186页。

按：本简所记，1领皁布章单衣值350钱。

（7）居延新简EPT51·469：

制虏隧长徐严居延 ●自言为居延当遂☐
单衣钱七百数责☐

《居延新简——甲渠候官》，释文第89页。

按：此简记单衣700钱，但不知是否为一件单衣之价。又，《居延汉简人名编年》系简文中的徐严于更始二年[2]。

（8）居延新简EPT59·413：

☐□安君单衣钱二百卌八☐

《居延新简——甲渠候官》，释文第169页。

按：本简所记，单衣248钱，似应是1件单衣之价。

（9）居延新简EPT65·380：

☐五十在陈恭所官单衣直百在陈诚所

《居延新简——甲渠候官》，释文第196页。

按：本简所记，官单衣值100钱。

---

① 《居延汉简人名编年》，中国社会科学出版社1997年版，第182页。

② 李振宏、孙英民：《居延汉简人名编年》，中国社会科学出版社1997年版，第339页。

（10）居延新简 EPT5・86：

☑隧长徐良青马衣一直千五百

《居延新简——甲渠候官》，释文第 10 页。

按：本简所记，1 领青马衣值 1500 钱。

（11）居延新简 EPT52・91B：

皁布衣直三百九十 ……

《居延新简——甲渠候官》，释文第 100 页。

按：本简所记，1 件皁布衣值 390 钱。

（12）居延新简 EPT52・110：

……

☑□自言责隧长孙宗等衣物钱凡八牒直钱五千一百谨收得

《居延新简——甲渠候官》，释文第 101 页。

按：此简所记八牒衣物值 5100 钱，每牒均值 637.5 钱。另，《居延汉简人名编年》系简中的孙宗于元凤二年，即公元前 79 年[①]。

（13）居延新简 EPT52・323：

☑□□□□盖衣丈二尺₌十七直二百四钱三堠吏张君长所钱约至十二月尽毕已旁人临桐吏解子□□□□

《居延新简——甲渠候官》，释文第 107 页。

按：本简所记衣物按尺计价，这在汉简中十分少见。1 尺盖衣值 17 钱，则 1 匹值 680 钱。

① 李振宏、孙英民：《居延汉简人名编年》，第 22 页。

（14）居延新简 ESC·21：

䙺衣直卅 ☐

《居延新简——甲渠候官》，释文第 254 页。

按：本简所记，䙺衣值 30 钱，但不知䙺衣是何种衣物。

（15）肩水金关汉简 73EJT2：27A：

☐□□子□计……布单衣廿……

《肩水金关汉简（壹）》下册，第 23 页。

按：本简记布单衣 20，不知所记价格还是数量。

（16）肩水金关汉简 73EJT7：89B：

出钱五十买单衣 ……

《肩水金关汉简（壹）》下册，第 84 页。

按：此简所记，出钱 50 买单衣，50 钱所能买的当为 1 件单衣。

（17）肩水金关汉简 73EJT28：17：

☐□七百五十襌衣直二百卌约至五月毕已延陵中倩任故酒彭二斗

《肩水金关汉简（叁）》下册，第 81 页。

按：本简所记，襌衣 1 件值 240 钱。

（18）江苏连云港花果山出土的西汉简牍：

……

☐强盗所□胡母长子皂衣一英十七 俞君孙皂衣钱五十□☐

……

李洪甫：《江苏连云港市花果山出土的汉代简牍》，《考古》1982 年第 5 期，四七六（释文）。

按：本简记皂衣钱 50，可能为 1 件之价。

(19)《后汉书·吴祐传》：

（吴祐任胶东侯国相）政唯仁简，以身率物……吏人怀而不欺。啬夫孙性私赋民钱，市衣以进其父，父得而怒曰“有君如是，何忍欺之！”促归伏罪。

章怀太子李贤注引《续汉书》曰：“赋钱五百，为父市单衣。”

按：啬夫孙性为父所买单衣，1 件价值 500 钱。

2. 绔价

（1）居延汉简 91·1：

本始元年七月庚寅朔甲寅楼里陈长子卖官绔柘里黄子心价八十

《居延汉简甲乙编》，释文第 68 页。

按：本简所记，1 件官绔值 80 钱。又，宣帝本始元年为公元前 73 年。

（2）居延新简 EPT57·72：

元康二年十一月丙申朔壬寅居延临仁里耐长卿贳买上党潞县直里常寿字长孙青复绔一两直五百五十约至春钱毕已姚子方☐

《居延新简——甲渠候官》，释文第 150 页。

按：本简所记，1 两复绔值 550 钱。又，元康二年是公元前 64 年。

（3）居延汉简 257·17：

□□黡长董福　□□绔直五百……负第二卒广□布复绔一直☐……

《居延汉简甲乙编》，释文第 182 页。

按：本简所记，绔值 500 钱，似是 1 件之价。李振宏、孙英民《居延汉简人名编年》第 82、88 页系董福于宣帝五凤（公元前 57—公元前 54

年）年间[1]。

（4）居延新简 EPT65・229：

［次吞隧卒李业　出谷十五石买□绔一　甲渠尉取直谷卅亖石今毋余☑

《居延新简——甲渠候官》，释文第 191 页。

按：本简所记，1 绔值 15 石谷。此简中的李业，《居延汉简人名编年》系其于王莽时期[2]。又，马怡、张荣强《居延新简释校》释“亖”为“三”，见该书下册，第 687 页。

（5）居延新简 EPT52・91B：

……韦绔直六百……皮绔直三百……

《居延新简——甲渠候官》，释文第 100 页。

按：此简所记，1 件韦绔值 600 钱，1 件皮绔值 300 钱。

（6）居延汉简 82・11：

第卅八卒累忠绔一两直七百其五百阁　其二百☑

《居延汉简甲乙编》，释文第 60 页。

按：本简所记，1 两绔值 700 钱。

（7）居延汉简 206・28：

……皁绔一两直千一百……

《居延汉简甲乙编》，释文第 137 页。

按：本简所记：1 两皁绔值 1100 钱，1 领皁□值 750 钱。皁绔，即染成黑色的裤子。

① 李振宏、孙英民：《居延汉简人名编年》，第 82、88 页。

② 同上书，第 315 页。

（8）居延汉简 335·52：

☒赐绔里直百☒
☒□安世官绔☒

《居延汉简甲乙编》，释文第 224 页。

按：绔里，即裤的衬里，值 100 钱。

（9）额济纳汉简 2000ES7SF2：3：

☒民武即从严立买白布绔一两直三☒

《额济纳汉简》，第 180 页。

按：《额济纳汉简释文校本》认为“民”前漏一“□”，应补上[①]。本简“直三”后断折，依笔者推测，“直三”后的量词当为“百”，故此简所记绔价当是 1 两白布绔值 300 钱或 300—400 钱。

（10）居延新简 EPT11·3：

阳又卖同隧卒莱意官袭绔遮虏季游君所直千六百五☒

《居延新简——甲渠候官》，释文第 25 页。

按：当是袭、绔两种衣物合计卖得 1605 钱或 1650 余钱。

（11）居延新简 EPT57·57：

第卅卒邓耐　卖皂复绔一两直七百第卅隧长淳于☒

《居延新简——甲渠候官》，释文第 149 页。

按：本简所记，1 两皂复绔值 700 钱。

（12）居延新简 EPS4. T1·21：

☒自言贳买皂绔一两直九百临桐隧长解贺所已收得臧治所毕

① 孙家洲主编：《额济纳汉简释文校本》，文物出版社 2007 年版，第 56 页。

《居延新简——甲渠候官》，释文第 246 页。

按：本简所记，1 两皂绔值 900 钱。

（13）居延新简 EPT51·125：

第八隧卒魏郡内黄右部里王广　贳卖莞皂绔橐絮装一两直二百七十已得二百少七十遮虏辟衣功所

《居延新简——甲渠候官》，释文 77 页。

按：本简所记“莞皂绔”当是“官皂绔”，一领官皂绔值 270 钱，从“橐絮装”看，此绔当为冬衣，以橐絮为填充物。

（14）居延新简 EPT57·3A：

蔡良买袭一领直九百布绔一两直四百凡千三百

《居延新简——甲渠候官》，释文 147 页。

按：本简所记，1 两布绔值 400 钱。

（15）肩水金关汉简 73EJT29：118A：

……绔一直百卌

《肩水金关汉简（叁）》下册，第 102 页。

按：其他简记载绔时，常记作“绔一两”，本简记“绔一直百卌”，不知“绔一”是否是“绔一两”的省称。如是，则 1 两绔价值 130 钱；如不是，则本简所记绔价 1 两为 260 钱。

（16）肩水金关汉简 73EJT31：239A：

……□□□□直千皂绔一两直八百……☑

《肩水金关汉简（叁）》下册，第 141 页。

按：本简所记，皂绔 1 两值钱 800。

3. 袍价

（1）敦煌汉简1708A、B：

神爵二年十月廿六日广汉县廿郑里男子节宽惠卖布袍一陵胡隧长张仲孙所贾钱千三百约至正月□□任者□□□□□□□（A）

正月责付□□十时在旁候史长子仲戍卒杜忠知券□沽旁二斗（B）

《敦煌汉简》，释文第285页。

按：本简所记，1件布袍值1300钱。又，神爵二年是公元前60年。另，林梅村、李均明《疏勒河流域出土汉简》收录此简，释文与此相同[①]。《流沙坠简》也收录此简，但释文略有不同，具体为：

神爵二年十月廿六日广汉县□□里男子□宽惠卖布袍一陵胡隧长张仲□用贾钱千三百□□□□□□□至□□□□□□　（简面）

□书符用钱十时在旁候史张子卿戍卒杜忠知券约□沽□二斗（简背）[②]

（2）敦煌汉简1614：

李龙文袍一领直二百八十七袭一领直四百五十

《敦煌汉简》，释文第282页。

按：《流沙坠简》释“二百八十七”为“三百八十一”[③]。则1领袍

① 林梅村、李均明：《疏勒河流域出土汉简》，文物出版社1984年版。

② 罗振玉、王国维：《流沙坠简》卷二《屯戍从残考释·杂事类》第六简，中华书局1993年版，第193页。

③ 罗振玉、王国维：《流沙坠简》卷二《屯戍从残考释·器物类》第三十六简，中华书局1993年版，第182页。

值 287 钱或 381 钱。另,《敦煌汉简编年考证》系此简于宣帝时期[①]。

(3)居延汉简 157·5A:

阳朔元年五月丁未朔丙辰殄北守候塞尉广移甲渠候官书曰第廿五隧☑

责殄北石燧长王子恩官袍一领直千五百鉼庭隧卒赵回责殄北备寇☑

《居延汉简甲乙编》,释文第 109 页。

按:本简所记,1 领袍值 1500 钱,阳朔元年为公元前 24 年。

(4)居延汉简甲附 22:

元延三年四月丙戌朔庚戌鉼庭候史□敢言之府移殄北书曰□□

隧卒子章自言责第卅八隧长□□官袍一领直千四百五十□问□

《居延汉简甲乙编》,释文第 288 页。

按:谢桂华、周年昌先生释"□问□"为"验问收"[②]。本简所记,1 领官袍值 1450 钱。又,元延三年为公元前 10 年。

(5)居延汉简 49·10:

第卅四卒吕护买布复袍 1 领直四百又从鄣卒李忠买皁布☑

《居延汉简甲乙编》,释文第 34 页。

按:本简所记,1 领布袍值 400 钱。又,此简中的吕护,《居延汉简人名编年》系其于王莽时期[③]。

(6)居延汉简 69·1:

贳买皁练複袍 1 领贾钱二千五百今子算☑

---

① 《饶宗颐二十世纪学术文集》第五册·简帛学,台北新文丰出版股份有限公司 2003 年版,第 525 页。

② 谢桂华、周年昌:《秦汉物价资料辑录》第 61 页,载《中国古代社会经济史资料》第一辑,福建人民出版社 1985 年版,第 61 页。

③ 李振宏、孙英民:《居延汉简人名编年》,第 321、323 页。

《居延汉简甲乙编》释文第50页。

按：本简所记，1领皁练複袍值2500钱。此为练袍，故价格比布袍高不少。

（7）居延新简EPT51·314：

▨自言五月中富昌隧卒高青为富卖皁袍一领直千九百甲渠
▨令史单子巽所

《居延新简——甲渠候官》，释文84页。

按：本简所记，1领皁袍值1900钱。此简中的高青，《居延汉简人名编年》系其于河平元年（公元前28年）①。

（8）居延新简EPT51·122：

察微隧戍卒陈留郡傿宝成里蔡鼻子　七月中贳卖缥复袍一领直钱千一百故候史郑武所

《居延新简——甲渠候官》，释文第77页。

按：本简所记，1领缥复袍值1100钱。此简中的郑武，见于居延新简EPT51·199，简文为："▨年六月己巳朔丁丑，甲渠候破胡以私印行事敢言之，谨移戍卒朱宽等五人，贳卖候史郑武所，贫毋以偿，坐诈□□名籍一编敢言之。"《居延汉简人名编年》系郑武于神爵三年（公元前59年）②。

（9）居延新简EPT16·11：

▨李丌官袍一领直钱千二百　未▨

《居延新简——甲渠候官》，释文第27页。

按：本简所记，1领官袍值1200钱。

---

① 李振宏、孙英民：《居延汉简人名编年》，第198页。

② 同上书，第40页。

（10）居延新简 EPT52 · 91B：

……袍直千三百……

《居延新简——甲渠候官》，释文第 100 页。

按：本简所记，1 领袍值 1300 钱。

（11）居延新简 EPT56 · 17：

第五隧卒马赦贳卖□缣袍县絮装直千二百五十第六隧长王常利所
今比平予赦钱六百

《居延新简——甲渠候官》，释文第 134 页。

按：本简所记，马赦卖官袍县絮装值 1250 钱，由于卖价过低，后获 600 钱补偿，则此袍价格为 1850 钱。县絮装当是用絮填充的复袍。

（12）居延新简 EPT56 · 113：

戍卒魏郡贝丘某里王甲

贳卖□皂复袍县絮绪一领直若干千居延某里王乙☐

居延某里王丙舍在某辟　●它衣财☐

《居延新简——甲渠候官》，释文第 137 页。

按：本简所记，1 领皂复袍县絮绪值若干千。

（13）居延新简 EPT56 · 152：

☐□□□□□

☐□袍二领绔一两钱千一百

☐布袍钱四百五十

《居延新简——甲渠候官》，释文第 138 页。

按：此简第二栏记袍 2 领，绔 1 两共值 1100 钱；第三栏又记布袍钱 450，但不知是 2 领袍的总价，还是 1 领袍的单价，因而，袍、绔各值多少钱，则难以判断。

(14) 居延新简 EPT56·208:

☑贳卖雒皁复袍县絮壮一领直若干千觻得☑

☑东西南北入任者某县某里王丙舍在某里☑

《居延新简——甲渠候官》,释文第 140 页。

按:本简所记,1 领雒皁复袍县絮装值若干千。

(15) 居延新简 EPT59·31:

光交钱买卒冯自为袍一领直千一百光不买赐袍

《居延新简——甲渠候官》,释文第 157 页。

按:本简所记,1 领袍值 1100 钱。

(16) 居延新简 EPT59·374:

] ☑故官布袍直四百五十尊陷冰还□☑

《居延新简——甲渠候官》,释文第 168 页。

按:本简所记,1 领旧官布袍值 450 钱。

(17) 肩水金关汉简 73EJT3:104:

肩水戍卒梁国睢阳同廷里任辅 自言贳卖白布复袍一领直七百五十故要虏☑

《肩水金关汉简(壹)》下册,第 36 页。

按:本简所记,1 领白布复袍值 750 钱。

(18) 肩水金关汉简 73EJT23:320:

阳夏官成里陈青臂……贳卖皂複袍一领直二千六百故箕山隧长氏池□□□赵圣所又钱廿凡直二千六百廿

付□□二……已入八十少二千五百卌 毕 马 付

《肩水金关汉简（贰）》下册，第80页。

按：本简所记，1领皂複袍值2600钱。

（19）肩水金关汉简73EJT25：79A：

袍一领直六百　□□一领□□□　出钱廿四茭卅束□□□□□□□出□□☒

《肩水金关汉简（叁）》下册，第36页。

按：本简所记，1领袍值600钱。

（20）肩水金关汉简73EJT26：54：

☒自言迺十二月贳卖菅草袍一领橐絮装贾钱八百得寿贵里李长君所任者执適隧长

《肩水金关汉简（叁）》下册，第52页。

按：本简所记为橐絮装的菅草袍，因主要以草为之，故价钱低贱，1件仅值8钱。

4. 袭价

（1）居延汉简258·7：

吞远候史季赦之　负不侵卒解万年剑一直六百五十
负止北卒赵忠袭裘一直三百八十　凡千卅□

《居延汉简甲乙编》，释文第183页。

按：本简所记，1领袭裘值380钱。谢桂华、周年昌先生认为"袭裘"疑释作"袭表"①；又，《居延汉简人名编年》系赵忠、解万年于神爵年间（公元前61—前58年）②。

① 谢桂华、周年昌：《秦汉物价资料辑录》，载《中国古代社会经济史资料》第一辑，福建人民出版社1985年版，第63页。

② 李振宏、孙英民：《居延汉简人名编年》，第70、71页。

（2）居延汉简 88·13：

☐□□北贳卖官袭一领备南隧长陈长买所贾钱☐

《居延汉简甲乙编》，释文第 64 页。

按：此简恰在所记价格处断折，故袭的具体价格不明。

（3）居延汉简 562·29：

袭一领臧直五百以上士吏昌劾移郡

《居延汉简甲乙编》，释文第 283 页。

按：本简所记，1 领袭值钱 500 以上。

（4）敦煌汉简 1614：

……袭一领直四百五十

《敦煌汉简》，释文第 282 页。

按：本简所记，1 领袭值 450 钱。《敦煌汉简编年考证》系此简于汉宣帝时期①。

（5）居延新简 EPT52·91B：

……皁袭直二千……

《居延新简——甲渠候官》，释文第 100 页。

按：本简所记，皁袭 1 领值 2000 钱。

（6）居延新简 EPT57·3A：

蔡良买袭一领直九百……

---

① 《饶宗颐二十世纪学术文集》第五册·简帛学，台北新文丰出版股份有限公司 2003 年版，第 525 页。

《居延新简——甲渠候官》，释文第147页。

按：本简所记，1领袭值900钱。

（7）居延新简EPT59·555：

☑陈袭一领直千二百五十居延如里孙游君所约至

☑□朝子真故酒二斗

《居延新简——甲渠候官》，释文第173页。

按：本简所记，1领陈袭值1250钱。

（8）肩水金关汉简73EJT1：55：

肩水□□隧卒陈□　贳卖布袭一领布绔一两并直八百界□☑

《肩水金关汉简（壹）》下册，第4页。

按：此简载布袭1领、布绔1两共值800钱，但不知袭、绔价格各为多少。

（9）肩水金关汉简73EJT5：8A：

☑　袭一领布复绔一两并直千八百又贷交钱五百凡并

大昌里丁当妻郎君所

《肩水金关汉简（壹）》下册，第53页。

按：此简也与上简相同，记袭1领、布复绔1两共值1800钱，但未明确记载袭、绔各自的价格。

（10）肩水金关汉简73EJT21：300A：

☑鲱袭二领七百六☑（削衣）

《肩水金关汉简（贰）》下册，第33页。

按：本简所载，袭2领值706钱（或760余钱），则1领价格为353—380余钱。

（11）肩水金关汉简 73EJT23：934：

☑□辅　卖袭一领贾钱六百　要虏隧长□☑

《肩水金关汉简（贰）》下册，第 124 页。

按：本简所载袭 1 领值 600 钱。

（12）肩水金关汉简 73EJT23：969：

受降卒富里宋钳　贳官练袭一令直千泺涫平旦周稚君所稚君舍在会水候官入东门得术西入酒泉东部候史不审里孙中卿妻秋任
毕

《肩水金关汉简（贰）》下册，第 126 页。

按：本简所载，官练袭 1 领，值 1000 钱。

5. 裘价

（1）《史记·孟尝君列传》：

〔齐湣王二十五年〕复卒使孟尝君入秦……囚孟尝君，谋而杀之。孟尝君使人抵昭王幸姬求解。幸姬曰："妾愿得君狐白裘。"《集解》韦昭曰："以狐之白毛为裘。谓集狐腋之毛，言美而难得者。"此时孟尝君有一狐白裘，直千金，天下无双，入秦献之昭王，更无他裘。

按：此条记孟尝君狐白裘值千金。

（2）居延汉简 26·1：

建昭二年闰月丙戌甲渠令史董子方买鄣卒欧威裘一领直七百五十给□□钱毕已旁人杜君隽

《居延汉简甲乙编》，释文第 16 页。

按：本简所记，1 领裘值 750 钱。建昭二年为公元前 37 年。又，"给

□□”，谢桂华、周年昌先生释作“约至春”[1]。

6. 襦（繻）价

（1）居延新简 EPT59·645：

伐胡卒□熹　责□□布□一领直千八十……已得钱二百少八百八十

伐胡卒□□　责广地次□隧长陶子赐练襦一领直八百三十今为居延市吏责……

《居延新简——甲渠候官》，释文第 175 页。

按：本简所记，1 领布□值 1080 钱，1 领练襦值 830 钱。又，《新莽简辑证》系此简于王莽时期[2]。

（2）居延新简 EPT51·302：

第廿五隧卒唐熹自言贳卖白紬襦一领直千五百交钱五百●凡并直二千☐

《居延新简——甲渠候官》，释文第 84 页。

按：本简所记，1 领白紬襦值 1500 钱。

（3）居延新简 EPT65·330A：

……出谷三石三斗买□三斤庄繻……　☐

《居延新简——甲渠候官》，释文第 194 页。

按：本简所记，3 斤庄繻值谷 3.3 石。

---

① 谢桂华、周年昌：《秦汉物价资料辑录》，载《中国古代社会经济史资料》第一辑，福建人民出版社 1985 年版，第 62 页。

② 《饶宗颐二十世纪学术文集》第五册·简帛学，台北新文丰出版股份有限公司 2003 年版，第 754 页。

(4) 居延新简 EPT52·387:

☑买𫛞卒庄护阜襦一领直九百□□☑

《居延新简——甲渠候官》，释文第 109 页。

按：此简所记 1 领阜襦值 900 钱。

(5) 居延新简 EPT52·188:

……□複襦一领直六百绛单襦一领直二百九十

《居延新简——甲渠候官》，释文第 103 页。

按：本简所记，複襦 1 领值 600 钱，绛单襦 1 领值 290 钱。

(6) 居延新简 EPT65·65:

☑帛一匹　出帛一匹从民吴□买缯襦一领□绛

《居延新简——甲渠候官》，释文第 186 页。

按：本简所记，缯襦 1 领值帛 1 匹。

(7) 江苏仪征胥浦 101 号西汉墓出土赙赠木方:

……又取长绣（?）一领直钱千三百……

扬州博物馆：《江苏仪征胥浦 101 号西汉墓》，载《文物》1987 年第 1 期，第 12—13 页。

按：胡平生、李天虹释“又取长绣（?）一领”为“又取长襦一领”[①]。若此，则一领长襦值 1300 钱。又，此木方出土于西汉平帝元始五年（公元 5 年）的纪年墓。

(8) 肩水金关汉简 73EJT37:1039A:

寿长襦一直九百　宿昆弟靳安世　十五人为二石一斗　六斗六升大

① 胡平生、李天虹：《长江流域出土简牍与研究》，湖北教育出版社 2004 年版，第 478 页。

甘肃简牍博物馆等编《肩水金关汉简（肆）》下册，第 86 页。

按：本简记 1 领襦值 900 钱。

7. 襜褕价

居延新简 EPT52·188：

〼□皁襜褕一领直千四百七十……

《居延新简——甲渠候官》，释文第 103 页。

按：本简所记，1 领皁襜褕值 1470 钱。

8. 履、沓价

（1）居延汉简 262·28：

……它韦沓一两直八百五十……

《居延汉简甲乙编》，释文第 186 页。

按：本简记 1 两韦沓值 850 钱，"一两"即一双。又，《居延汉简释文合校》释"它韦沓"为"弋韦沓"①；再，于豪亮先生认为："韦沓的沓读为鞜。《汉书·扬雄传下》'躬服节俭，绨衣不敝，革鞜不穿'，师古注：'鞜，革履。'……韦沓就是皮靴"②。

（2）居延汉简 100·23：

故漆履一两直〼

《居延汉简甲乙编》，释文页第 69 页。

按：本简记旧漆履 1 两之价格，但恰在数字处断折，殊可惜。

---

① 谢桂华、李均明、朱国炤：《居延汉简释文合校》上册，第 436 页。

② 于豪亮：《于豪亮学术文存》，中华书局 1985 年版，第 175—176 页。

（3）居延新简 EPT51・407：

☐自言责甲渠终古隧长徐带履钱百六十服负

《居延新简——甲渠候官》，释文第 87 页。

按：本简所记，履钱 160，但不知是否是 1 双履的价钱。

（4）居延新简 EPT65・330A：

……出谷三石五斗买履一两

《居延新简——甲渠候官》，释文第 194 页。

按：本简所记，履 1 两值谷 3.5 石。

（5）居延新简 ESC・85：

履一两直百五十令史范庆取

《居延新简——甲渠候官》，释文第 256 页。

按：本简所记，履 1 双值 150 钱。

（6）居延新简 ESC・86：

履一两直百五十掾相取

《居延新简——甲渠候官》，释文第 256 页。

按：本简所记与上简相同，履 1 双值钱 150。

（7）肩水金关汉简 73EJT29：114A：

少平足下属决不尽悉谨道明卖履一两□□□七十明唯少平从岁取幸以为明贾鲜鱼五十头即钱少平已得五十头不得卌头唯留意□欲内之明

《肩水金关汉简（叁）》下册，第 99 页。

按：本简有“卖履一两□□□七十”字句，可能 1 两履价值 70 钱。

（8）肩水金关汉简 73EJT30：122B：

……稚二只其一只以当履钱……

《肩水金关汉简（叁）》下册，第 114 页。

按：本简所记，以稚 1 只当履钱，不知是否为 1 双履之价钱。

9. 袜价

（1）肩水金关汉简 73EJT23：295：

……布袜一两直八十……

《肩水金关汉简（贰）》下册，第 78 页。

按：本简所记，布袜 1 双值 80 钱。

（2）肩水金关汉简 73EJT23：964：

☐卖袜一两直钱廿三……

《肩水金关汉简（贰）》下册，第 126 页。

按：本简所记，袜 1 两值 23 钱。

10. 系经单价

居延新简 ESC·20：

系经单一直六百。

《居延新简——甲渠候官》，释文第 254 页。

按：本简所记“系经单”不知是何用途，1 件值 600 钱，价格不便宜。

九　珍宝价格

（一）金价

（1）《商君书·去强》：

金生而粟死，粟死而金生。……金一两生于竟内，粟十二石死于竟外；粟十二石生于竟内，金一两死于竟外。

蒋礼鸿：《商君书锥指》，中华书局1986年版，第32—33页。

按：这是说如果有黄金1两输入国内，就有12石粮食输出国外，反之亦然。从这里我们可以得知当时粟与黄金的比价是12石粟兑换1两黄金。

（2）岳麓书院藏秦简0970：

马甲一，金三两一垂，直钱千□百廿。金一铢，直钱廿四。赎入马甲十二，钱二万三千卌。

引自于振波《秦律中的甲盾比价及相关问题》，载《史学集刊》2010年第5期。

按：本简所记“金一铢，直钱廿四”，则金1两值576钱，1斤值9216钱。

（3）张家山汉简《算数书·金贾》：

金贾（价）两三百一十五钱，今有一朱（铢），问得钱几何？曰：得十三钱八分【钱】一。①

《张家山汉墓竹简（二四七号墓）》第255页。

按：《算数书》所记金价为1斤值5040钱。

（4）《汉书·食货志》：

黄金重一斤，直钱万。

按：汉代黄金1斤值1万钱，每两值625钱。

（5）《史记·平准书》：

《索隐》注引如淳云："时以钱为货，黄金一斤直万钱。"

按：此条与上《汉书·食货志》所载一样，黄金1斤值10000钱。

（6）《汉书》卷二《惠帝纪》：

〔汉高祖十二年五月，惠帝〕赐给丧事者，二千石钱二万，六百石以上万，五百石、二百石以下至佐史五千。视作斥上者，将军四十斤，服虔曰："斥上，圹上也。"如淳曰："斥，开也。开土地为冢圹，故以开斥言之。"郑氏曰："四十斤，四十斤金也。"晋灼曰："近上二千石赐钱二万，此言四十金，实金也。下凡言黄金，真金也。不言黄，谓钱也。《食货志》黄金一斤直钱万。"师古曰："诸赐言黄金者，皆与之金。不言黄者，一斤与万钱也。"二千石二十斤，六百石以上六金，五百石以下至佐史二金。

按：此条晋灼注也是援引《汉书·食货志》说法，黄金1斤值1万钱。

① 《张家山汉墓竹简》整理小组：《张家山汉墓竹简（二四七号墓）》，第255页。

(7)《史记·陆贾传》:

(汉)孝惠帝时，吕太后用事，欲王诸吕，畏大臣有口者，陆生自度不能争之，乃病免家居。以好畤田地善，可以家焉。有五男，乃出所使越得橐中装卖千金，《正义》：汉制一金直千贯。分其子，子二百金，令为生产。

按:《史记正义》云汉制一金直千贯，千贯为100万钱，不知依据何在。

(8)《汉书·东方朔传》:

〔武帝时〕初，帝姑馆陶公主号窦太主，堂邑侯陈午尚之。午死，主寡居，年五十余矣，近幸董偃。……出则执辔，入则侍内。为人温柔爱人，以主故，诸公接之，名称城中，号曰董君。主因推令散财交士，令府中曰："董君所发，一日金满百斤，钱满百万，帛满千匹，乃白之。"

按:从此条记述看，金与钱的比值也为金1斤值10000钱。

(9)《汉书·王莽传》:

〔平帝时〕有司奏："故事，聘皇后黄金二万斤，为钱二万万。"莽深辞让，受四千万，而以其三千三百万予十一媵家。

按:此条也反映出金1斤值10000钱。又，王仲荦先生云："汉之重量单位与隋唐之重量单位相比较，约等于隋唐以后三分之一。沈括云：古之一斤，今之四两余也。然则一两之直，二千五百也。"[①]

(10)居延汉简227·13:

☐□金[①]二两直千☐

---

① 王仲荦遗著:《金泥玉屑丛考》，第17页。

《居延汉简甲乙编》，释文页第 156 页。

按：谢桂华、周年昌先生认为："□全"应释为"罚金"[①]。如此，则金 1 两价格在 500 钱以上，1 斤在 8000 钱以上。

（11）居延新简 EPT57 · 1：

☐期会皆坐辦其官事不辦论罚金各四两直二千五百

《居延新简——甲渠候官》，释文第 147 页。

按：金 4 两值 2500 钱，每两 625 钱，正合金 1 斤值钱 1 万之数。另，马怡、张荣强《居延新简释校》释"辦"为"辨"，见该书下册第 531 页。

（12）《九章算术 · 盈不足》：

今有共买金，人出四百，盈三千四百；人出三百，盈一百。问人数、金价各几何。答曰：三十三人，金价九千八百。

按：本题所记金价为 9800 钱，应是 1 斤金之价。

（13）《九章算术 · 均输》：

今有人持金十二斤出关，关税之十分而取一，今关取金二斤价钱五千，问金一斤值钱几何？答曰：六千二百五十。

按：本题所记金价为 6250 钱，也应是 1 斤金之价。

（14）《春秋公羊传注疏》卷三《鲁隐公五年》条注：

《解》言登，来之意也。百金犹百万也。古者以金重一斤，若今万钱矣。

按：本条所记，金 1 斤值 10000 钱，《解》是指何休《春秋穀梁传解诂》。

① 参见《秦汉物价资料辑录》，载中国社会科学院历史研究所编《中国古代社会经济史资料》（第一辑），福建人民出版社 1985 年版，第 85 页。

（15）王利器：《风俗通义校注·轶文》：

俗说，有功得赐金者，皆黄金也。谨按：《孙子兵法》："日费千金。"千金，百万钱也，陈平谏楚千金，赠二疏五十斤，并黄金也。或云：一金亦是一万钱也。

按：此段文字先说"千金，百万钱也"，后面又说"或云：一金亦是一万钱也"。若千金值百万钱，则每金值1000钱，与文献及出土简牍资料不合，应以一金值万钱为是。

（16）《后汉书·独行·王忳传》：

王忳字少林，广汉新都人也。忳尝诣京师，于空舍中见一书生疾困，愍而视之。书生谓忳曰："我当到洛阳，而被病，命在须臾，腰下有金十斤，愿以相赠，死后乞藏骸骨。"未及问姓名而绝。忳即鬻金一斤，营其殡葬，余金悉置棺下，人无知者。

按：东汉时期，王忳以一金之值，安葬一人。在东汉，官府偶有赐葬钱的情况，对那些遇灾荒而死的贫困者赐安葬费用，一般每人3000钱。王忳安葬一遗下十金的死者，当不会很简朴。一斤所值，当不会低于西汉的10000钱的数字。

（17）《后汉书·西域传》：

以金银为钱，银钱十当金钱一。与安息、天竺交市于海中，利有十倍。其人质直，市无二价。

按：此条记西域银钱十个当金钱一个，则金价是银价的10倍。

（二）银价

（1）《汉书·食货志》下：

朱提银重八两为一流，直一千五百八十。师古曰："朱提，县名，属犍为，出善银。”它银一流直千。

按：朱提银品质最佳，故价格最高，1流（重8两）值1500钱，则1两值钱187.5钱；其他地区所产银1流值1000钱，则每两值125钱。

（2）《汉书·食货志》下：

故白金三品：其一曰重八两，圆之，其文龙，名“白撰”，直三千，二曰以重差小，方之，其文马，直五百；晋灼曰：“以半斤之重差为三品，此重六两，则下品重四两也。三曰复小，椭之，其文龟，直三百。”

按：这是西汉发行的银币之价，其中重8两，圆形，铸有龙形花纹，名为“白撰”的银币值3000钱，则1两值375钱。又，王仲荦云：白金即白银①。

（3）《太平御览》卷二百五十十引《列异传》：

故司隶校尉上党鲍子都少时上计掾，于道中遇一书生，独行时无伴，卒得心痛。子都下车为按摩。奄忽而亡，不知姓名。有素书一卷，银十饼。即卖一饼以殡。

按：东汉时期，鲍子都路遇一心脏病突发者，子都为其按摩救治无效后，将死者遗留的十个银饼卖掉一个，将死者妥善安葬。从这个记载可知，一个银饼可以为一名死者办理安葬等后事。东汉政府救灾时用于葬埋死者的费用通常为三千钱，因此，本条所记的银饼，价钱应在3000钱以上。但本条未记一个银饼的重量，故难以据此判明具体银价。

（三）铜价

（1）中山内府铜銗铭文：

中山内府铜銗一，容三斗，重七斤五两。第□五。卅四年四月，

① 王仲荦遗著：《金泥玉屑丛考》，第18页。

郎中定市河东，贾八百□。

中国社会科学院考古研究所、河北省文物处：《满城汉墓发掘纪要》，载《考古》1972年第12期。

按：西汉中期，重七斤五两铜铜一个值800余钱。如果不计铸造工钱和流通环节的利润，每斤铜值109.40钱。

（2）东汉永元六年宜衣熨斗铭文：

（东汉和帝）永元六年闰月一日，十湅守尉斗宜衣，重三斤，直四百，保二亲大富利宜子孙。

《贞松堂集古遗文》卷十五《宜衣熨斗》铭文。

按：东汉和帝永元六年（公元94年），重3斤铜熨斗1个，值400钱。如不计制造工钱及销售利润，每斤铜值133.33钱。

（3）东汉延光壶铭文：

（安帝）延光四年，铜二百斤，直钱万二千。

阮元按：右延光壶铭十三字，阳识，据宋王氏款识榻本摹入。案：延光四年，东汉安帝之十九年，今铜百斤，约直钱万五千，古斤权轻小也。

《积古斋钟鼎彝器款识》卷九《延光壶》铭文。

按：东汉安帝延光四年（公元125年），重200斤铜壶一个，值12000钱。如不计制造工钱和销售利润，每斤铜价为60钱。

（4）东汉延熹钟铭文：

延熹元年，造作□□□成富□□钟廿二斤，直钱二千四百，大吉，□□富贵，宜田家，□意□长生。

《积古斋钟鼎彝器款识》卷十二《延熹钟》铭文。

按：东汉桓帝延熹元年（公元158年）制造的22斤重铜钟一个，值2400钱。如不计制造工钱和销售利润，每斤铜值109.09钱。

（四）宝剑价

（1）《史记·陆贾传》：

〔汉孝惠帝时〕陆生常安车驷马，从歌舞鼓琴瑟侍者十人，宝剑直百金，谓其子曰："与汝约：过汝，汝给吾人马酒食，极欲，十日而更。所死家，得宝剑车骑侍从者。一岁中往来过他客，率不过再三过，数见不鲜，无久慁公也。"

按：陆贾的宝剑值百金，按 1 金值 1 万钱计，则宝剑值 100 万钱。

（2）《西京杂记》卷二：

昭帝时，茂陵家人献宝剑，上铭曰："直千金，寿万岁。"

周天游校注：《西京杂记》，第 82 页。

按：宝剑值千金，按 1 金值 1 万钱计，则宝剑值 1000 万钱。但从"直千金，寿万岁"这句话来看，应是夸大之词。

（3）《后汉书·循吏传序》：

（东汉光武帝）建武十三年，异国有献名马者，日行千里，又进宝剑，价兼百金，诏以马驾鼓车，剑赐骑士。

按：外国所献宝剑值百金，按 1 金值 1 万钱计，则宝剑值 100 万钱。

（五）宝珠价

《初学记》卷十引刘向《列仙传》：

朱仲者，会稽市贩珠人，高后募三寸珠，乃诣阙上之，赐五百金。鲁元公主私以七百金从仲求珠，献四寸之珠。

按：西汉初，吕后当权时，直径三寸的宝珠值500金，则折算为500万钱；直径四寸的宝珠值700金，折算为700万钱。

（六）罍尊价

《汉书·文三王传》：

初，孝王有罍尊，《应劭》曰："诗云：'酌彼金罍'。罍，画云雷之象，以金饰之也。"《郑氏》曰："上盖刻为云雷之象。"《师古》曰："郑说是也。罍，古雷字。"直千金，戒后世善宝之，毋得以与人。

按：梁孝王珍爱的罍尊，价值千金，折算为钱，则为1000万钱。

（七）马饰价

《西京杂记》卷二：

武帝时身毒国献连环羁，皆以白玉作之，马脑石为勒，白光琉璃为鞍，鞍在暗室中，常照十余丈，如昼日。自是长安始盛饰鞍马，竞加雕镂，或一马之饰直百金。

周天游校注：《西京杂记》，第79页。

按：1件豪华马饰值百金，折算值100万钱。

（八）玉箱、玉杖价

《太平广记》卷三引《汉武帝内传》：

（汉武）帝冢中先有一玉箱一玉杖，此是西胡康渠王所献，帝甚爱之，故入梓宫中。其后四年，有人于扶风市中买得此二物。帝时左右侍人有识此物是先帝所珍玩者，因认以告有司诘之。买者乃商人也，从关外来宿鄽市，其日见一人于此巷中卖此二物，青布三十匹，钱九万即售之，实不知卖箱杖主姓名，事实如此，有司以闻，商人放还，诏以二物付太庙。

按：康渠王献给汉武帝的玉箱、玉杖各一件，值青布 30 匹，另加 9 万钱，当然，这是盗者贱价卖之。

（九）玉检价

《太平御览》卷八百零五引桓谭《新论》：

洛阳季幼宾有小玉检，卫谒者史子伯素好玉器，见而奇之，使予报以三万钱请买焉。幼宾曰："我与好事长者博之，已雇十万，非三万钱主也。"余惊骇云："我若于路见此，千钱亦不市也。"故知之与不知，相去甚远。

按：小玉检一个，价值 10 万钱。

（十）犀角、玳瑁甲、象牙、翠价

（1）《太平御览》卷八九〇引《范子计然》曰：

犀角出〔日〕南郡，上价八千，中三千，下一千。

按：日南（今越南）所产的犀角，上价一个价值 8000 钱，中等的一个价值 3000 钱，下等的一个价值 1000 钱。

（2）《后汉书·礼仪志》注引丁孚《汉仪》：

酎金律，汉文所加，令诸侯助祭贡金。《汉律》金布令云：诸侯各以民口数，率千口奉金四两，奇不满千口至五百口亦四两，皆会谢少府受。又大鸿胪食邑九真、交趾、日南者，用犀角长九寸以上，若玳瑁甲一；郁林用象牙，长三尺以上，若翠各二十，准以当金。

按：九真、交趾、日南长九寸以上的犀角一个，或玳瑁甲一个，或郁林长三尺以上的象牙一具，或二十只翠，均值金四两，按汉代金一斤值10000钱计算，每两值625钱，四两值2500钱。又，瞿兑之：《汉代风俗制度史》前编所记《通典》引汉律，文字与此略有不同。

（十一）珪璧价：

《管子·轻重丁》：

> 因使玉人刻石而为璧，尺者万泉，八寸者八千，七寸者七千，珪中四千，瑗中五百。

马非百：《管子轻重篇新诠》下册，第623—624页。

按：玉璧一尺者值10000泉，八寸者值8000泉，七寸者值7000泉，珪值4000泉，瑗值500泉。

（十二）首饰价

《乐府诗集》卷六十三《杂曲歌辞》：

> 辛延年《羽林郎》诗：昔有霍家姝，姓冯名子都，依倚将军势，调笑酒家胡。胡姬年十五，春日独当垆，长裾连理带，广袖合欢襦。头上蓝田玉，耳后大秦珠，两鬟何窈窕，一世良所无。一鬟五百万，两鬟千余万……

按：女子昂贵首饰，一鬟价值500万钱，两鬟价值1000余万钱。

十　雇佣价格

（一）顾更钱

（1）张家山汉简《二年律令·兴律》载：

已（?）繇（徭）及车牛当繇（徭）而乏之，皆赀日十二钱，有（又）赏（偿）乏繇（徭）日，车☑。

《张家山汉墓竹简（二四七号墓）》，第187页。

按：这条律文的意思是：如果有人规避徭役则要向官府缴纳钱财，其标准是一日12钱；如果车、牛应承担徭役而未承担，也同样按每天12钱的标准向官府缴纳钱财。一日12钱，则一月360钱。

（2）《史记·吴王濞列传》：

〔汉文帝时，吴王刘濞〕得释其罪，谋亦益解。然其居国以铜盐故，百姓无赋。卒践更，辄与平贾。《集解》：《汉书音义》曰："以当为更卒，出钱三百文，谓之'过更'。自行为卒，谓之'践更'。吴王欲得民心，为卒者顾其庸，随时月与平贾，如汉桓、灵时有所兴作，以少府钱借民比也。"《索隐》：案：汉律，卒更有三，践更、居更、过更也。此言践更辄与平贾者，谓为践更合自出钱，今王欲得人心，乃与平贾，官雠之也。《正义》：践更，若今唱更、行更者也，言民自著卒。更有三品：有卒更，有践更，有过更。古者正卒无常人，皆当迭为之，是为卒更。贫者欲顾更钱者，次直者出钱顾之，月二千，是为践更。天下人皆直戍边三月，亦各为更，律所谓繇戍也。虽丞相子亦在戍边之调，不可人人自行三月戍，又行者出钱三百入官，官给戍者，是为过更。

此汉初因秦法而行之，后改为谪，乃戍边一岁。

(3)《汉书·昭帝纪》：

〔昭帝元凤四年春正月〕毋收四年、五年口赋。三年以前逋更赋未入者，皆勿收。《如淳》曰："更有三品，有卒更，有践更，有过更。古者正卒无常人，皆当迭为之，一月一更，是谓卒更也。贫者欲得卒更钱者，次直者出钱顾之，月二千，是谓践更也。天下人皆直戍边三日，亦名为更，律所谓繇戍也。虽丞相子亦在戍边之调。不可人人自行三日戍，又行者当自戍三日，不可往便还，因便住一岁一更。诸不行者，出钱三百入官，官以给戍者，是谓过更也。律说，卒践更者，居也，居更县中五月乃更也。后从尉律，卒践更一月，休十一月也。《食货志》曰：'月为更卒，已复为正，一岁屯戍，一岁力役，三十倍于古。'此汉初因秦法而行之也。后遂改易，有谪乃戍边一岁耳。逋，未出更钱者也。"

按：以上两条材料涉及的卒更、践更、过更等说法。诸家注解，说法不一，但大都认为：所谓过更，是汉代达到服役年龄者，每年应到边地服役三个月（或说三天），因往返路途花费的时间通常远超三天或三个月，故在实际操作中，通常由应赴边服役者向官府缴纳300钱，然后由官府统一雇人戍边。践更，是达到服役年龄者，每年需在本地服役一个月，如果自己不愿服役，可以出钱2000雇人代替。

(4)《汉书·沟洫志》

〔成帝河平三年〕治河卒非受平贾者，为著外繇六月。苏林曰："平贾，以钱取人作卒，顾其时庸之平贾也。"如淳曰："律说，平贾一月，得钱二千。"

按：如淳所说，雇人服役，平价一月2000钱。

(5) 居延汉简159·23：

中为同县不害里庆□来庸贾钱四千六百戍诣居延六月旦　署无甲渠第

《居延汉简甲乙编》，释文第111页。

按：本简记雇佣价钱4600，但未记雇佣时日多久。又，谢桂华、周年昌《秦汉物价资料辑录》曰："不害"应释作"不审"；疑"无"应释作"乘"①。

（6）居延汉简 170・2：

张掖居延库卒弘农郡陆浑河阳里大夫成更年廿四　庸同县阳里大夫赵勋年廿九贾二万九千

《居延汉简甲乙编》，释文第 115 页。

按：本简记雇佣价钱 29000 钱，但也未记雇佣时日。

（二）顾山钱

（1）《汉书・平帝纪》：

（平帝元始元年）天下女徒已论，归家，顾山钱月三百。如淳曰："已论者，罪已定也。令甲，女子犯罪，作如徒六月，顾山遣归。说以为当于山伐木，听使入钱顾功直，故谓之顾山。"应劭曰："旧刑鬼薪，取薪于山以给宗庙，今使女徒出钱顾薪，故曰顾山也。"师古曰："如说近之。谓女徒论罪已定，并放归家，不亲役之。但令一月出钱三百，以顾人也。为此恩者，所以行太皇太后之德，施惠政于妇人。"

按：依如淳、颜师古所说，则雇佣女子服役的价格为一月 300 钱。

（三）佣保价

（1）里耶秦简 8—2015：

☑嘉出庸贾三百受米一石臧直百卌得成吏亡嘉死审☑（正）

□敦狐诣讯般刍等辤各如前☑（背）

《里耶秦简（壹）》，释文第 92 页。

① 谢桂华、周年昌：《秦汉物价资料辑录》，载《中国古代社会经济史资料》第一辑，福建人民出版社 1985 年版，第 94 页。

按：此简载佣价三百，但未记所佣时日，故具体佣价不明。

（2）云梦秦简《秦律十八种·司空律》：

有罪以赀赎及有责（债）于公，以其令日问之，其弗能入及赏（偿），以令日居之，日居八钱；公食者，日居六钱。

《云梦睡虎地秦墓竹简》，释文第51页。

按：这条律文规定，以服劳役的方式赎罪或偿还公款，每人每天折算8钱，如果由官府供给伙食的，每人每天只能折算6钱。如此，由官府供应饮食者，每月价钱为180钱。

（3）《九章算术·衰分》：

今有取保一岁，价钱二千五百。今先取一千二百，问当作日几何。答曰：一百六十九日二十五分日之二十三。

按：本题所记，1年的雇佣价钱为2500钱。

（4）《九章算术·均输》：

今有均赋粟甲县四万二千算，粟一斛二十，傭价一日一钱，自输其县；乙县三万四千二百七十二算，粟一斛一十八，傭价一日一十钱到输所七十里；丙县一万九千三百二十八算，粟一斛一十六，傭价一日五钱，到输所一百四十里；丁县一万七千七百算，粟一斛一十四，傭价一日五钱，到输所一百七十五里。戊县二万三千四十算，粟一斛一十二，傭价一日五钱到输所二百一十里；己县一万九千一百三十六算，粟一斛一十，傭价一日五钱，到输所二百八十里。

按：本题所记，佣价为一日1钱、一日5钱、一日10钱。

（5）《九章算术·均输》：

今有取傭负盐二斛行一百里与钱四十，今负盐一斛七斗三升少半升行八十里，问与钱几何？答曰：二十七钱一十五分钱之一十一。

按：本题所记，负盐二斛行一百里的雇佣价为 40 钱。

(6)（东汉光武帝）建武三年候粟君所责寇恩事册（居延新简 EPF22 · 26—27）：

恩子男钦以去年十二月廿日为粟君捕鱼尽今年正月闰月二月积作三月十日不得贾直时市庸平贾大男日二斗为谷廿石恩居觻得付业钱时市谷决石四千并以钦作贾谷当所负粟君钱毕……

《居延新简——甲渠候官》，释文第 210—211 页。

按：本简册所记，建武二年十二月至建武三年三月，雇佣成年男子的市场价为每人每天谷 2 斗。当时谷 1 石 4000 钱。

(7) 崔寔《政论》：

〔桓帝时〕夫百里长吏，荷诸侯之任，而食监门之禄，请举一隅，以率其余。一月之禄，得粟二十斛钱二千。长吏虽欲崇约，犹当有从者一人，假令无奴，当复取客，客庸一月千。刍、膏肉五百，薪炭盐菜又五百。二人食粟六斛。其余财足给马，岂能供冬夏衣被，四时祠祀，宾客斗酒之费乎。况复迎父母致妻子哉。不迎父母，则违定省，不致妻子，则继嗣绝，迎之不足相赡，自非夷齐，孰能饿死。于是则有卖官鬻狱，盗贼主守之奸生矣。

《全后汉文》卷四十六。

按：依崔寔所说，东汉桓帝时，官员雇佣男佣的价格为每人每月 1000 钱。

(8)《太平经》卷一百一十四：

时以行客赁作富家，为其奴使，一岁数千，衣出其中。

按：此条所记，东汉后期，雇佣一从事家内杂役的客，价格为每年数千钱（包含为其置办衣物的费用）。

（9）《太平御览》卷八百一十七引《孝子传》：

（东汉）董永父终，贫不葬，遂以身质钱一万，既葬就役。逢一女子求与永为妻，云能织绢。永诣主人，主人令织三百匹，债足辞去。

按：王仲荦先生曰："永妻织绢三百匹，满万钱，债足得去，是织工三十三文一匹也。"①

（四）就（僦）钱

（1）《九章算术·均输》：

今有均赋粟，甲县二万五百二十户，粟一斛二十，自输其县；乙县一万二千三百一十二户，粟一斛一十钱至输所二百里……凡五县赋输粟一万斛，一车载二十五斛，与僦一里一钱，欲以县户输粟令费劳等，问县各粟几何？

按：本题所记，以车运输的僦钱为一里路程价值 1 钱。

（2）《汉书·田延年传》：

〔汉昭帝、宣帝之际〕先是，茂陵富人焦氏、贾氏以数千万阴积贮炭苇诸下里物。昭帝大行时，方上事暴起，用度未办，延年奏言"商贾或预收方上不祥器物，冀其疾用，欲以求利，非民臣所当为。请没入县官。"奏可。富人亡财者皆怨，出钱求延年罪。初大司农取民牛车三万两为僦，载沙便桥下，送致方上，车直千钱，延年上簿诈增僦直车二千，凡六千万，盗取其半。焦、贾两家告其事，下丞相府。丞相议奏延年"主守盗三千万，不道"。

按：本条记牛车运沙，从便桥至方上，僦价一辆 1000 钱。陈直先生

① 王仲荦遗著：《金泥玉屑丛考》，第 26 页。

说：“今便桥遗址，距昭帝平陵，约有十华里，可见汉代载沙一车价值千钱。”①

（3）《法苑珠林》卷九十二《冤魂志》：

汉时何敞为交阯刺史，行部到苍梧郡高要县，暮宿鹊奔亭，有一女子从楼下出，自云妾姓苏名娥，本广信县修里人，有杂缯百二十匹，及婢一人名致富，欲往傍县卖缯，就同县人王伯赁车一乘，直万二千，载妾并缯，令致富执辔。

按：东汉时期，1 人 1 车载 2 人、杂缯 120 匹，往傍县销售，僦价 12000 钱。又，《搜神记》卷十六所载大致雷同，但陈槃先生认为：“‘车牛’当即牛车……‘直钱万二千’，‘万’字疑衍。”②

（4）居延汉简 30·16：

出钱二百八十七车二两建平五年☑

《居延汉简甲乙编》，释文第 19 页。

按：谢桂华、周年昌《秦汉物价资料辑录》曰：“车二两”之“二”应释作“一”③。若此，本简记车一辆的僦价为 287 钱。但不知僦车运输的时日与里程。

（5）居延汉简 116·46：

☑就钱□百卌出

《居延汉简甲乙编》，释文第 79 页。

按：本简“百卌”前一字无法辨识，且只记僦钱，故不能据此了解具体僦价。

---

① 陈直：《居延汉简研究》，中华书局 2009 年版，第 97 页。

② 陈槃：《汉晋遗简识小七种》，上海古籍出版社 2009 年版，第 101 页。

③ 中国社会科学院历史研究所编：《中国古代社会经济史资料》第一辑，福建人民出版社 1985 年版，第 96 页。

（6）居延汉简178·8：

出百五十付当南候长犊宗以偿就　粟钱毕不当复偿☑

《居延汉简甲乙编》，释文第121页。

按：此简记出150钱偿僦钱，也未记具体车辆数量、里程等信息。

（7）居延汉简190·34：

所责卒恭钱及枭就钱九十七候长五十☑

《居延汉简甲乙编》，释文第129页。

按：谢桂华、周年昌《秦汉物价资料辑录》曰："九"应释作"又"①。若如此，则本简所记僦钱、僦价均不明。

（8）居延汉简214·83：

☑其四两自行　一两取卒直卅☑。

《居延汉简甲乙编》，释文第145页。

按：谢桂华、周年昌《秦汉物价资料辑录》曰："卒"应释作"就"②。如此，则本简所记一辆车的僦钱仅30钱。

（9）居延汉简254·5：

就钱三百

《居延汉简甲乙编》，释文第180页。

按：本简所记，僦钱300，但车辆、里程等信息不明，故无法了解更具体的僦价信息。

① 中国社会科学院历史研究所编：《中国古代社会经济史资料》第一辑，福建人民出版社1985年版，第97页。

② 同上。

（10）居延汉简 505·15：

出钱四千七百一十四 赋就人表是万岁里吴成三两半已入八十五石 少二石八斗三升

《居延汉简甲乙编》，释文第 258 页。

按：本简所记，每辆车的僦价约为 1346.85 钱。陈直先生认为，本简及下列 506·11、506·27 号简所记为边郡以黄金代替货币的情况，一两指黄金一两，值钱 1347 有奇[①]。但金少英先生提出了反对意见，认为本简及下引 505·20 号简、506·11 号简、506·27 号简中的“两”，均指车辆[②]。金说是。

（11）居延汉简 505·20：

●凡五十八两 用钱七万九千七百一十四 钱不𠋫就☐

《居延汉简甲乙编》释文第 258 页。

按：本简所记，每辆车僦价约为 1374.37 钱。

（12）居延汉简 506·11：

●右八两 用钱万七百七十六

《居延汉简甲乙编》，释文第 259 页。

按：本简所记，每辆僦价为 1347 钱。

（13）居延汉简 506·27：

出钱千三百卌七 赋就人会水宜禄里兰子房一两

《居延汉简甲乙编》，释文第 260 页。

① 陈直：《居延汉简研究》，中华书局 2009 年版，第 95 页。

② 金少英：《汉简臆谈》，载甘肃省文物考古研究所、西北师范大学历史系编《简牍学研究》第四辑，甘肃人民出版社 2004 年版。

按：本简所记，与上一简相同，僦价为每辆车1347钱。

（14）（东汉光武帝）建武三年候粟君所责寇恩事册（居延新简EPF22·21—23）：

……恩辞曰颍川昆阳市南里年六十六岁姓寇氏去年十二月中甲渠令史华商尉史周育当为候粟君载鱼之觻得卖商育不能行商即出牛一头黄特齿八岁平贾直六十石与交谷十五石为谷七十五石育出牛一头黑特齿五岁平贾直六十石，与交谷卌石凡为谷百石皆予粟君以当载鱼就直时粟君借恩为就载鱼五千头到觻得贾直牛一头谷廿七石约为粟君卖鱼沽出时行钱卌万时粟君以所得商牛黄特齿八岁谷廿七石予恩顾就直……

《居延新简》，释文第210页。

按：此简册记甲渠令史华商、尉史周育不知何故，需要为甲渠候粟君载鱼到觻得去出售，但他俩无法前行，两人只得分别出牛、谷抵偿，其中华商出牛1头、谷15石，周育出牛1头，谷40石，均给了粟君。粟君于是雇佣寇恩为其载鱼5000头从居延运到觻得销售，来回需20余天，粟君给寇恩的僦价为：牛1头，谷27石。但双方约定，5000头鱼必须卖到40万钱。

（15）肩水金关汉简73EJT37：568：

出百卌就上北部

《肩水金关汉简（肆）》下册，第52页。

按：此简载出140钱僦上北部。

（16）居延新简EPT51·57：

鉼庭燧长□☐

时取就高者千钱☐。

《居延新简——甲渠候官》，释文第75页。

按：本简所记，取僦高者一车1000钱。

(17)《后汉书·虞诩传》：

〔东汉安帝时，虞诩迁武都太守〕先是运道艰险，舟车不通，驴马负载，僦五致一。《广雅》曰："僦，赁也。"僦五致一谓用五石赁而致一石也。诩乃自将吏士，案行川谷，自沮至下辩数十里中，皆烧石翦木，开凿船道，以人僦直雇借佣者，于是水运通利，岁省四千余万。

按：东汉武都运输艰难，运进一石粮食的成本需要5石粮食。

（五）司御钱

(1) 居延汉简269·11：

其三千司御钱未入候史禹当入
万一千六百九十五付守令史音当移出
五百六十三徒许被施刑胡敞当入
凡在□□万三千九百廿五
定有余钱万四千四百五十七

《居延汉简甲乙编》，释文第193页。

按：司御钱，不知所指为何种钱。陈直先生说："司御钱恐非雇工的车费，尚未能确定为何种钱。"①

(2) 居延汉简339·19：

入五月司御钱千五百百六十四

《居延汉简甲乙编》释文第226页。

按：本简中"百六十四"几个字的字体与前面的文字不同，简文记"入五月司御钱千五百"，只是五月份的总价，无法从中了解司御钱的具体情况。

① 陈直：《两汉经济史料论丛》，陕西人民出版社1958年版，第32页。

（六）卖卜钱

皇甫谧:《高士传》:

严遵字君平，蜀人也。隐居不仕，常卖卜于成都市，日得百钱以自给，卜讫则闭肆下帘，以著书为事。……君平曰：……今我以卜为业，不下床而钱自至，犹余数百，尘埃厚寸，不知所用。

按：东汉时期，在成都卖卜，一日可得100钱。

十一 爵位价格

（1）《汉书·惠帝纪》：

〔惠帝元年冬十二月〕“民有罪，得买爵三十级以免死。赐民爵，户一级。”注引应劭曰：“一级直钱二千，凡为六万，若今赎罪入三十匹缣矣。”

按：依应劭所说，爵一级值2000钱。但愚以为，一级爵值2000钱的价格是西汉后期之价位。在惠帝时期，西汉的爵价远高于一级2000钱（详见下条）。

（2）《汉书·惠帝纪》：

惠帝元年五月，赐民爵一级。中郎、郎中满六岁爵三级，四岁二级。外郎满六岁二级。中郎不满一岁一级。外郎不满二岁赐钱万。宦官尚食比郎中。谒者、执盾、执戟、武士、驺比外郎。太子御骖乘赐爵五大夫，舍人满五岁二级。

按：这段文字记录了惠帝即位之初除赐民爵一级外，还一一赐中郎、郎中、外郎、谒者、执盾等官员以爵位。按规定，中郎、郎中任满6年赐爵3级，任满4年赐爵2级；外郎任满6年赐爵2级；中郎任期不满1年的赐爵1级；外郎任期不满2年的赐钱10000；宦官尚食的赐爵比照郎中，谒者、执盾、执戟、武士、驺的赐爵比照外郎；太子御骖乘赐爵五大夫，太子舍人任满5年赐爵2级。从这段记载可以看出，汉政府赐中郎、郎中、外郎爵位是分别按身份和任期来执行的。中郎、郎中的身份比外郎高，所以中郎、郎中任满6年可赐爵3级，外郎任满6年只能赐爵2级。惠帝元年的赐爵制度，规定了按任期不同赐予中郎、郎中、外郎等人不同的爵位，赐予中郎、郎中的均为爵位，赐予任期满6年的外郎也是爵位，唯独对任期不满2年的外郎另眼相看，不是赐爵位，而是赐钱10000。这是什么原因呢？笔者推测，这可能是任期不满2年的外郎还达不到赐爵1级的标准，但他们的地位与任期不满1年的中郎又很接近。如果赐给任期不满1年的中郎爵位1级，而对任期1年以上2年以下的外郎无所表示，那就有欠公允。为了公平起见，所以赐任期不满2年的外郎10000钱。如果是这样的话，那么，惠帝元年时1级爵位的价值当要超过10000钱。因此，上一条应劭所说，一级爵值钱2000可能不是惠帝时期的价格。

(3) 张家山汉简《二年律令·爵律》:

> 当㩣（拜）爵及赐，未㩣（拜）而有罪耐者，勿㩣（拜）赐。诸当赐受爵，而不当㩣（拜）爵者，级予万钱。

《张家山汉墓竹简（二四七号墓）》，第185页。

按：此条律文记载，如果有人达到了赐予爵位的标准，但由于各种原因不能授给其爵位，则按一级爵位10000钱的标准给予其经济补偿。我们因此知道吕后二年的爵位价格相当于一级10000钱。

(4)《汉书·食货志》:

> 文帝从晁错之言，令民入粟边，六百石爵上造，稍增至四千石为五大夫，万二千石为大庶长，各以多少级数为差。……其后，上郡以西旱，复修卖爵令，而裁其贾以招民。

按：文帝采纳晁错的建议，令商人得输粟拜爵，在二十等爵中，上造为第二级，价格为600石粟；五大夫为第九级，价格为4000石粟；大庶长为第十八级，价格为12000石粟。由此可见，文帝时买的爵位越高，价格就越贵。买爵至上造，平均每级价格为300石粟；买爵至五大夫，平均每级价格为粟444余石；买爵至大庶长，平均每级价格为粟666余石。如果按粟1石30钱的低价折算，每级爵的价格也达9000—19980钱。

（5）《汉书·成帝纪》：

〔鸿嘉三年四月〕令吏民得买爵，贾级千钱。

按：西汉成帝时，爵位的价格已经降为 1 级 1000 钱。

十二 《史记·货殖列传》所载物价

《史记·货殖列传》曰：

今有无秩禄之奉，爵邑之入，而乐与之比者。命曰“素封”。封者食租税，岁率户二百，千户之君则二十万，朝觐聘享出其中。庶民农工商贾，率亦岁万息二千，百万之家则二十万，而更傜租赋出其中，衣食之欲，恣所美好矣。

故曰：陆地牧马二百蹄，牛蹄角千，千足羊，泽中千足彘，水居千石鱼陂，山居千章之材，安邑千树枣，燕、秦千树栗，蜀、汉、江陵千树橘，淮北、常山已南、河济之间千树萩，陈、夏千亩漆，齐、鲁千亩桑麻，渭川千亩竹，及名国万家之城，带郭千亩亩钟之田，若千亩卮茜，千畦姜韭；此其人皆与千户侯等，然是富给之资也。不窥市井，不行异邑，坐而待收，身有处士之义而取给焉。……

……通邑大都，酤一岁千酿，醯酱千瓨，浆千甔，屠牛羊彘千皮，贩谷粜千钟，薪稾千车，船长千丈，木千章，竹竿万箇，其轺车百乘，牛车千两，木器髤者千枚，铜器千钧，素木铁器、若卮茜千石，马蹄躈千，牛千足，羊彘千双，僮手指千，筋角丹沙千斤，其帛絮细布千钧，文采千匹，榻布皮革千石，漆千斗，糵麴盐豉千荅，鲐鮆千斤，鲰千石，鲍千钧，枣栗千石者三之，狐貂裘千皮，羔羊裘千石，旃席千具，佗果菜千钟，子贷金钱千贯，节驵会，贪贾三之，廉贾五之，此亦比千乘之家，其大率也。佗杂业不中什二，则非吾财也。

按:《汉书·货殖传》基本照录了这段文字,两者差异不大,仅有少量文字上的不同,如“漆千斗”,《汉书》作“漆千大斗”;“鲰千石,鲍千钧”,《汉书》作“鲰、鲍千钧”;“山居千章之材”,《汉书》作“山居千章之萩”;“榻布皮革千石”,《汉书》作“荅布皮革千石”;“糵麴盐豉千荅”,《汉书》作“蘖麴盐豉千合”[①]。

司马迁的这段话,常常被经济史研究者用来讨论西汉的物价。较早开展这一研究的是陈啸江先生[②],20世纪50年代,日本学者宇都宫清吉、宫崎市定又进一步对《史记·货殖列传》的物价进行了研究[③],20世纪80年代,陈连庆先生发表了《〈史记·货殖列传〉所记的西汉物价》一文,再次对《史记·货殖列传》所载的西汉物价进行了系统的研究[④],1998年,中华书局出版了郑宜秀先生整理的王仲荦先生的遗著《金泥玉屑丛考》,该书卷一列有“《史记·货殖列传》物价考”一目,对《史记·货殖列传》的物价再次做了较为系统的考证[⑤]。下面按这段话所记,对《史记·货殖列传》所记载的物价逐一梳理如下。

(一)马价

(1)故曰陆地牧马二百蹄

按:陈连庆先生认为说:“此谓有五十匹马的畜牧业者每年可以收入二十万。……经营畜牧业者,每年如能增产马三十三匹,即可获利二十万。但五十匹马决不会繁殖这么多,因此这个数字肯定是有错误的。”王仲荦先生说:“二百蹄,孟康曰:五十匹也,五十匹直二十万,是匹直四千也。”

---

① 参见中华书局标点本《汉书》,第3686—3687页。

② 陈啸江:《西汉的通货单位和物价》,载陈氏著《西汉社会经济研究》,新生命书局1936年版。

③ [日]宇都宫清吉:《汉代社会经济史研究》,弘文堂1956年版,第119—130页;[日]宫崎市定:《史记货殖传物价考证》,载《京都大学五十周年纪念论集——京都大学文学部研究纪要第四》,1956年11月。后文所引宇都、宫崎文章均出此,不再一一注明。

④ 陈连庆:《〈史记·货殖列传〉所记的西汉物价》,载《中国古代史研究——陈连庆教授学术论文集》,吉林文史出版社1991年版。后文所引陈连庆先生文章均出此,不再一一注明。

⑤ 王仲荦遗著(郑宜秀整理):《金泥玉屑丛考》,第4—14页。后文所引王仲荦先生观点均出此,不再一一注明。

(2) 马蹄躈千

按：陈连庆先生说："此句颇不易解。过去注家，大体上以颜师古为代表。他说：'躈口也，蹄与口共千，则为二百匹。'一种以顾胤为代表。他说：'上文马二百蹄比千乘之家，不容亦二百。则躈谓九窍，通四蹄为十三而成一马，所谓生之徒十有三是也。凡七十六匹马。'……如依颜氏说，则二百匹马，共价一百二十万，每匹为六千钱。……核以汉时马价，与颜氏算法接近。……汉代马价前后变化很大，这里所记是武帝前期的马价。"王仲荦先生说："颜师古云：蹄躈千合为二百匹马，直二十万，匹马千文。"

(二) 牛价

(1) 牛蹄角千

按：陈连庆先生说："孟康以下诸家均以为是一百六十七头。经营畜牧的老牧民说，一头牝牛和一头牡牛，'三年两个头'，即三年可生二头小牛。依此比率计算，一百六十七头每年可增殖五十五头。以五十五头总值为二十万计，每头为三千六百三十六钱。"日本学者宫崎市定认为，在动物学上，牛与马不同，马属于单蹄属，牛属于偶蹄属，因此，一头牛的蹄不是4只，而是8只，8只蹄加上2只角为10只，因此"牛蹄角千"是指100头牛。因此，牧场主出卖1头牛的价格为2000钱。王仲荦先生说："孟康曰：百六十七头也。每头一千一百九十七文。"

(2) 牛千足

按：陈连庆先生认为："牛千足是二百五十头。以二百五十头一百二十万计，则每头四千八百钱。"日本学者宫崎市定认为，按照中国古代的称谓习惯，所谓的"足"，于动物而言，是指后肢，不是人们通常认为的四肢。因此，他认为"牛千足"为500头牛，商人在市场上销售的牛的单价为1头2400钱，商人的买入价是1头2000钱，其利润率为20%；宇都宫清吉则认为"牛千足"为"牛千角"之误，"牛千角"也是指500头牛。王仲荦先生说："牛千足，二百五十匹也。直二十万。八百文一头。"

（三）羊价

（1）千足羊

按：陈连庆先生认为，千足羊是 250 头。并说，按居延汉简，羊 1 头值 900 钱，则每年繁殖 222 头，即可得 20 万钱。宫崎市定先生认为羊、彘的“足”只是其两条后肢，而非四肢，因而认为“千足羊”实指 500 头羊，因而羊的价格为 1 头 400 钱。商人以 1 头 400 钱的价格从畜牧业主手里购买羊，以 1 头 600 钱的价格在都市市场上出售。王仲荦先生说：“千足羊，韦昭云：二百五十头。一头八百。”

（2）羊彘千双

按：陈连庆先生说，千双是 2000 头，2000 头值 120 万钱，则每头值 600 钱。王仲荦先生说：羊彘 2000 头，值 20 万，一头百文。

（四）彘价

（1）泽中千足彘

陈连庆先生认为，千足彘是 250 头，如按每头彘 600 钱计算，则 250 头彘每年繁殖 333 头，即可得 20 万钱。王仲荦先生也认为千足彘是 250 头，1 头 800 钱。宫崎市定先生认为彘的“足”只是其两条后肢，而非四肢，因而“千足彘”实指 500 头彘，因而彘的价格为 1 头 400 钱。

（2）羊彘千双

按：陈连庆先生说：千双是 2000 头，2000 头值 120 万钱，则每头彘值 600 钱。王仲荦先生说：羊彘 2000 头，值 20 万，一头彘值百文。

（五）鱼价

（1）水居千石鱼陂

按：陈连庆先生说：“此条意谓千石鱼塘每年可以收入二十万。《正义》云：‘言陂泽鱼一岁收得千石鱼卖也。（颜师古说略同）’这种说法是错误的。……如果把千石的鱼全出售，那就是竭泽而渔，后难为继。……千石鱼陂，每年收贵价鱼类一百六十七斤，或贱价鱼类一百六十七钧，都可收入二十万钱。”王仲荦先生说：“《史记正义》云：‘言陂泽养鱼，一岁收得千石鱼卖也。’石直二百。”

（2）鲐鮆千斤

按：陈连庆先生说：“《说文》云‘鲐，海鱼也。’段玉裁云：鲐亦名侯鲐，即今之河豚。又《说文》云：‘鮆，刀鱼也，饮而不食，九江有之。’……千斤值一百二十万，一斤竟达一千二百钱，过于昂贵，恐传写有误。”王仲荦先生说：“鲐鱼，海鱼；鮆鱼，刀鱼。斤直二百，是鱼之贵者。”

（3）鲰千石，鲍千钧

按：陈连庆先生说“千石”二字衍文，《汉书》无此二字。……鲰字，《正义》训为“杂小鱼”，是也。……鲍鱼，颜注《急就篇》云：“鲍亦海鱼，加之以盐而不干者也。”千钧值120万钱，每钧1200钱，每斤40钱。也不算太贱。王仲荦先生说：“鲰，小杂鱼，鱼之贱者，石直二百。”鲍千钧，王仲荦说：“三十斤曰钧，钧直二百。”

（六）树木价

1. 木材价

（1）山居千章之材

陈连庆先生说：“师古以为，‘大材曰章’。”这里是说有千根大木材的人一年可以收入20万钱。据下文每根大木约值1200钱，故每年出售167根即可得20万钱。王仲荦说：“章，大材也，章直二百。”

（2）木千章

按：陈连庆先生说：“木千章值一百二十万，则一章值一千二百钱。”王仲荦先生则说：“木千章值二十万，一章二百也。”

2. 萩树价

淮北常山已南，河济之间千树萩

陈连庆先生说：“颜师古云：‘萩即楸字’。其说是也。……汉时木价不可考。《齐民要术》卷五云：‘种楸十年后一树千钱。’这是南北朝后期的物价。如依此标准，则每年出售楸木二百株，即可得二十万。”王仲荦先生说：“树收二百。”

3. 枣树、栗树价

（1）安邑千树枣，燕秦千树栗

陈连庆先生说："下文云'枣栗千石者三之'，三千石可售一百二十万，则每石四百钱。如以此为准，则年收五百石，即可得二十万。"王仲荦先生说："树收二百。"

（2）枣栗千石者三之

按：陈连庆先生云："《索隐》云：'案三之者，三千石也。'枣栗价钱差不多，故放在一起谈。三千石值一百二十万，则每石四百钱，每斤三点三钱。"王仲荦先生说："三千石，二十万，三石二百文。"

4. 桔树价

蜀汉、江陵千树桔

按：陈连庆先生据《三国志·吴志·孙休传》裴注引《襄阳记》所说李衡遣客十人于武陵龙阳汎洲上种桔千树，每树一岁得绢一匹之事，说："千树桔至少可以收入绢千匹，以每匹二百钱计，即可得二十万钱。"王仲荦先生也说："树收二百。"

（七）竹价

（1）渭川千亩竹

按：陈连庆先生说："千亩植竹多少，没有具体数字。下文云：'竹竿万个，亦比千乘之家。'据此推算，每个竟值一百二十钱。如以此数推算，千亩竹园年产一百六十七个，即可值二十万，但其价过昂，似不可信。"王仲荦先生说："亩收二百，千亩收二十万。"

（2）竹竿万个

陈连庆先生说："竹竿万个值一百二十万钱，则一个值一百二十钱。其价过昂，似不可信。《九章算术》卷二：竹一个，大者八钱，小者七钱至五钱。与本书相差太远。但《汉书》卷17《景武昭宣元成功臣表》：将梁侯杨仆，'元封四年（公元前107年），坐为将军击朝鲜畏懦，入竹二万个赎，完为城旦。'则竹竿的价格不能过低。"王仲荦先生说："竹竿万个，二十万文，一个二十文。"

（八）漆价

（1）陈夏千亩漆

按：陈连庆先生说："每亩产漆多少，不详。下文云：'漆千大斗……亦比千乘之家。'每大斗约值一千二百钱。千亩漆每年如出产一百六十七大斗，即可得钱二十万。"王仲荦先生说："亩收二百。"

（2）漆千斗

按：陈连庆先生说："《汉书》作'漆千大斗'。汉时量器有大斗、小斗之别，应以《汉书》为是。千大斗值一百二十万，则每大斗一千二百钱。据近人研究，汉时一小斗核大斗六升。《九章算术》卷二：'漆一斗三百四十五'。当是小斗一斗之价。如按此种比例计算，则大斗一斗当为五百七十五钱。《货值传》所记之价约为其二倍。"王仲荦则说："斗直二百。"

（九）桑麻价

齐鲁千亩桑麻

按：陈连庆说："《齐民要术》卷5谓桑树'十年之后，无所不任'。原注云：'一树值绢十匹。'又《魏书·食货志》云：'男夫一人给田二十亩，课莳余种桑五十树……'如果按此比率，千亩可植桑二千五百株。魏时绢每匹公价二百，私价三百，绢十匹以公价计，为钱二千文。如此，则每年出售一百株桑树，即可得二十万。"王仲荦说："亩收二百，则千亩收二十万也。"

（十）田地价

名国万家之城，带郭千亩，亩钟之田

按：六斛四斗为一钟。陈连庆说："亩钟之田千亩，年产六千四百石，共值二十万钱，则每石约为三十一钱。《汉书·食货志》记战国时粟价每石三十，与此相近。"王仲荦说："千亩，亩收二百，年收二十万也。"

（十一）卮茜价

（1）若千亩卮茜

按：“卮”即栀子，“茜”为茜草，均为茜草科植物，既是染料作物，又具有较高的药用价值。陈连庆说：“《齐民要术》卷5种红花栀子条云‘负郭良田种一顷者，岁收绢三百匹，一顷收子二百斛，与麻子同价。’……顷收绢三百匹，则千亩可收绢三千匹。每匹仍以三百钱计，则可得九十万钱。是其价格远比汉代为高。”王仲荦说：“卮茜，鲜支、红蓝、染缯赤黄者，千亩二十万，亩收二百也。”

愚按：若按《齐民要术》所云，一顷栀子收籽200斛，则亩收2斛。1000亩栀子收籽2000斛，值20万钱，则种植者出售栀子的价格为1斛100钱，1升值1钱。

（2）若卮茜千石

按：商人贩卖1000石卮、茜可获利20万钱，按20%的销售利润率推算，卮、茜在市场上的销售价当为1石1200钱，1斤值10钱。王仲荦说：“一石二百文。”

（十二）姜韭价

千畦姜韭

按：陈连庆先生引刘熙注《孟子》等的说法，认为1畦为50亩，“千畦共为五万亩。千畦薑韭，每年可以收入二十万，一畦可得二百钱”。愚以为此说法值得商榷，1畦不会有50亩这么大①。王仲荦说：“千畦收二十万，畦收二百。”

（十三）酒价

通邑大都，酤一岁千酿

按：陈连庆先生说：“通邑大都四字，一直贯穿下文，说明下列各项

① 参见拙著《汉代物价新探》，中国社会科学出版社2009年版，第134页。

数字，均指当时大城市的物价。酤指卖酒，千酿犹云千瓮。一岁直接贯穿下文。《汉书·食货志》云：'请法古令官作酒，以二千五百石为一均，率开一卢以卖，雠五十酿为准。一酿用粗米二斛，麴一斛，得成酒六斛六斗。'……则千酿共用粗米二千斛，麴千斛，共得六千四百斛。六千四百斛可以出售一百二十万钱，则每斗约十九钱。"王仲荦说："颜师古曰：千瓮以酿酒。瓮直二百。"

（十四）醋酱价

醯酱千瓨

按：陈连庆说："醯，即醋。醯与酱价格相等，故合并一起来谈。瓨，颜师古云：'长颈甖也，受十升。瓨音胡双反。'（《汉书·货殖传注》）宋祁曰：'升字当作斗字'……如果千瓨价一百二十万钱，则一瓨可售一千二百钱。如一瓨容十升，则一升为一百二十钱；如一瓨容十斗，则一斗为一百二十钱。"王仲荦说："千瓨二十万，瓨直二百。"

（十五）浆价

浆千甔

按：这是说商人每年贩卖"浆千甔"可以获利 20 万钱。"甔"，即"坛"，《史记索隐》："孟康曰：'儋，石罂'，石罂受一石，故云儋石。"[①] 陈连庆说："千甔共为千石，可售一百二十万钱，每石可售一千二百钱，则每斤不过十钱而已。"王仲荦说："千甔二十万，一甔二百。"董跃进认为："古代传统的浆是以粮食为原料经过自然发酵而成的一种带有酸味的白色普通饮料。"[②]

（十六）牛、羊、彘肉（皮）价

屠牛、羊、彘千匹

---

① 中华书局标点本：《史记》，第 3274 页。

② 董跃进：《浆的历史演变与发展》，载《扬州大学烹饪学报》2010 年第 1 期。

按：这是说通邑大都的屠宰业主每年“屠牛、羊、彘千皮”可获利20万钱。陈连庆说：“此谓每年屠宰千头牲畜，可得一百二十万。混言牛羊彘不加分别，是因为三种肉价相差无几之故。……今姑以一斤五钱为前汉标准肉价，则价值一百二十万钱的牲畜，将在二十四万斤左右，每头平均二百四十斤。”王仲荦则认为本条属于牛、羊、彘皮的价格，他说：“牛羊彘皮千张直二十万，一张直二十[①]也。”

（十七）谷价

贩谷粜千钟

按：这是说商人在都市里一年贩卖1000钟谷可获利20万钱。陈连庆说：“按一钟六斛四斗，千钟为六千四百斛，每斛为一百八十七钱有奇。这个数字太高，不符合当时情况，应该是传写之误。”王仲荦说：“千钟二十万，一钟二百也。”

（十八）薪稾价

薪稾千车

按：这是说商人在大都市每年贩卖“薪稾千车”即可获利20万钱。即是说，商人贩卖一车薪稾可获利200钱。陈连庆说：“千车值一百二十万，则一车值一千二百钱。……但一车千余钱，其价甚贵。”王仲荦说：“薪稾千车二十万，车二百也。”

（十九）船价

船长千丈

按：通常都理解为商人造船在市场上出售，每销售1丈长的船可赚取200钱的利润。陈连庆说：“千丈值一百二十万，则一丈值一千二百钱。”汉代比较常见的船通常为5丈长的船。按陈连庆先生所说，5丈之船值6000钱。王仲荦说：“船千丈，至二十万，一丈二百文也。”但日本学者

---

① “十”当为“百”之误。

宫崎市定先生认为，“将船长千丈理解为是在市场上出售的商品是有问题的。船通常在水边生产，在水边销售，不会运到市场上去销售。在这里，船千丈与千车是相对应的，船与车一样，是计量薪稾这一类燃料的单位。车的载重是固定的，而船的大小不一，因而，这里是用船千丈来表示其所载的薪稾总量等同于一千车所载的薪稾”。① 如果宫崎先生所说成立，则“船长千丈”这句话就与船价无关。

（二十）轺车价

其轺车百乘

按：这是说商人在大都市贩卖“轺车百乘”可以获利 20 万钱，则 1 乘的利润是 2000 钱。陈连庆先生推算：“百乘值一百二十万，则每乘一万二千钱。”宫崎市定先生也认为商人买入轺车的价格为 10000 钱，在市场出售的价格为 12000 钱。王仲荦先生说：“轺车马车，百乘二十万，一乘二千文。”

（二十一）牛车价

牛车千两

按：陈连庆说：“千两值一百二十万，则一两一千二百钱。居延汉简云：‘牛车两乘四千’，则每乘二千，较此稍贵。”王仲荦说：“牛车千两，二十万，一两二百文。”

（二十二）木器髤者价

木器髤者千枚

按：《史记集解》引徐广曰：“髤音休，漆也”。陈连庆说：“千枚一百二十万，则一枚一千二百钱。漆器比一般木器贵得多。”王仲荦说：“千枚二十万，一枚二百文。”

---

① ［日］宫崎市定：《史记货殖传物价考证》。

（二十三）铜器价

铜器千钧

按：这是说商人每年贩卖“铜器千钧”可获利 20 万钱。千钧为 3 万斤。陈连庆先生说：“以千钧一百二十万计，则每钧一千二百钱，每斤四十钱。”王仲荦先生说：“千钧三万斤，直二十万。”

（二十四）素木、铁器价

素木铁器千石

按：素木器是没有髹漆的木器。此条将素木器、铁器并提，说明两者价格相同或相近。陈连庆先生说：“铜器论钧，铁器论石，也有很大悬殊。孟康、徐广均以百二十斤为石。千石共十二万斤，总值一百二十万，则每斤十钱。据此，则西汉时铜器价格为铁器的四倍。”王仲荦先生说：“百二十斤为石，千石二十万，一石二百文。”

（二十五）奴隶价

僮手指千

按：“僮”，指的是奴隶；“手指千”，指 100 人。这是说奴隶贩子每年贩卖“僮手指千”可以获利 20 万钱。陈连庆先生说：“奴隶一百人值一百二十万，则一人为一万二千钱。”王仲荦先生说：“奴僮百口，一口值二千文。”

（二十六）筋角、丹沙价

筋角、丹沙千斤

按：这是说商人每年贩卖“筋角、丹沙千斤”可以获利 20 万钱，则贩卖 1 斤的利润为 200 钱。陈连庆先生说：“筋角指制弓的原料。……丹沙即朱砂，乃巴蜀产物。这几种东西价钱仿佛，故放在一起谈。千斤价一百二十万，则每斤一千二百钱。”王仲荦先生则说：“一斤二百文。”

（二十七）帛、絮、细布价

其帛絮细布千钧

按：这是说是说贩卖帛、絮、细布1000钧可以获利20万钱，贩卖1钧获利200钱，贩卖1斤获利67钱。陈连庆先生说："布帛价格在《货值传》中存在三种情况，上等论匹，中等论钧，下等论石。帛是一般的丝织品，通称为绢；细布是精致的麻葛制品，其中或许夹杂着白叠等一类布匹。千钧一百二十万，则每钧一千二百钱，每斤四十钱，每两二·五钱。"王仲荦先生则说："钧三十斤，二百文一钧。"

（二十八）文采价

文采千匹

按：这是说商人每年贩卖"文采千匹"也可获利20万钱。陈连庆先生说："文采是具有采色花纹的丝绸。故在纺织品中它的价格最贵。千匹直一百二十万，则每匹直一千二百钱。"王仲荦先生说："文采千匹，匹直二百。"

（二十九）榻布、皮革价

榻布、皮革千石

按：这是说商人每年贩卖"榻布皮革千石"可获利20万钱，1石获利200钱，1斤获利1.67钱。陈连庆先生说："榻布，《汉书》作答布。它应该是颜师古、司马贞所说的粗厚之布。……千石值一百二十万，每石一千二百钱，则每斤十钱。这类布匹，相当于汉简的九稯布、八稯布、校布；文献中泛称为布"。王仲荦先生说："石值二百。"按王仲荦先生所说，则1斤榻布、皮革价钱为1.67钱。

（三十）糵麴、盐豉价

糵麴盐豉千荅

按：这是说商人每年贩卖"糵曲盐豉千荅"，即可获利20万钱。班固在《汉书·货殖传》中将“千荅”改为“千合”[①]。陈连庆先生说：“糵麴是造酒的原料。豉，豆豉。盐豉是造酱的原料。答字，注家或以为台字之讹，释为容一斗六升。……依《货殖传》推算，千答值一百二十万，一答为价一千二百钱。……一答当在三石左右。”王仲荦先生说：“斗六升曰荅，千荅二十万，一荅二百文。”

（三十一）狐貂裘、羔羊裘价

狐貂裘千皮，羔羊裘千石

按：陈连庆先生说：“狐貂是名裘，故其价贵，千皮值一百二十万，一皮竟达一千二百钱。羔羊裘贱，千石值一百二十万，一石才一千二百钱，每斤不过十钱。”王仲荦先生说：狐貂裘“一皮二百文”；羔羊裘“石二百文”。

（三十二）旃席价

旃席千具

按：陈连庆先生说：“旃席是用牛羊毛制造的席子，汉时这类东西不是中原所有，多由塞外输入，故其价钱与狐貂裘相等，极为昂贵。千具值一百二十万，一具达一千二百钱。”王仲荦先生说：“旃席一具二百文。”

（三十三）果菜价

佗果菜千钟

陈连庆先生说：“千钟值一百二十万钱，则一钟一千二百钱。每石十八点八钱，每斗一点五钱有奇。”王仲荦先生说：“一钟六斛四斗。千钟二十万，一钟二百文。”

---

① 中华书局标点本：《汉书》，第 3687 页。

（三十四）贷款利息率

子贷金钱千贯

按：陈连庆先生说："一贯千钱，千贯则为百万。"并认为《货殖传》说"庶民农工商贾，率亦岁万息二千，户百万之家则二十万"。此均说明年利息为20%。王仲荦先生说："千贯一百万钱，收二分之利，年息二十万也。"

（三十五）节驵会价

节驵会，贪贾三之，廉贾五之

按：陈连庆先生说："节驵会三句，应该合起来讲。不是廉贾、贪贾获利多少的问题，而是从中斡旋的驵会（经纪人）可以从买卖双方获利多少的问题。节驵会是有节制的驵会，他们取之有节，就是说他们收'什二'之利，每年可以获得二十万。贪贾、廉贾云云字有讹误，不可解。过去的几种讲法，牵强附会，无一是处。"

十三　类别不明者的价格

（1）里耶秦简 8—210：

⍁□□十七斗=斗五钱……

《里耶秦简（壹）》，释文第 23 页。

按：1 斗五钱，则 1 石 50 钱。此简所记，可能是谷价，但也能是酒、曲等其他商品的价格。

（2）里耶秦简 8—771：

凡一石一斗　卖二斗取美钱卅卖三斗⍁

《里耶秦简（壹）》，释文第 50 页。

按：卖斗取美钱卅，则 1 斗值美钱 15，1 石值美钱 150。与上简一样，此简所记可能是谷价，但也可能是酒、曲、盐等其他商品的价格。

（3）居延新简 EPT50·140B：

出十束直八十五子音取钱⍁
凡□□百廿一头　出七束张纪实钱付魏子⍁
出三束直廿七钱未⍁

《居延新简——甲渠候官》，释文第 69 页。

按：1 束值 8.5 钱、9 钱。

（4）居延新简 EPT50·144A：

□二利直廿
□直百五十
□三枚直卌五●凡负二百一十五

《居延新简——甲渠候官》，释文第 69 页。

按：1 利值 10 钱，1 枚值 15 钱。

（5）居延新简 EPT50·222：

□九十二枚 = 五泉直亖百□

《居延新简——甲渠候官》，释文第 72 页。

按：1 枚值 5 泉；此简“钱”作“泉”，当属王莽时期简。

（6）居延新简 EPT51·714：

□两直三百五十□

《居延新简——甲渠候官》，释文第 96 页。

按：此简上下端断折，“两”前若有数字，那 350 就不是一两之值。

（7）居延新简 EPT59·284：

□五尺直四百五十苇笥

《居延新简——甲渠候官》，释文第 165 页。

按：本简上端断折，“五尺”前面如有数字，则 450 就不是五尺之值。

（8）居延新简 EPT59·501：

[□□一并直六百　□□

《居延新简——甲渠候官》，释文第 171 页。

按：本简记“并直六百”，显然是几种物品的合计价值。

（9）居延新简 EPT59・629：

☑　直卌

《居延新简——甲渠候官》，释文第 175 页。

按：本简只留存“直卌”二字，不知何物，也不知数量多少。

（10）居延新简 EPT59・858：

☑□并直四　☑

《居延新简——甲渠候官》，释文第 181 页。

按：本简存“并直四”三字，且下端断折，或许原本“四”字后尚有文字。

（11）居延新简 EPT59・912：

☑□□□□白□十一尺直五十☑

《居延新简——甲渠候官》，释文第 183 页。

按：本简所记，似为纺织品，若 11 尺值 50 钱，则 1 匹值 80 余钱。

（12）居延新简 EPT65・114：

☑枚＝八钱直千二百一十六

《居延新简——甲渠候官》，释文第 188 页。

按：本简所记，1 枚值 8 钱。

（13）居延新简 EPT65・387：

］☑领直六百。

《居延新简——甲渠候官》，释文第 196 页。

按：本简上端断折，不知“领”前面原本是否还有数字，如果没有，则本简所记，1 领值 600 钱。

（14）居延汉简 140·1B：

阳翟狱臣

□□长二丈二尺直千六百钱具𩂣□用乃予之

《居延汉简甲乙编》，释文第 98 页。

按：本简所记，1 丈值 727 钱余，1 匹值 2909 钱。又，《居延汉简释文合校》释“𩂣”为“曼”。

（15）居延汉简 146·74：

入卖粱钱百八十☐

《居延汉简甲乙编》，释文第 103 页。

按：《居延汉简释文合校》释此简为：“入卖□钱百八十☐”[①]，如按此释，则本简所载物品种类不明。

（16）居延汉简 157·1：

齿十岁持所贾钱四千醉逃圣索父振为甲渠☐

《居延汉简甲乙编》，释文第 109 页。

按：本简记“齿十岁持所贾钱四千醉逃”，似乎 4000 钱为齿十岁牲畜之价，但不知具体是哪种牲畜。

（17）居延汉简 215·3：

☐直卅钱并□牛妇用☐

《居延汉简甲乙编》，释文第 147 页。

① 谢桂华、李均明、朱国炤：《居延汉简释文合校》上册，文物出版社 1987 年版，第 244 页。

（18）居延汉简 254·21：

出钱百廿　买秈一升

《居延汉简甲乙编》，释文第 180 页。

按：本简“秈”字右半部无法辨识。《居延汉简释文合校》释“一升”为“一斗”①，如此，则“秈”1 斗值 120 钱。

（19）居延汉简 259·13B：

……凡□□□百六十二直三万八千六百二……

《居延汉简甲乙编》，释文第 184 页。

按：“百六十二”前三字无法辨识，从“□□□”前面的“凡”字可推测，“□□□”三字中当有其他数字。故 162 应不是总数。

（20）居延汉简 X265·21：

☑□贾卅七……

《居延汉简甲乙编》，释文第 189 页。

按：本简存“贾卅七”三字，但不知物品种类和数量。

（21）居延汉简 506·23：

□□一直廿

《居延汉简甲乙编》，释文第 260 页。

按：1 个值 20 钱。

（22）居延汉简 559·7：

☑四百

① 谢桂华、李均明、朱国炤：《居延汉简释文合校》上册，文物出版社 1987 年版，第 421 页。

☑二十□三百六十……

《居延汉简甲乙编》，释文第 280 页。

按：《居延汉简释文合校》释为："☑二直三百六十……。"①

(23) 居延新简 EPT51 · 82A：

卅头直三百一十八不三百八十头直三百卌八交钱百不二百辞不相应

《居延新简——甲渠候官》，释文第 76 页。

按：1 头值 10.6 钱。张俊民先生认为此简记载的是鱼价，"每头鱼值钱约 10.6，从钱数上看，显然低于本册（《建武三年候粟君所责寇恩事册》）反映的鱼价"。②

(24) 居延新简 EPS4T1 · 20：

……一束直七十八

《居延新简——甲渠候官》，释文第 246 页。

按：不知此简"一束"前面无法辨识的文字中是否还有数字，如果有，则 78 就不是一束所值。

(25) 居延汉简补编 160.21：

□子算计　　出钱卅八买□一
　　　　　　出钱卅四买［三］束

摘自邢义田《地不爱宝：汉代的简牍》，第 466 页。

按：本简第一栏所记出钱 38，但所买之物，因字迹无法辨识而不能

① 谢桂华、李均明、朱国炤：《居延汉简释文合校》上册，文物出版社 1987 年版，第 655 页。

② 张俊民：《〈建武三年候粟君所责寇恩事〉册经济考略》，载甘肃省文物考古研究所编《秦汉简牍研究文集》，甘肃人民出版社 1989 年版，第 140—141 页。

知晓；第二栏记出钱34买3束，但又未记所买之物的名称或种类，故无法了解本简所记为何物之价格。

（26）肩水金关汉简73EJT1：233：

出钱卌八买复□　卩

《肩水金关汉简（壹）》下册，第15页。

按：1件复□值48钱。

（27）肩水金关汉简73EJT6：66A：

青　□□直卌贺取

《肩水金关汉简（壹）》下册，第67页。

（28）肩水金关汉简73EJT6：73A：

☐君都取循直卅☐

《肩水金关汉简（壹）》下册，第68页。

按：循，值30钱或30余钱，但不知循为何物。

（29）肩水金关汉简73EJT7：19：

出钱廿四买二□□

《肩水金关汉简（壹）》下册，第79页。

（30）肩水金关汉简73EJT21：112A：

始元七年二月癸酉朔壬寅……直二百□□□□孙子约六月毕入直平石一斗即有物故知责家中见在者赵季任

《肩水金关汉简（贰）》下册，第19页。

（31）肩水金关汉简 73EJT21：485B：

为□田□□□□二□直二百卌脯五斤直☑

《肩水金关汉简（贰）》下册，第 44 页。

（32）肩水金关汉简 73EJT23：9：

☑ 直六十五 直百五十 直卅五 直□十五 ☑

《肩水金关汉简（贰）》下册，第 58 页。

（33）肩水金关汉简 73EJT23：257：

☑齿十二岁买 泉四千五十 卩

《肩水金关汉简（贰）》下册，第 75 页。

按：本简所记，齿十二岁买，泉 4500 百，当是大型牲畜，但不知究竟是马、牛还是其他。又，本简“钱”写作“泉”，当属王莽时期。

（34）肩水金关汉简 73EJT23：374：

☑领直五十五……

《肩水金关汉简（贰）》下册，第 85 页。

按：55 钱当是 1 领之值。

（35）肩水金关汉简 73EJT23：663A：

……赣□一直六十……

《肩水金关汉简（贰）》下册，第 102 页。

（36）肩水金关汉简 73EJT23：898B：

□三枚□二枚直□□□四直廿并直二百廿四入泉九十八少百一十六期还取余泉

《肩水金关汉简（贰）》下册，第120页。

按：本简“钱”写作“泉”，当属王莽时期。

（37）肩水金关汉简73EJT23：985：

……□一升四钱……

《肩水金关汉简（贰）》下册，第128页。

按：1升值4钱，但不知是何种物品。

（38）肩水金关汉简73EJT23：993A：

……□□直十八……

《肩水金关汉简（贰）》下册，第128页。

（39）肩水金关汉简73EJT23：993B：

……□一斗直卌　□一石直卌

《肩水金关汉简（贰）》下册，第128页。

按：1斗值40，1石也值40，显然是两种物品。

（40）肩水金关汉简73EJT24：138：

□□□一枚直二百……

《肩水金关汉简（贰）》下册，第147页。

按：“一枚”前面如果还有数字，则本简所记，不是1枚值200钱。

（41）肩水金关汉简73EJT24：414：

☑□直八万三千三百　同里阎严任

□□□□□□□□　　同里毋丘孙任

《肩水金关汉简（贰）》下册，第167页。

（42）肩水金关汉简 73EJT24：540：

☐ 入☐一直八百 入☐一直千五百 入☐ 入☐ ☐

《肩水金关汉简（叁）》下册，第 4 页。

按：1 个值 800 钱，1 件值 1500 钱。

（43）肩水金关汉简 73EJT24：569A：

☐☐☐三直三百☐☐

《肩水金关汉简（叁）》下册，第 5 页。

（44）肩水金关汉简 73EJT24：680B：

☐石直千☐

《肩水金关汉简（叁）》下册，第 12 页。

（45）肩水金关汉简 73EJT25：232B：

☐☐一斗直百廿三

《肩水金关汉简（叁）》下册，第 46 页。

（46）肩水金关汉简 73EJT27：68：

☐直五十今☐

《肩水金关汉简（叁）》下册，第 74 页。

（47）肩水金关汉简 73EJT29：118B：

…… 出钱十五☐☐☐☐ ……

《肩水金关汉简（叁）》下册，第 102 页。

（48）肩水金关汉简 73EJT30：162：

赵恩一顷直钱▨

《肩水金关汉简（叁）》下册，第 116 页。

（49）肩水金关汉简 73EJT30：208A：

▨　皆嫂偈取　斤直卌九斤七……

《肩水金关汉简（叁）》下册，第 120 页。

按：1 斤或值 49 钱。

（50）肩水金关汉简 73EJT31：10：

▨　□五斤直六百廿四　□受五百□　▨

《肩水金关汉简（叁）》下册，第 125 页。

（51）额济纳汉简 2000ES9SF4：15A：

……去年五月甲戌第六隧卒尹汤取□一直四百伯一直百五十　一直千七百……庭□□诈言亡□私□亡因卒……积二□□诣言为甲……

《额济纳汉简》，第 241 页。

（52）额济纳汉简 2000ES7SF2：6A：

▨束直十
▨出钱五十隧长长实出钱二百卌七

《额济纳汉简》，第 181 页。

按："束"前面或许还有数字，因此不能简单将本简所记"束直十"理解为 1 束值 10 钱。又，额济纳汉简研读班《额济纳汉简释文校正》认为："实"应释作"宾"（见孙家洲主编《额济纳汉简释文校本》，第 57 页。）

（53）居延汉简 67·6：

偿及当还钱簿

□九石道赋廿三万三千□百卌

《居延汉简甲乙编》，释文第 47 页。

按：谢桂华、周年昌先生认为“道赋廿”，应释作“直钱卅”①。

（54）居延汉简 273·12：

☑石十石约至九月糴必以即有物故□责家中见在者。

《居延汉简甲乙编》，释文第 196 页。

按：谢桂华、周年昌先生认为“□”应补释作“知”②。

（55）居延汉简 563·7：

☑□长卿钱二百五十为秋糴☑

《居延汉简甲乙编》，释文第 283 页。

（56）居延汉简补编 160.21：

□子真计　出钱卅八买[illegible]一

　　　　　出钱廿四买三束

按：此简所记，槥 1 具值 38 钱，又记出钱廿四买三束，但不知 1 束 8 钱者为何物。

（57）居延汉简补编 167.5：

百束钱卅

---

① 谢桂华、周年昌：《秦汉物价资料辑录》，载《中国古代社会经济史资料》第一辑，福建人民出版社 1985 年版，第 38 页。

② 同上。

按：本简所记，100 束值 30 钱，1 束值 0.3 钱，但不知所买为何物。

（58）肩水金关汉简 73EJT34：10：

二直四千三百肩

《肩水金关汉简（肆）》下册，第 9 页。

（59）肩水金关汉简 73EJT34：40：

书曰戍卒济阴成武高里黄

……凡直千

《肩水金关汉简（肆）》下册，第 11 页。

（60）肩水金关汉简 73EJT37：980：

出五十□一具

廿六日癸巳食张君游所因宿　出卌□六封　十八日癸卯食张君游所因宿

出十九□一□

出十发出□　十八日壬申风不行

《肩水金关汉简（肆）》下册，第 82 页。

（61）肩水金关汉简 73EJT37：1143A：

□直三百五十愿以钱□

《肩水金关汉简（肆）》下册，第 94 页。

参考文献

（一）历史文献

（汉）司马迁：《史记》，中华书局 1959 年版。
（汉）班固：《汉书》，中华书局 1962 年版。
（南朝·宋）范晔：《后汉书》，中华书局 1965 年版。
（晋）陈寿：《三国志》，中华书局 1987 年第 2 版。
（唐）房玄龄：《晋书》，中华书局 1974 年版。
［日］泷川资言、水泽利忠：《史记会注考证附校补》，上海古籍出版社 1986 年版。
王先谦：《汉书补注》，中华书局 1983 年版。
王先谦：《后汉书集解》，中华书局 1984 年版。
卢弼：《三国志集解》，中华书局 1982 年版。
（清）孙星衍辑，周天游点校：《汉官六种》，中华书局 1990 年版。
（汉）刘熙撰，（清）王先谦撰集：《释名疏证补》，上海古籍出版社 1984 年版。
王利器：《盐铁论校注（定本）》，中华书局 1992 年版。
（汉）刘珍等撰，吴树平校注：《东观汉纪校注》，中州古籍出版社 1987 年版。
（汉）王充著，黄晖校释：《论衡校释》，中华书局 1990 年版。
（晋）葛洪集，周天游校注：《西京杂记》，三秦出版社 2006 年版。
（北魏）贾思勰撰，石声汉今释：《齐民要术今释》，中华书局 2009 年版。

（北魏）贾思勰撰，缪启愉校释：《齐民要术校释》，中国农业出版社 1982 年版。
（汉）应劭撰，吴树平校释：《风俗通义校释》，天津古籍出版社 1980 年版。
（西汉）刘向撰，向宗鲁校证：《说苑校证》，中华书局 1987 年版。
（唐）虞世南：《北堂书钞》，中国书店 1989 年版。
（汉）许慎撰，（清）段玉裁注：《说文解字注》，上海古籍出版社 1988 年版。
周祖谟：《方言校笺》，中华书局 1993 年版。
白尚恕：《九章算术注释》，科学出版社 1983 年版。
郭书春汇校：《汇校九章算术》，辽宁教育出版社 1990 年版。
戴望：《管子校正》，《诸子集成》第五册，中华书局 1954 年版。
郭沫若、闻一多、许维遹撰：《管子集校》，科学出版社 1956 年版。
蒋礼鸿撰：《商君书锥指》，中华书局 1986 年版。
（北魏）郦道元撰，杨守敬、熊会贞疏，段熙仲点校，陈桥驿复校：《水经注疏》，上海古籍出版社 1989 年版。
（宋）李昉：《太平御览》，中华书局 1960 年版。
（清）严可均辑：《全上古三代秦汉三国六朝文》，中华书局 1958 年版。
（汉）刘安撰，张双棣校释：《淮南子校释》，北京大学出版社 1997 年版。
（汉）刘安撰，何宁集释：《淮南子集释》，中华书局 1998 年版。
（汉）史游撰，（唐）颜师古注，曾仲珊校点：《急就篇》，岳麓书社 1989 年版。
（明）张溥辑：《汉魏六朝百三名家集》，江苏古籍出版社 2002 年版。
（清）王鸣盛撰，黄曙辉点校：《十七史商榷》，上海书店出版社 2005 年版。
（清）赵翼撰，王树民校证：《廿二史札记校证》，中华书局 1984 年版。
（宋）王楙撰，王文锦点校：《野客丛书》，中华书局 1987 年版。
（晋）郭璞注，（宋）邢昺疏，李传书整理：《尔雅注疏》，北京大学出版社 1999 年版。
（清）孙诒让撰，王文锦、陈玉霞点校：《周礼正义》，中华书局 1987 年版。
（晋）常璩撰，任乃强校注：《华阳国志校补图注》，上海古籍出版社 1987 年版。

（二）简牍、金石类

睡虎地秦墓竹简整理小组：《睡虎地秦墓竹简》，文物出版社1990年版。
张家山二四七号汉墓竹简整理小组：《张家山汉墓竹简（二四七号墓）》，文物出版社2001年版。
张家山二四七号汉墓竹简整理小组：《张家山汉墓竹简（二四七号墓）》（释文修订本），文物出版社2006年版。
中国社会科学院考古研究所：《居延汉简甲乙编》，中华书局1980年版。
甘肃省文物考古研究所、甘肃省博物馆、中国文物研究所、中国社会科学院历史研究所编：《居延新简——甲渠候官》，中华书局1994年版。
谢桂华、李均明、朱国炤：《居延汉简释文合校》，文物出版社1987年版。
史语所简牍整理小组：《居延汉简补编》，台北，“中研院”历史语言研究所1998年版。
甘肃省文物考古研究所编：《敦煌汉简》，中华书局1991年版。
罗振玉、王国维：《流沙坠简》，中华书局1993年版。
连云港市博物馆、中国社会科学院简帛研究中心、东海县博物馆、中国文物研究所：《尹湾汉墓简牍》，中华书局1997年版。
吴礽骧、李永良、马建华：《敦煌汉简释文》，甘肃人民出版社1991年版。
林梅村、李均明：《疏勒河流域出土汉简》，文物出版社1984年版。
李均明、何双全：《散见简牍合辑》，文物出版社1990年版。
胡平生、张德芳：《敦煌悬泉汉简释萃》，上海古籍出版社2001年版。
魏坚主编：《额济纳汉简》，广西师范大学出版社2005年版。
孙家洲主编：《额济纳汉简释文校本》，文物出版社2007年版。
（宋）洪适：《隶释》、《隶续》，中华书局1986年版。
（清）陆增祥：《八琼室金石补正》，文物出版社1985年版。
（清）王昶：《金石萃编》，上海古籍出版社1996年版。
（清）陆耀遹：《金石续编》，上海古籍出版社1996年版。
高文：《汉碑集释》，河南大学出版社1993年版。
罗振玉：《贞松堂集古遗文》，北京图书馆出版社2003年版。
（清）阮元：《积古斋钟鼎彝器款识》，北京图书馆出版社2004年版。
甘肃省博物馆、武威县文化馆：《武威汉代医简》，文物出版社1975年版。

长沙市文物考古研究所、中国文物研究所、北京大学历史系走马楼简牍整理组编：《长沙走马楼三国吴简——嘉禾吏民田家莂》，文物出版社1999年版。

长沙市文物考古研究所、中国文物研究所、北京大学历史系走马楼简牍整理组编：《长沙走马楼三国吴简·竹简壹》，文物出版社2003年版。

裘锡圭：《湖北江陵凤凰山十号汉墓出土简牍考释》，载《文物》1974年第7期。

长沙市文物考古研究所、中国文物研究所：《长沙东牌楼东汉简牍》，文物出版社2006年版。

徐正考编著：《汉代铜器铭文选释》，作家出版社2007年版。

马怡、张荣强主编：《居延新简释校》，天津古籍出版社2013年版。

甘肃简牍保护研究中心、甘肃省文物考古研究所、甘肃省博物馆、中国文化遗产研究院古文献研究室、中国社会科学院简帛研究中心编：《肩水金关汉简（壹）》，中西书局2011年版。

甘肃简牍保护研究中心、甘肃省文物考古研究所、甘肃省博物馆、中国文化遗产研究院古文献研究室、中国社会科学院简帛研究中心编：《肩水金关汉简（贰）》，中西书局2012年版。

甘肃简牍博物馆、甘肃省文物考古研究所、甘肃省博物馆、中国文化遗产研究院古文献研究室、中国社会科学院简帛研究中心编：《肩水金关汉简（叁）》，中西书局2013年版。

甘肃简牍博物馆、甘肃省文物考古研究所、甘肃省博物馆、中国文化遗产研究院古文献研究室、中国社会科学院简帛研究中心编：《肩水金关汉（肆）》，中西书局2015年版。

湖南省文物考古研究所编著：《里耶秦简（壹）》，文物出版社2012年版。

陈伟主编：《里耶秦简牍校释》（第一卷），武汉大学出版社2012年版。

王焕林著：《里耶秦简校诂》，中国文联出版社2007年版。

甘肃省博物馆、中国科学院考古研究所编：《武威汉简》，中华书局2005年版。

湖北省文物考古研究所编：《江陵凤凰山西汉简牍》，中华书局2012年版。

（三）近现代著作（按出版年份排列，同一作者的著作列于一处）

瞿兑之:《汉代风俗制度史》前篇，广业书社 1928 年版。
陈啸江:《西汉社会经济研究》，新生命书局 1936 年版。
瞿宣颖:《中国社会史料丛钞》甲集，商务印书馆 1937 年版。
苏诚鉴:《后汉书食货志长编》，商务印书馆 1947 年版。
钱健夫:《中国物价发展史》，名山书局 1948 年版。
[日] 宇都宫清吉:《汉代社会经济史研究》，弘文堂 1956 年版。
陈直:《两汉经济史料论丛》，陕西人民出版社 1958 年版。
陈直:《居延汉简研究》，天津古籍出版社 1986 年版。
李剑农:《先秦两汉经济史稿》，生活·读书·新知三联书店 1957 年版。
王国维:《观堂集林》，中华书局 1959 年版。
程树德:《九朝律考》，中华书局 1963 年版。
彭信威:《中国货币史》，上海人民出版社 1965 年版。
劳干:《劳干学术论文集》，（台）艺文印书馆 1976 年版。
马非百:《管子轻重篇新诠》（上、下册），中华书局 1979 年版。
韩复智:《汉史论集》，（台）文史哲出版社 1980 年版。
傅筑夫:《中国经济史论丛》，生活·读书·新知三联书店 1980 年版。
傅筑夫:《中国封建社会经济史》，人民出版社 1982 年版。
陈梦家:《汉简缀述》，中华书局 1980 年版。
[日] 池田温:《中国历代墓券略考》，载《东洋文化研究所纪要》第八十六册，1982 年。
高敏:《秦汉史论集》，中州书画社 1982 年版。
高敏:《秦汉史探讨》，中州古籍出版社 1998 年版。
高敏:《秦汉魏晋南北朝史论考》，中国社会科学出版社 2004 年版。
马大英:《汉代财政史》，中国财政经济出版社 1983 年版。
郭沫若:《郭沫若全集·历史编》第五卷，人民出版社 1984 年版。
巫宝三:《管子经济思想研究》，中国社会科学出版社 1989 年版。
赵守正:《管子经济思想研究》，上海古籍出版社 1989 年版。
安作璋、熊铁基:《秦汉官制史稿》（上、下册），齐鲁书社 1984 年、1985 年版。

安作璋：《学史集》，中华书局 2001 年版。
谢桂华、周年昌：《秦汉物价资料辑录》，载中国社会科学院历史所编《中国古代社会经济史资料》第一辑，福建人民出版社 1985 年版。
于豪亮：《于豪亮学术文存》，中华书局 1985 年版。
张友德：《中国物价管理史》，山西人民出版社 1986 年版。
钱剑夫：《秦汉货币史稿》，湖北人民出版社 1986 年版。
金少英：《汉书食货志集释》，中华书局 1986 年版。
朱绍侯：《雏飞集》，河南大学出版社 1988 年版。
［日］堀毅：《秦汉法制史论考》，法律出版社 1988 年版。
林剑鸣：《秦汉史》，上海人民出版社 1989 年版。
［日］永田英正：《居延汉简の研究》，同朋舍 1989 年版。
谢天佑：《秦汉经济政策与经济思想史稿》，华东师范大学出版社 1989 年版。
甘肃省文物考古研究所编：《秦汉简牍论文集》，甘肃人民出版社 1989 年版。
林甘泉：《中国封建土地制度史》，中国社会科学出版社 1990 年版。
林甘泉主编：《中国经济通史·秦汉经济卷》，经济日报出版社 1999 年版。
胡昌暖主编：《价格学概论》，中国人民大学出版社 1990 年版。
陈连庆：《中国古代史研究》（上、下册），吉林文史出版社 1991 年版。
薛英群：《居延汉简通论》，甘肃教育出版社 1991 年版。
罗庆康：《汉代专卖制度研究》，中国文史出版社 1991 年版。
丘光明：《中国历代度量衡考》，科学出版社 1992 年版。
陈绍棣：《秦汉货币考古资料辑录》，载中国社会科学院历史所编《中国古代社会经济史资料》第二辑，福建人民出版社 1993 年版。
宋杰：《〈九章算术〉与汉代社会经济》，首都师范大学出版社 1994 年版。
齐涛：《汉唐盐政史》，山东大学出版社 1994 年版。
谭文熙：《中国物价史》，湖北人民出版社 1994 年版。
吴荣曾：《先秦两汉史研究》，中华书局 1995 年版。
张传玺：《秦汉问题研究》（增订本），北京大学出版社 1995 年版。
张荣芳：《秦汉史论集（外三篇）》，中山大学出版社 1995 年版。
张荣芳：《秦汉史与岭南文化论稿》，中华书局 2005 年版。
胡家聪：《管子新探》，中国社会科学出版社 1995 年版。

李振宏、孙英民：《居延汉简人名编年》，中国社会科学出版社 1997 年版。
李振宏：《居延汉简与汉代社会》，中华书局 2003 年版。
王仲荦：《金泥玉屑丛考》，中华书局 1998 年版。
秦晖：《市场的昨天与今天——商品经济·市场理性·社会公正》，广东教育出版社 1998 年版。
宁可：《宁可史学论集》，中国社会科学出版社 1999 年版。
宁可主编：《中国经济发展史》第一册，中国经济出版社 1999 年版。
黄今言：《秦汉经济史论考》，中国社会科学出版社 2000 年版。
黄今言：《秦汉商品经济研究》，人民出版社 2005 年版。
余耀华：《中国价格史》，文物出版社 2000 年版。
孟祥才：《先秦秦汉史论》，山东大学出版社 2001 年版。
[日] 大庭修著：《汉简研究》，徐世虹译，广西师范大学出版社 2001 年版。
彭浩：《张家山汉简〈算数书〉注释》，科学出版社 2001 年版。
季羡林主编，王宗维撰：《汉代丝绸之路的咽喉——河西路》，昆仑出版社 2001 年版。
赵德馨主编，范传贤、杨世钰、赵德馨著：《中国经济通史》第二卷，湖南人民出版社 2002 年版。
李埏等：《〈史记·货殖列传〉研究》，云南大学出版社 2002 年版。
饶宗颐、李均明：《敦煌汉简编年考证》《新莽简辑证》，载《饶宗颐二十世纪学术文集》第五册，（台北）新文丰出版公司 2003 年版。
饶宗颐、李均明：《居延汉简编年——居延编》，（台北）新文丰出版公司 2004 年版。
张泽咸：《汉晋唐时期农业》（上、下册），中国社会科学出版社 2003 年版。
李天虹：《居延汉简簿籍分类研究》，科学出版社 2003 年版。
张弘：《战国秦汉时期商人和商业资本研究》，齐鲁书社 2003 年版。
缪钺：《缪钺全集》，河北教育出版社 2004 年版。
胡平生、李天虹：《长江流域出土简牍与研究》，湖北教育出版社 2004 年版。
吴慧：《中国古代商业通史》第一册，中国财政经济出版社 2004 年版。
北京吴简研讨班编：《吴简研究》第一辑，崇文书局 2004 年版。

长沙简牍博物馆、北京大学中国古代史研究中心、北京吴简研讨班：《吴简研究》第三辑，中华书局2011年版。

曹旅宁：《张家山汉律研究》，中华书局2005年版。

朱红林：《张家山汉简〈二年律令〉集释》，社会科学文献出版社2005年版。

长沙市文物考古研究所编：《长沙三国吴简暨百年来简帛发现与研究国际学术研讨会论文集》，中华书局2005年版。

许倬云著，王勇译：《汉代农业——中国农业经济的起源及特性》，广西师范大学出版社2005年版。

永田英正著：《居延汉简研究》（上、下册），张学锋译，广西师范大学出版社2007年版。

黄冕堂：《中国历代物价问题考述》，齐鲁书社2008年版。

高敏：《长沙走马楼简牍研究》，广西师范大学出版社2008年版。

孙机：《汉代物质文化资料图说（增订本）》，上海古籍出版社2008年版。

李均明：《简牍法制论稿》，广西师范大学出版社2011年版。

邢义田：《地不爱宝：汉代的简牍》，中华书局2011年版。

张德芳主编：《甘肃省第二届简牍学国际学术研讨会论文集》，上海古籍出版社2012年版。

蒋福亚著：《走马楼吴简经济文书研究》，国家图书馆出版社2012年版。

（四）论文

马非百：《秦汉经济史资料（二）商业》，《食货》半月刊1935年第二卷第十期。

劳干：《汉简中的河西经济生活》，《中央研究院历史语言研究所集刊》第十一本，1934年。

缪钺：《南北朝之物价——附论当时人之经济生活》，载《中国文化研究汇刊》1949年第9卷；又载缪元朗、景蜀慧编《缪钺全集》第一卷（上）。

缪钺：《陶潜不为五斗米折腰新释——附论东晋南朝地方官俸及当时士大夫食量诸问题》，载《历史研究》1957年第1期，又载缪元朗、景蜀慧编《缪钺全集》第一卷（上）。

劳干:《汉代的雇佣》,载《中央研究院史语所集刊》第二十三本,1951 年。
劳干:《汉代黄金及铜钱的使用问题》,载《“中央研究院”史语所集刊》第四十二本,1971 年。
潘朝业:《汉“金”存疑》,载《文史哲》1956 年第 9 期。
陈让:《汉代黄金非铜辨》,载《文史哲》1956 年第 9 期。
[日] 宫崎市定:《史记货殖传物价考证》,载《京都大学五十周年纪念论集——京都大学文学部研究纪要第四》1956 年 11 月。
陈直:《汉代人民的日常生活》,载《西北大学学报》(哲社版)1957 年第 4 期。
陈直:《汉代的米谷价及内郡边郡物价情况》,载《两汉经济史料论丛》,陕西人民出版社 1958 年版。
陈直:《汉代的马政》,载《西北大学学报》(哲社版)1981 年第 3 期。
翦伯赞:《两汉时期的雇佣劳动》,载《北京大学学报》(人文科学版)1959 年第 1 期。
朱江:《四件没有发表过的地券》,载《文物》1964 年第 12 期。
方诗铭:《从徐胜买地券论汉代“地券”的鉴别》,载《文物》1973 年第 5 期。
马先醒:《汉代轺车马数与其价格》,载(台北)《简牍学报》1974 年 6 月第 1 卷。
谢雁翔:《四川郫县犀浦出土的东汉残碑》,载《文物》1974 年第 4 期。
裘锡圭:《湖北江陵凤凰山十号汉墓出土简牍考释》,载《文物》1974 年第 7 期。
裘锡圭:《汉简零拾》,载《文史》第 12 辑,中华书局 1981 年版。
韩复智:《两汉物价的变动与经济政策之关系》,载《“国立”台湾大学历史学系学报》1976 年第 3 期。
朱楠:《汉简中之河西物价资料》,载(台北)《简牍学报》1977 年第 5 期。
洛阳博物馆:《东汉光和二年王当墓发掘简报》,载《文物》1980 年第 6 期。
李振宏:《两汉地价初探》,载《中国史研究》1981 年第 2 期。
李振宏:《两汉地价补论》,载《史学月刊》1990 年第 3 期。

徐扬杰:《汉简中所见物价考释》，载《中华文史论丛》1981 年第 3 期。
吴天颖:《汉代买地券考》，载《考古学报》1982 年第 1 期。
徐扬杰:《汉代雇佣劳动的几个问题》，载《江汉论坛》1982 年第 1 期。
陈公柔、徐苹芳:《瓦因托尼出土廪食简的整理与研究》，载《文史》第十三辑，中华书局 1982 年版。
朱桂昌:《赵广汉的“钩钜法”和汉代的物价》，载《中国社会经济史研究》1982 年第 3 期。
余华青、张廷皓:《汉代酿酒业探讨》，载《历史研究》1980 年第 5 期。
余华青:《秦汉时期的渔业》，载《人文杂志》1982 年第 5 期。
余华青:《秦汉漆器价格考辨》，载《中国史研究》1984 年第 4 期。
黄士斌:《河南偃师县发现汉代买田约束石券》，载《文物》1982 年第 12 期。
陈连庆:《〈史记·货殖列传〉所记的西汉物价》，载东北师范大学历史系中古史教研室编《中国古代经济史论丛》，黑龙江人民出版社 1983 年版。
陈连庆:《〈轻重〉等篇所见的物价及其年代》，载《管子学刊》1987 年第 2 期，又见氏著《中国古代史研究》下册，吉林文史出版社 1991 年版。
[日] 森鹿三著:《论居延简所见的马》，姜镇庆译，载中国社会科学院历史研究所战国秦汉史研究室编《简牍研究译丛》第一辑，中国社会科学出版社 1983 年版。
高志辛:《汉代亩产量与钟容量考辨》，载《中国史研究》1984 年第 1 期。
张泽咸、王曾瑜:《试论秦汉至两宋的乡村雇佣劳动》，载《中国史研究》1984 年第 3 期。
张南:《西汉货币职能研究》，载《安徽师范大学学报》1985 年第 2 期。
周国林:《东汉粟谷平价斛百钱》，载《中华文史论丛》1985 年第 3 期。
于琨奇:《秦汉奴价考辨》，载《中国经济史研究》1987 年第 1 期。
扬州博物馆:《江苏仪征胥浦 101 号西汉墓》，载《文物》1987 年第 1 期。
罗庆康:《汉代盐制的几个问题》，载陈然、谢奇筹、邱明达编《中国盐业史论丛》，中国社会科学出版社 1987 年版。
罗庆康:《汉初盐业初探》，载《盐业史研究》1993 年第 3 期。
罗庆康:《〈居延新简〉所记的西汉物价研究》，载《安徽史学》1994 年第 2 期。

李恩琪:《先秦及汉朝的米谷常价》，载《价格月刊》1987 年第 12 期。
[日] 堀毅:《秦汉物价考》，载堀毅《秦汉法制史论考》，法律出版社 1988 年版。
梁仲勋:《汉代物价探讨》，载《陕西财经学院学报》1988 年第 2 期。
秦晖:《关于西汉五铢钱的流通数额问题》，载《陕西师范大学学报》1988 年第 2 期。
宋杰:《汉代雇佣价格辨析》，载《北京师范学院学报》1988 年第 2 期。
宋杰:《汉代官府与私人之间的债务关系》，《首都师范大学学报》1993 年第 1 期。
宋杰:《汉代的“平贾”》，载《首都师范大学学报》1998 年第 2 期。
戴宏嘉:《董卓小钱及其对粮价的影响》，载《浙江学刊》1988 年第 3 期。
尹振环:《从秦代前期粮价奇高谈起（对秦代几个重大问题的再认识)》，载《贵州大学学报》1989 年第 3 期。
尹振环:《粮价暴涨对秦帝国的影响》，(台)《历史月刊》1994 年第 3 期。
林甘泉:《汉简所见西北边塞的商品交换和买卖契约》，载《文物》1989 年第 9 期。
林甘泉:《汉代家庭的生活消费》，载《揖芬集——张政烺先生九十华诞纪念文集》，社会科学文献出版社 2002 年版。
胡宏起:《汉代的物价问题及其对策》，载《江西师范大学学报》1989 年第 4 期。
张俊民:《〈建武三年候粟君所责寇恩事〉册经济考略》，载甘肃省文物考古研究所编《秦汉简牍研究文集》，甘肃人民出版社 1989 年版。
徐乐尧:《居延汉简所见的市》，载甘肃省文物考古研究所编《秦汉简牍研究文集》，甘肃人民出版社 1989 年版。
李恩琪:《东汉时期的官俸米价》，载《价格月刊》1992 年第 2 期。
倪根金:《汉简所见西北垦区林业——兼论汉代居延垦区衰落之原因》，载《中国农史》1993 年第 4 期。
徐承泰:《西汉货币铸造数量研究》，载《湖北大学学报》1993 年第 5 期。
王震亚:《汉代丝绸之路上的物价、税收及市场管理述论》，载《西北师范大学学报》（社科版）1994 年第 1 期。
高维刚:《从汉简管窥河西四郡市场》，载《四川大学学报》（哲社版）1994 年第 2 期。

齐涛:《试论武帝以后汉代盐政的嬗衍》,载《盐业史研究》1995年第1期。

马新:《试论汉武帝以前盐政的演变》,载《盐业史研究》1996年第2期。

杨剑虹:《汉代居延的商品经济》,《敦煌研究》1997年第4期。

王子今:《试论居延“酒”、“麴”简:汉代河西社会生活的一个侧面》,载《简帛研究》第三辑,广西教育出版社1998年版。

王子今:《汉代河西的“茭”——汉代植被史考察札记》,载《甘肃社会科学》2004年第5期。

王子今:《走马楼许迪割米案文牍所见盐米比价及相关问题》,载《长沙三国吴简暨百年来简帛发现与研究国际学术讨论会文集》,中华书局2005年版。

王子今:《“居延盐”的发现——兼说内蒙古盐湖的演化与气候环境史考察》,载《盐业史研究》2006年第2期。

范学辉:《两汉兵器交易初探》,《河南大学学报》(哲社版)1999年第2期。

[日]藤田高夫:《秦汉罚金考》,载李学勤、谢桂华主编《简帛研究2001》,广西师范大学出版社2001年版。

[日]角谷常子:《秦汉时代的赎刑》,载李学勤、谢桂华主编《简帛研究2001》,广西师范大学出版社2001年版。

黄冕堂:《中国历代粮食价格问题通考》,载《文史哲》2002年第2期。

徐东升:《论唐代物价的几个问题》,载《文史哲》2002年第5期。

梁仲勋:《宋代物价初探》,载《平顶山师专学报》2002年第6期。

杜劲松:《关于西汉多黄金原因的研究》,载《中国史研究》2003年第4期。

温乐平、程宇昌:《从张家山汉简看西汉初期平价制度》,载《江西师范大学学报》(哲社版)2003年第6期。

温乐平:《秦汉时期工农业产品比价和差价分析》,载《农业考古》2007年第4期。

温乐平:《秦汉时期粮价波动与国家调控措施》,载《湖北师范学院学报》2008年第2期。

张德芳:《悬泉汉简中若干纪年问题考证》,载甘肃省文物考古所、西北师范大学历史系编《简牍学研究》第四辑,甘肃人民出版社2004

年版。

王子今:《敦煌悬泉置遗址出土〈鸡出入簿〉小议》，载《考古》2003 年第 12 期。

安忠义:《从“平价”一词的词义看秦汉时期的平价制度——对〈从张家山汉简看西汉初期的平价制度〉的几点辨正》，载《敦煌学辑刊》2005 年第 2 期。

叶玉英:《论张家山汉简〈算数书〉的经济史料价值》，载《中国社会经济史研究》2005 年第 1 期。

刘金华:《汉代物价考（二）——以汉简为中心》，载《文博》2008 年第 2 期。

刘金华:《汉代西北边地物价述略——以汉简为中心》，载《中国农史》2008 年第 3 期。

朱文:《汉代凉州地区的粮价》，载《内江师范学院学报》2008 年第 9 期。

[日] 柿沼阳平:《战国秦汉时期的物价和货币经济的基本结构》，载《古代文明》2011 年第 2 期。

侯宗辉:《汉代河西肉价的历史考察》，载《焦作师专学报》2011 年第 3 期。

郝良真、朱建路:《居延汉简所见邯郸铫》，《中原文物》2011 年第 3 期。

后　记

2008年，我们萌生了对秦汉物价史料进行新的搜集、整理，将其汇编成册，以便研究者利用的想法。随后，我们即开始了资料搜集工作。也就在这一年，我们的这一工作获得广东省哲学社会科学“十一五”规划项目立项。在这以后的8年时间里，由于我们工作岗位变动等原因，我们的工作断断续续，至2015年夏，算是基本完成。中国社会科学出版社的孔继萍编审看到我们的书稿后，慨然允诺列入该社出版计划。就在今年初，本书清样出来后，《肩水金关汉简（肆）》由中西书局出版，于是，我们又花费了一点时间将其中的物价资料增补了进来。

在本书的编撰过程，中山大学张荣芳师、古文献研究所杨权教授、华南师范大学法学院曹旅宁教授、历史文化学院周永卫教授等多次给予我们大力支持。谨在此对各位关心支持我们的师友表示最真挚的谢忱！

2016年6月于羊诚